日本のM&A 150年史

[日本企業はどう成長してきたか]

川本真哉

M&A

日本評論社

はしがき

本書では、明治期から今日に至るまでの「150年」というM&A（Mergers and Acquisitions：企業の合併と買収）の歴史から、それらツールを用いて日本企業はいかに成長してきたのか（そもそも成長したのか）を、理論、ケース・スタディ、最新の実証分析の成果を駆使して、体系的に理解することを目指している。

そもそも、なぜこのような壮大な「ストーリー」の仕事に着手しようと思ったのか。そのモチベーションの第1は、戦前と戦後という2つの時代に共通する企業行動が、まさにM&Aであった点が挙げられる。本書でも詳しく紹介するが、戦前には財閥組織に代表されるさまざまなプレイヤーによってM&Aが活用されるだけではなく、（内部成長を好んだと理解されている）戦後にも自社の成長や拡大のために用いられたように、M&Aは日本企業の戦略の傍らにつねにあった。M&Aをテーマに19世紀後半以降における日本の資本主義の歴史をつなぐことによって、日本企業の成長の本質に迫れるのではないかと考えたわけである。

モチベーションの第2は、第1の点とも関連するが、筆者が日本企業の歴史分析と現状分析の二足の草鞋を履いてきたことに求められる。優柔不断な性格が災いして、歴史分析、現状分析それぞれの面白さ・深淵さのためどちらかを捨てることができず、大学院進学以降、両時代の（戦前は1920年代から1930年代を中心に、戦後は2000年代を中心に）コーポレート・ガバナンスの実証分析を行ってきた。この2つの仕事を2つの性格を持っている研究者ではなく、一人の研究者の仕事としていかに統一するかで苦悩し続けた。ただ、「選択と集中」ができないままに研究を進めてきた結果、ここ数年で、それぞれの領域の守備範囲や理解が徐々に広がり、かつM&Aをテーマとすることで、それまで乖離していたと思われる「2つの性格」を統合できるのではないかとの曙光が射してきた。満を持してではないが、本書の執筆は「分権」してきた自身のガバナンスの研究を「統合」する契機ともなった。

本書の特色の1つとして、繰り返しになるが、日本経済の150年の歴史をM&Aという統一的テーマで扱っている点が挙げられる。本書を通読していただくことで、日本企業がいかなる強み（あるいは弱み）を有してきたかが、明治期から戦時期、そして戦後から高度経済成長期、さらにはバブル崩壊後のM&Aという、企業のガバナンスにとって重要なイベントから一望することが可能となろう。

特色の2つ目として、先述のアプローチを行ううえで、ケース・スタディ、ガバナンスやファイナンス理論の紹介、そして各時代のM&Aの実証分析の成果の紹介に注力した点である。M&Aには、プレイヤーの性質や取引構造によってさまざまなパターンがあり、その内容を一掴みすることは難しい。そこで、各局面のM&Aのイメージを提供するために、ケース・スタディを豊富に紹介するよう心がけた。また、M&A取引が企業成長の向上に寄与したのかを判断するために、ファイナンスの手法を解説したうえ、それらを用いて株主価値や企業価値創造の判定に用いている。さらに、M&Aによるパフォーマンス向上の有無は、計量分析を用いてシステマティックに解明する動きが潮流となっているが、それら研究成果を平易に紹介することに注力した。これらの研究成果ははじめは難解で取っつきにくいが、本書を糸口にし、読者個々人の関心にあわせてディールのリサーチに拡張していっていただければと願っている。

＊　＊　＊

本書の構想を持ったのはいつ頃だっただろうか。いまメールを読み返すと、2021年11月に京都鹿ケ谷の住友史料館で、恩師の下谷政弘先生（京都大学名誉教授、当時住友史料館館長）にお目にかかった際に、漠然とした希望をお伝えしていたことが確認できる。その際先生は、「そのような大きな仕事ができるのか」と驚かれた後で、ぽつりと「まあ、それは日本で君しかできないかもしれないな」とおっしゃられた。大局観に立ち、つねに物事の核心をつくのが先生の真骨頂であったが、その先生からいただいた「日本で私しかできない仕事」という部分が大いに執筆の励みとなった。その下谷先生は２０２２年11月に突如他界されてしまった。ちょうど史料館に本書の執筆状況のご報告にうかがう矢先であった。本書を先生にご覧いただけなかったのは、筆者痛恨の極みである。先生にどのようにおっしゃっていただけたであろうか。きっと「よくやった！　すごいぞ！」とのお言葉をいただけたのではないか。本書を下谷政弘先生に捧げたい。

また、日本評論社・吉田素規氏にお礼申し上げたい。本書の企画をお伝えしたところ、興味を持っていただき、出版にご尽力いただいた。ただ、筆者の怠惰な性格もあり、原稿をお渡しする時期が遅れ、かつあれもこれもと書き進めているうちに当初よりボリュームが増えてしまうというご迷惑もおかけした。にもかかわらず、丁寧なチェックとご助言で本書刊行まで二人三脚で伴走いただいた。吉田氏がおられなかったら、本書が世に出ることもなかったであろう。改めて感謝申し上げたい。

なお、本書の執筆にあたって、ＪＳＰＳ科研費 17K03885：21K01711 の助成を受けた。記して感謝申し上げる。

２０２３年12月

川本真哉

目　次

目　次

序　章

本書の目的、特色、構成

〔本章のまとめ〕
本章では、本書の目的と特色、これから検証していく各章の構成について述べる。特に特色の部分では、日本のM&Aの150年について、歴史的インプリケーションの提示、基本的な情報の提供、最新の研究成果の紹介といった点が指摘される。

〔本章のキーワード〕
M&A、ステークホルダー、インプリケーション、計量経済学、株主の富

1 本書の目的

M&Aに対して、高い関心が持たれている。日本経済新聞社の日中韓の経営者に対するアンケートでは、2021年に「M&Aを実施する計画があるか」と尋ねたところ、日本企業の経営者は「必ず実施する」「おそらく実施する」で7割を超え、中国の3割、韓国の2割を大きく上回った。[*1] 日本企業は内部成長性を好み、外部成長に消極的だと認識されてきたので、これは驚くべき結果だといえる。

また、日本企業の海外M&Aの取り組みに関しても然りである。経済産業省の審議会や研究会で

その検討が急速に進んでおり、「我が国企業による海外M&A研究会報告書」（2018年）、「公正なM&Aの在り方に関する指針」（2019年）、「対日M&A活用に関する事例集」（2023年）など相次いで事例集が公表され、国内成長が鈍化するなか、経営者の戦略マインドが外に向かっていることがうかがわれる。

ところで、ここでふと疑問がよぎる。それは日本の経営者がM&Aを有力な戦略として意識し始めたのは、ここ数年のことなのであろうか、という点である。歴史を紐解けば、その問いに対する答えは「NO」である。むしろ、これから本書で明らかにするように、日本経済や企業の成長は、わが国において資本主義が導入されて以来、つねにM&Aとともにあったといっても過言ではない。日本経済の歴史を語るうえで、M&Aの役割は欠かすことはできない。

本書は、歴史研究者が日本のM&Aの150年の展開を叙述しようとするものである。わが国においても、M&Aという企業の盛衰を決定づけるイベントは、人間の英名さ、そして愚かさをまざまざと見せつける出来事としてつねに注目を集めてきた。本書では可能な限り、M&Aの成功ケース、失敗ケースを紹介しようと心がけた。経済活動における人間の営みを、M&Aという観点からぜひ味わっていただきたいと願っている。

また、本書では、単に時々のM&Aというケースを紹介するだけではなく、以下のような問いを各章に共通する問いとして設定した。

- M&Aはどのような動機で行われたのか。
- M&Aはパフォーマンスの改善に寄与したのか。
- M&Aは株主の富の創造に貢献したのか。
- M&Aが従業員などのステークホルダーの富を棄損することはなかったのか。

これらの問いが設定されていることを念頭に、本書を通読していただくことで、「結局、M&Aは日本経済にとってベネフィットがコストを上回るのか。それは促すべき行為なのか、規制すべき対象なのか。その経済的機能はいかに整理できるのか」といった本質的な問いに対して、歴史的な観点から自身の解を見つけ出すことが可能となろう。

2　本書の特色

(1) 長期スパンからのインプリケーション

本書の特色としては、以下の3つが挙げられる。その第1は、やはり明治期から現代にかけて、およそ150年というスパンから、日本企業のM&Aを観察しているという点である。本書を通読することで、どのような環境要因によってM&Aの波動は生まれるのか、各個別企業のM&Aの動機は何なのか、M&Aはパフォーマンスの改善に寄与してきたのか、それは他のステークホルダーの富を犠牲にすることはないのか、など、実務でつねに注意が払われているM&Aのストラクチャリングの留意点を、まさに「歴史の教訓」という視点から獲得することができよう。

(2) M&Aに関する基礎的情報

第2の特色は、M&Aの歴史的な基礎的情報を、既存の資料、あるいは本書のために構築されたデータセットを駆使して、余すことなく提示している点である。それには単なるM&Aの推移だけにとどまらず、M&Aが発生する傾向の強い業種、合併条件、プレミアムの提供状況、M&A実施企業・非実施企業の差異、など多岐にわたる。これら統計情報を把握するだけでも、日本経済の歴史の大きなうねりのなかに、M&Aという戦略を位置づけていくことが直感的にできるようになるであろう。

(3) M&Aに関する最新の研究成果を平易に解説

第3の特色は、各局面におけるM&Aの動機や成果に関するこれまでの先行研究をかみ砕いて紹介しているという点である。これらの分析は精緻な計量経済学の手法を用いることが多いため、実務に有益な情報であっても、アプローチすることは容易ではない。本書では、それらアカデミックな分析結果のエッセンスを大胆に抽出して、ポイントだけを提示するよう心がけた。まず、本書を入り口として、M&Aの実証分析の入門を果たし、さらなる内容の理解は各種専門書を手に取っていただければと思う。*2

3 本書の構成

本書の構成は以下のとおりである。第1章では、M&Aの発生要因、動機、評価方法について確認する。発生要因としては規制緩和や技術革新、あるいは経済ショックによって規模の経済や範囲の経済などの実現が可能になるケースが、M&Aという取引を促すことが指摘される。M&Aの動機としては、「時間を買う効果」などそれが価値を創造するケースと、「帝国建設」など価値を棄損してしまうケースに分けて説明する。また、M&Aの評価方法について、イベント・スタディとパフォーマンス・スタディの2つについて解説する。

【第I部】では戦前のM&Aを扱う。まず第2章では、明治後期の紡績会社の企業合併を題材に、当時の合併条件、M&Aがパフォーマンスに与えた影響について検証した。この時代も、「国際競争力強化」の視点から、企業集中が求められ、大小さまざまな企業の合併が実現された。この局面の企業はいかにターゲット企業のパフォーマンス改善を実現したのか、大型案件の合併条件はどのようなものであったのか（今日といかに違ったのか）について解説し、M&Aの歴史的特徴の把握に努める。

第3章では、近代日本資本主義をリードとした財閥の成長とM&Aの関係について検討する。財閥は、明治政府から払い下げを受けた事業を再生し、そこで蓄積された資本をもとに、関連産業に進出していった。そして、それら多角化された事業を管理・統制するために持株会社を頂点とするコンツェルン体制を整備した。本章では、このように形成された財閥組織が、外部企業の買収、再構築にいかに活かされたかについてみていく。

第4章では1920年代の不況期のM&Aについて、銀行業と電力業を対象に、検討を進める。銀行業に関しては、第一次世界大戦後の恐慌と関東大震災によって累積した不良債権の結果勃発した金融恐慌と、そのさなかに制定された銀行法によって方向づけられた。一方、電力業に関しては、戦間期の技術革新、競争が激化したために行われた。本章では、これら両セクターのM&A発生の背景、動機、成果（帰結）についてみていく。

第5章では、戦前期におけるブームであった1930年代のM&Aを取り上げる。この場面では、負の経済ショックがかかり、低パフォーマンス企業がM&Aの供給源となり、多くの産業で大型合併が成立し、マーケットシェアは著しく高まった。その一方で、株高を背景に、株式交換を利用したM&Aが多用された。これらM&Aが独占の弊害、あるいは過剰なM&Aを生み出したのかについて検証を進める。

第6章では、戦時経済体制下のM&Aについて解説する。この時代には、統制経済の下で、民需産業の整理集約がなされた。また、政府からの指令とは別に、企業サイドは資源獲得のためのM&Aを自主的に進めた。さらに、大企業と中小企業の結合、すなわち下請制の萌芽も観察された。1940年代のM&Aの状況と、後の時代に与えた影響に関してみていく。

【第Ⅱ部】は戦後のM&Aを扱う。**第7章**では、戦後改革における財閥解体の経緯と効果が対象となる。財閥解体はどのような企業をターゲットとし、いかなるステップで実施されたのか。また、その後の日本の企業システムをいかに規定したのか。財閥解体の今日的意義という観点から、同イベントにアプローチする。

第8章では、1960年代の資本自由化に対応するために実施された大型合併の動機、合併条件、成果について検証する。あわせて、この頃に徐々に進展していた、いわゆる「系列化」をめぐる自動車メーカー間の激しい主導権争いについても確認していく。

第9章では、1997年に解禁された持株会社の機能と、採用後のパフォーマンスの推移、その高低の要因について探っていく。持株会社は、「組織再編型」と「経営統合型」の2つに分けられるが、これら2つの移行方法、それぞれの役割、移行後のパフォーマンスについて検討する。

第10章では、2000年代以降の敵対的買収について検証を進める。レイダー（買い手企業）はいかなる企業をターゲットとする傾向にあるのか。敵対的買収の発生は、ターゲット企業の経営政策にどのような影響を与えたのか。ターゲットはいかに自社を防衛しようとしているのか。レイダーとターゲットのこれら経営権をめぐる攻防についてレビューする。

第11章では、近年注目を集めるクロスボーダーＭ＆Ａに関する分析を行う。クロスボーダーＭ＆Ａはしばしば、大変リスクが高い投資と指摘されるが、そもそも日本企業はいかにクロスボーダーＭ＆Ａに取り組み、投資のあり方はどのようになっているのであろうか。また、減損や売却を強いられた案件の特徴は何か。さらに、成功を収めたディールはどのような取り組みを行ったのであろうか。本章ではクロスボーダーＭ＆Ａの歴史、現状、成否を分けた要因について迫ってみたい。

第12章では、２０００年代に入ってから登場したＭＢＯ（Management Buyouts：経営陣による自社買収）に関して検討を行う。ＭＢＯには少数株主との利益相反が生じるのではないかとの懸念も持たれている。本章では、日本におけるＭＢＯの歴史、それら取引に関する公正性担保措置の内容、買収後のパフォーマンスや少数株主の富に与える影響について確認していく。

終章は、これまでの議論、検証を振り返り、①日本企業が行ったＭ＆Ａはどのような動機によって行われたのか、②それはパフォーマンスを改善させたのか、③従業員などのステークホルダーの富を棄損することはなかったのか、について総括する。

注

＊1　「日本『M&A計画』71％」『日本経済新聞社』2020年1月8日。

＊2　日本のコーポレート・ガバナンスの歴史の実証分析の解釈の仕方を平易に解説したものとして、川本（2022c）がある。M&Aの実証分析結果の読み方にも応用可能であるので、もしよろしければご一読願いたい。

第1章　M＆Aの経済的機能

〔本章のまとめ〕

本章では、M&Aの発生要因、動機、評価方法について確認する。発生要因としては規制緩和や技術革新、あるいは経済ショックによって規模の経済や範囲の経済などの実現が可能になるケースが、M&Aという取引を促すことが指摘される。M&Aの動機としては、「時間を買う効果」などそれが価値を創造するケースと、「帝国建設」など価値を棄損してしまうケースに分けて説明する。M&Aの評価方法に関しては、イベント・スタディとパフォーマンス・スタディの2つについて解説する。

〔本章のキーワード〕

規模の経済性、範囲の経済性、帝国建設、傲慢仮説、イベント・スタディ

1　はじめに：M&Aの発生要因・動機・評価

そもそもM&Aは、どのような動機で行われ、いかに発生するのであろうか。また、実施されたM&Aを評価する際、いかなる手法が用いられるのであろうか。本章では、M&Aの発生要因、動機、評価方法について、本書で取り上げられるトピックについて簡単に確認することを目的としている。

本章の構成は以下のとおりである。第2節では、Ｍ＆Ａ発生要因の「5つのピストン」について紹介する。第3節では、Ｍ＆Ａの動機について、Ｍ＆Ａが価値を創造するケースと、創造しないケース（あるいは価値を棄損するケース）に分けて指摘する。第4節では、実際にＭ＆Ａがパフォーマンスを向上させたのか否か、国内外の実証分析の結果から、全体的な傾向を確認する。最後に第5節では、本書のために構築された独自のデータセットを用いて、明治期から今日に至る日本のＭ＆Ａの動向を一望する。なお、本章末のコラムでは、本書で用いられるＭ＆Ａの評価方法に関して、株価の反応を観察するイベント・スタディと、財務パフォーマンスを観察するパフォーマンス・スタディの2つの点から言及している。こちらもあわせてご確認いただきたい。

2　5つのピストン

まずＭ＆Ａの発生要因ついては、Wasserstein (1998) において以下の「5つのピストン」が提唱されている。[*1]

①**規制と政治の改革**：業態を分けてきた規制（ファイアウォール）が緩和されることで、他産業進出の際にＭ＆Ａが利用される。この例としては、１９８０年代以降の世界的な金融規制緩和によ

り、商業銀行、投資銀行、保険、投資信託などの垣根が取り払われ、それらを総合して扱うユニバーサルバンクが台頭したことなどが挙げられる。

②**技術革新**：規制緩和と同様、技術革新によって産業が融合し、企業間競争がかつての産業間にまたがる過程でM&Aが発生する。たとえば、インターネットの発達により、それらとメディア、金融サービスとがつながり、オンデマンド動画配信サービス、ネットバンキングなどの新たなサービス・市場が誕生したことがこのケースに該当する。

③**金融市場の変動**：株価が高騰した場合、株式交換を使ったM&Aの取引が増加する（stock market driven hypothesis：Shleifer and Vishny 2003）。あるいは、インフレの際には実物資産の値上がりに対し、株価の上昇は相対的に緩やかであるという経験則があるため、株式を購入することで安価に実物資産を取得するというモチベーションが触発される。ここから、株式市場が過熱している際に、M&Aブームが発生するという現象が導かれる（Golbe and White 1988）。

④**経営者の役割**：経営危機時や、企業が成長の機会を掴もうとしている際、強力な経営者が登場することでM&Aが発生する。自社のポートフォリオをM&Aによって抜本的に組み替えたGE（ゼネラル・エレクトリック）のジャック・ウェルチ、IBMのルイス・ガースナーはその代表格である。日本でも日産財閥総帥の鮎川義介は、M&Aを繰り返し、わずか十数年で一大コンツェルンを作り上げた（第3章参照）。

⑤規模拡大と事業の絞り込み（リフォーカス）：後述するように、多角化などを図る過程でM＆Aが利用される一方で、事業をリフォーカスする（絞り込む）ツールとしてもM＆Aが利用される。特にリフォーカスのツールとしてのM＆Aは、需要の縮小や資源価格の高騰などの「負の経済ショック」によって設備や人員の過剰が顕在化し、企業間、あるいは産業間での資源配分が必要になったときに生じる（Harford 2005）。さらに、近年の「モノ言う株主」からの「選択と集中」に対する強いニーズや、マーケットからの「多角化ディスカウント（diversification discount）」は、事業の簡素化を企業に働きかけ、M＆Aによって事業売却を行わせる誘因となっている。

M＆Aブームの発生要因について概説した文献は枚挙にいとまがないが、以上のような5つの「ピストン」は、その理由を表現する端的なものである。これらが日本のM＆Aの歴史においていかに作用したかについては、以降の各章において言及されていくことになるであろう。

3　M＆Aの動機

では、以上のようなM＆A発生の環境要因を受けて、M＆Aはどのような動機で実施されるのであろうか。以下では、M＆Aという意思決定が、価値を創造するケースと創造しない（あるいは、価値を棄損する）ケースに分けて、やや羅列的ではあるが簡単に確認していきたい。

（1）価値を創造するケース

1 規模の経済性

M&Aの文脈における「規模の経済性」とは、統合によって固定費用を減少させることで、製品（サービス）1単位あたりの平均費用を削減させる効果と表現できる（DePamphilis 2021）。この効果は、本社、研究開発、営業、人材採用、経理など、個々の企業に存在する間接部門を集約することによって実現される。これらの業務は企業規模にかかわらず一定の費用が必要であり、企業規模が大きくなるほど、単位あたり費用は薄められ、コスト削減がなされることになる。

これに関連して、統合によって余剰になった生産設備を、効率性の高い工場・設備に集約するケースが考えられる。つまり、生産効率の劣る設備を廃棄することでもコスト削減が可能であり、規模の経済性の実現とも捉えられる。

さらに、規模を拡大することで、売り手、買い手に対する交渉力が強化され、買い手からはボリュームディスカウント、売り手に対しては販売価格の見直しが期待できる。これも規模の経済性発揮によるコスト削減効果に含まれよう（表1－1）。

表1－1　M&Aによる価値創造/価値棄損のシナリオ

価値創造	規模の経済性	間接部門、余剰設備の整理による固定費の削減
	範囲の経済性	他社が比較優位を持つ事業の獲得、総合価値の上昇
	多角化	負債調達コストの低減、リスク分散
	節税効果	借入による資金調達、それによる利払いの損金算入
	市場支配力の強化	規模拡大による川上・川下企業への交渉力の上昇
	時間を買う効果	外部企業の獲得による、セットアップタイムの節約
	経営規律	株主価値を実現していない企業に対する顕在的、潜在的な経営規律
価値棄損	帝国建設	規模拡大に効用上昇を感じる経営者のM&A
	傲慢仮説	買収企業の企業価値向上に関する経営者の自信過剰
	ミスバリュエーション	ファンダメンタルズから乖離した株価に基づく株式交換によるM&A
	富の移転	従業員との間の「信頼の破壊」、それによる株主への富の移転

2 範囲の経済性

範囲の経済性とは、単一企業で作った製品や単一企業で行った業務を、統合された組織で作ったり行ったりすることにより、単位あたりコストの削減や付加価値の創造を実現することと定義される（DePamphilis 2021）。たとえば、製造に優位がある企業と販売に優位がある企業や、国内に強い企業と海外に強い企業の組み合わせ、あるいは類似した複数の製品を共通したルートで販売するケースがこれに該当する。付け加えて、パフォーマンスが優れた企業と統合することで、M&A後の人材の交流等を通じてパフォーマンスが劣る企業にノウハウが移転し、統合された企業全体の経営効率が引き上げられるというシナリオも、範囲の経済性の一環として考えられる。

3 多角化

既存事業とは異なる事業を獲得し、多角化を図るというのもM&Aのモチベーションになりうる。その効果は、リスク分散にあり、完全にリスク（＝収益性のボラティリティ）が相関しない企業同士が結合することによって、倒産確率が低下する。また、そうした企業の経営安定化は、負債調達の際の資本コストを低下させる。さらに、低成長企業が高成長企業を取り込むことによって、より高い成長性が期待できる。

もっとも、リスク分散は個々の投資家が個別の企業の株式を購入することで、自ら図ることができる。むしろ、単一企業が複数の事業を営むことで、事業に対する投資家と企業間で情報の非対称性が増す（どんな事業をしているかがわかりづらくなる）というデメリットがある。こうしたことから、近年では多角化企業の価値は割り引かれる傾向にあり、それは「多角化ディスカウント」と呼ばれている。

4 節税効果

負債調達によってM&Aを遂行する場合、いわゆるLBO（Leveraged Buyouts）のケースでは、増加した利払いは損金に加算され、課税対象利益が縮小することになり、法人税支払いを節約することができる。こうした節税効果を狙って買収を行うケースもある。たとえば、Kaplan（1989a）は、１９８０年代のMBO（Management Buyouts：経営陣による自社買収）によって株主に支払われたプレミアムのうち、21％から１４３％が節税効果に起因していると主張している。

また、利益を計上している企業と赤字を出している企業が結合することで損益が合算され、個々の企業が独立して存在している場合よりも、法人税額を低下させることも可能となる。

5 市場支配力の強化

先述のように、市場集中度を高めることにより、売り手と買い手に対して価格交渉力を高めることができ、販売価格の上昇、あるいは原材料調達等で割引を受けられることが期待できる。ただし、企業規模が拡大することによって、事業構造が複雑になって運営が難しくなり、管理コストが上昇して、独占利潤を相殺するおそれもある。また、独占的地位にあることでイノベーションや経営効率の改善に消極的となり、かえって効率性が低下する（X非効率性：X-efficiency）ことも指摘されている（Leibenstein 1966）。

6 時間を買う効果

海外に進出する際、自前で生産ラインや販売ルート、あるいは事業免許を取得するのには相当の時間を要する。そこで、M&Aで外部企業を取得することにより、それらのセットアップ時間を節約することができ、一挙に事業体制を立ち上げることが可能となる。

他方、内部成長（グリーンフィールド投資）とは異なり、既存の組織文化や人事制度に矛盾がない形で徐々に拡張するのではなく、それらを一挙に取り込むことになるので、買収後の組織融合に矛盾をきたすリスクがある。近年では、海外事業のPMI（Post Merger Integration：経営統合プロセス）で混乱が起こり、本体の存続を揺るがす損失を計上するケースが相次いでいる。

7 経営規律

M&Aには、当該企業の支配権をめぐって、潜在的に経営者チームが争っているという考え方がある。Manne（1965）によって提唱された「会社支配権市場（market for corporate control）」という考え方である。

この考え方には、当該企業に対して2つの経営規律の効果がある。その1つは、株価が低迷した企業が買収のターゲットとなり、新しい株主・経営陣の下で株主価値を回復させるような経営改革がなされるという規律づけである。実際にM&Aが起こって株主価値向上に向けた施策が行われて

図１－１　M&Aによる経営規律の経路

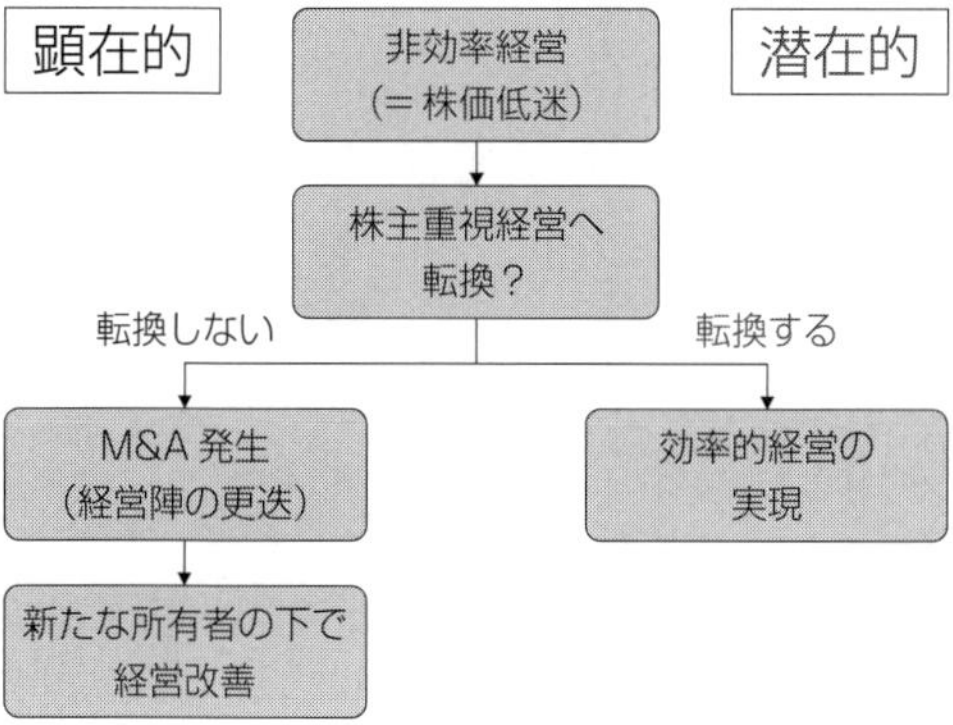

出所：尾関・小本編著（2006）、427頁を一部修正。

いるので、「顕在的な規律づけ」といわれる（図１－１の左の経路）。一方、買収のターゲットにならぬよう、経営陣が株価を向上させるように自助努力するという経路も考えられる。この場合、M＆Aは発生していないが、株主価値向上に向けた施策が実際に行われているので、「潜在的な規律づけ」となる（図１－１の右の経路）。いずれにせよ、株主・経営者間の利害対立（エージェンシー問題）が緩和されることとなる(Berkovitch and Narayanan 1993)。

こうした効果は、多くのケースでは経営陣の同意を得ない買収（＝敵対的買収）で実現されるが、日本では救済合併・買収という形で友好的に行われ、同様の効果が得られているともいわれている（井上・加藤２００６）。

（2）価値を棄損するケース（価値を創造しないケース）

1 帝国建設（empire building）

他方で、M&Aが当事者企業の価値を棄損するケースも考えられる。たとえば、経営者は自身が経営する企業の規模が増大するにつれ、プレステージを感じ、効用が上昇する。つまり、経営者はNPV（Net Present Value：正味現在価値）が負のプロジェクトを行う可能性がある。会社の資源を浪費して自らの帝国を建設するという意味で、帝国建設（empire building）とも呼ばれ、その手段としてM&Aが利用されることになる。この場合、ターゲットとなるM&A案件のNPVは負であるので、企業価値や株主価値は棄損されることになる。

2 傲慢仮説（hubris hypothesis）

経営者が自信過剰であるために、自身にNPVが負のプロジェクトであるとの自覚はないものの、それでM&Aが実行されてしまうこともありうる。このシナリオでも、追加的なM&Aは価値の向上に貢献しないことになる。こうしたシチュエーションは、Roll（1986）によって「傲慢仮説（hubris hypothesis）」と定式化された。

3 ミスバリュエーション（誤った価格づけ）

前述のように、注目産業など、当該企業のファンダメンタルズを超えて株価が高騰してしまうことがある。すなわち、マーケットがミスバリュエーション（誤った価格づけ）を起こしているケースである。このような過大評価された株価を用いて株式交換などでM＆Aを行う場合、買収後のシナジーも過大に見積もることになり、期待した価値創造の実現が困難になる。自社株式の一時的なブームを原因とする過大評価も、価値棄損するようなM＆Aが行われる原因となる（DePamphilis 2021）。

4 ステークホルダーからの富の移転

買収者は、既存経営陣がステークホルダーと交わした「暗黙の契約（implicit contract）」を破棄することを通じて、短期的な利益を得ることが可能となる。たとえば、既存経営陣が従業員と交わした賃金や雇用に関する了解事項を破棄し、賃金カット、解雇を行うなどが該当する。こうした状況は「信頼の破壊（breach of trust；Shleifer and Summers 1988）」と呼ばれる。これが発生すると、M＆Aによって従業員集団から株主に価値が移転しているだけで、ネットの価値は創出されていないこととなる。海外の研究では、M＆Aによって「信頼の破壊」が実際に発生しているか否かについては見方が分かれており、研究によってそれを確認する研究から、その発生を支持しない研究まで存在する。

4　M&Aによってパフォーマンスは向上するのか

以上のようなシナリオを前提として、以降、本書全体にわたって意識するトピックは以下のとおりである。

①M&Aによってパフォーマンスは向上したのか。
②M&Aは株主の富にいかなる影響を与えたのか。
③M&Aを契機として、既存経営陣と従業員との間に交わされた「暗黙の契約」が破棄され、「信頼の破壊」は発生することはなかったのか。

まず、論点①に関しては、合併企業と非合併企業のサンプルを集め、ROA（総資産利益率：営業利益あるいは経常利益／総資産）などの財務パフォーマンスに対するM&Aダミー（M&Aを実施したかどうか）の効果を測定することによって判断される。その先行研究の成果をあらかじめ確認しておくと、M&Aの成果は芳しいものとはいえない（表1－2）。多くの研究において、M&Aダミーの効果は、非有意（＝影響を与えていない）か、パフォーマンスに対してマイナスとなっ

表１－２　M&A とパフォーマンスに関する先行研究一覧

著者	分析期間	サンプル	結果
Odagiri and Hase（1989）	1908～1987	46件 合併・買収・資本参加	M&A ダミーの効果は非有意
Yeh and Hoshino（2002）	1970～1994	84件 合併	M&A ダミーの効果は非有意
長岡（2005）	1985～2003	合併	M&A ダミーは売上高成長率に対し有意に正
Kruse et al.（2007）	1969～1999	69件 合併	異業種合併の方がパフォーマンスが高い
家森ほか（2007）	1999～2004	9件 メガバンク	合併前に比べ費用効率が改善しているとはいえない
宮島（2007）	1999～2002	87件 合併	M&A ダミーの効果は非有意
滝澤ほか（2012）	1994～2002	1590件 合併	製造業において、ROA、キャッシュフロー、TFP の改善を観察
齋藤・川本（2020）	2000～2016	184件 合併・経営統合（持株会社）	対等性が高い場合、持株会社方式によって経営統合するとROA に対して正の効果
川本ほか（2020）	1999～2015	19件 合併・経営統合（地域銀行）	持株会社方式でパフォーマンスの改善が実現されているとはいえない

注：宮島（2007）、362頁を参考に作成。

表1－3　M&Aの株価効果

研究者	種別	サンプル	期間	株価効果	
				買収企業	被買収企業
Asquith (1983)	T	1962〜76	(-1, 0)	0.2	6.2
Bradley et al. (1988)	T	1963〜84	(-5, +5)	1.0	31.8
Sirower (1997)	M/T	1979〜90	(-1, +1)	2.3	30.1
Andrade et al. (2001)	M/T	1973〜98	(-1, +1)	-0.7	16

注：Mは合併、TはTOBを表す。
出所：井上・加藤（2006）、50頁より作成。

ている。これは2つの意味を持っている。1つは、当たり前のことではあるが、M&Aが単線的にパフォーマンスの向上をもたらすというわけではないということである。もう1つは、成功パターンと失敗パターンが混在しており、両者が打ち消しあって非有意になっているという可能性である。M&Aの成功パターンは何かということを特定する必要がある。

次いで、論点②に関しては、国内外の研究の多くにおいて、M&Aのアナウンスメントに対して、買い手に微弱な正、あるいは非有意、負の株価リターンが発生する一方で、売り手企業に関しては、概ね正のリターンが発生している（表1－3）。これは何を意味するのであろうか。その可能性の1つは、買い手側が「高値掴み」をしているということである。そもそも日本企業に高値掴みの傾向はあるのか。仮にあったとすると、それは買い手株主、売り手株主にいかなる影響を与えたのであろうか。

さらに、論点③については、Shleifer and Summers（1988）で定式化されて以来、検証が積み重ねられてきたが、海外の研究に

表１－４　M&A と雇用に関する先行研究一覧

著者	分析期間	サンプル	結果
Bhagat et al.（1990）	1984～1990 米国	62件 敵対的買収	本社部門のスタッフの雇用削減を観察
Gokhale et al.（1995）	1980～1991 米国	133件 敵対的買収	在職年数の長い労働者の雇用削減を観察
Beckman and Forbes（2004）	1987～1995 英国	62件 買収	敵対的買収後、雇用削減は発生するが、友好的買収よりも水準は低い
Canyon et al.（2002）	1967～1996 英国	1,400件 買収	敵対的買収と関連合併で雇用削減を観察
Gugler and Yurtoglu（2004）	1987～1998	合併 米国、英国、欧州	欧州企業では合併を契機に雇用削減を観察
Kaplan（1989a）	1980～1986 米国	76件 MBO	買収後、雇用削減が観察されたとはいえない
Smith（1990）	1977～1986 米国	58件 MBO	買収後、雇用削減が観察されたとはいえない
Goergen et al.（2011）	2000～2006 英国	73件 バイアウト	PE ファンドによる買収後、雇用削減を観察
Bharath et al.（2014）	1981～2005 米国	28,518事業所 バイアウト	プラントレベルの事後的な人員削減を観察

おいて見方は分かれている。Ｍ＆Ａの発生前後に従業員数の削減や賃金カットが観察されたという研究もあれば、そのような従業員に不利となるような条件変更は観察されなかったという調査もある（表１－４）。日本企業のケースにおいてはどうであろうか。本書では、特に２０００年以降の敵対的買収の最新のデータを用い、この点について検証している（第10章）。

図1－2　戦前期・戦時期におけ企業合併の推移（鉱工業）

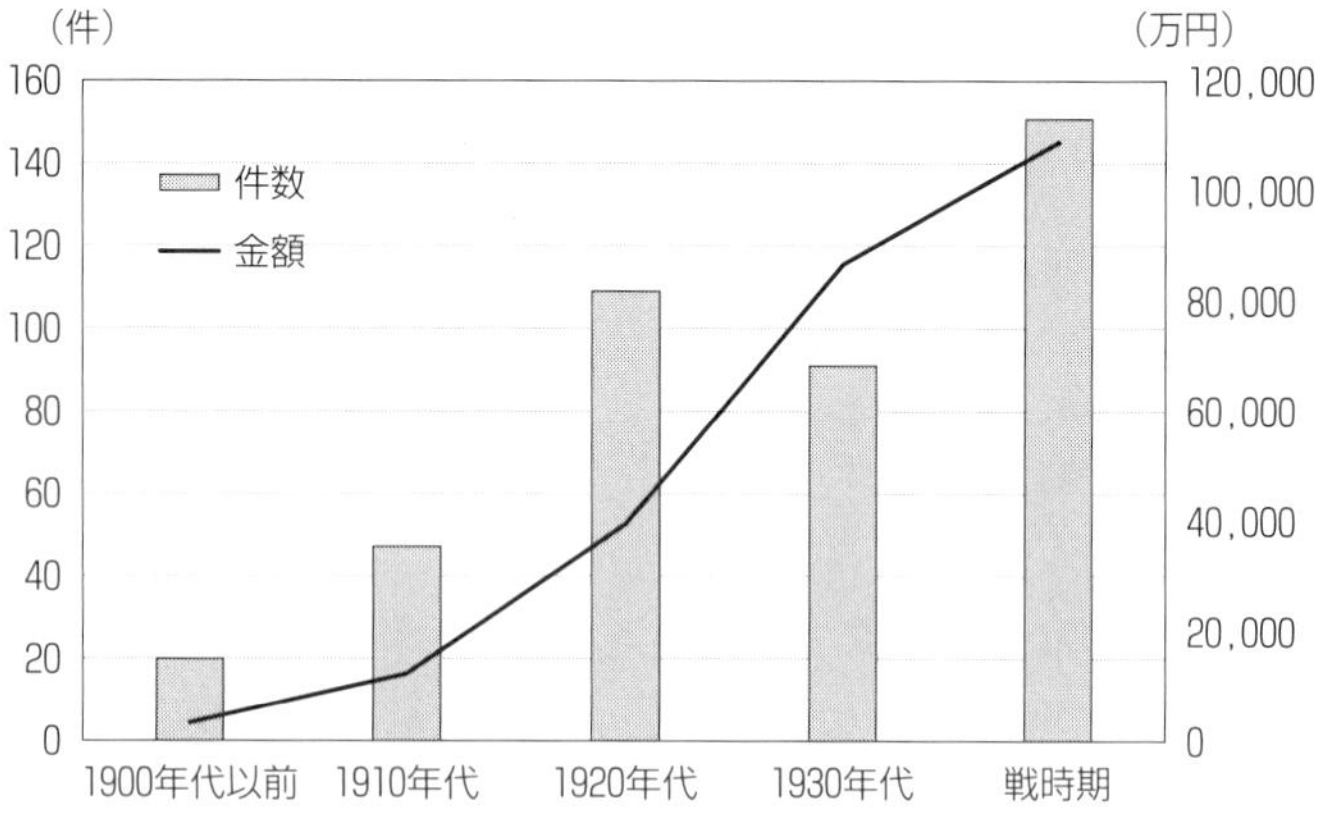

注：1930年代は1937年まで、戦時期は1937年から1942年までの集計。
出所：東洋経済新報社『株式会社年鑑』（第15回、第20回）より作成。

5　150年のM&Aを一望する

最後に、これから検討を進めていく各時代のM&Aの動向の前提として、明治以降の150年間の推移について確認しておきたい。とはいっても、それらを通貫する体系的なデータは存在しないため、戦前、戦後、バブル崩壊以降とそれぞれ異なるデータセットを用いて確認していくこととなる。

(1) 戦前期のM&A[*2]

まず、図1－2は、戦時期の合併の推移をみたものである。データセットの構築方法としては、東洋経済新報社『株式会社年鑑』（第20回：1942年版）の鉱工業各社（428社）の「沿革」に記されている合併の履歴（件数、合併による資

図１－３　戦前期における合併の業種分布（鉱工業）

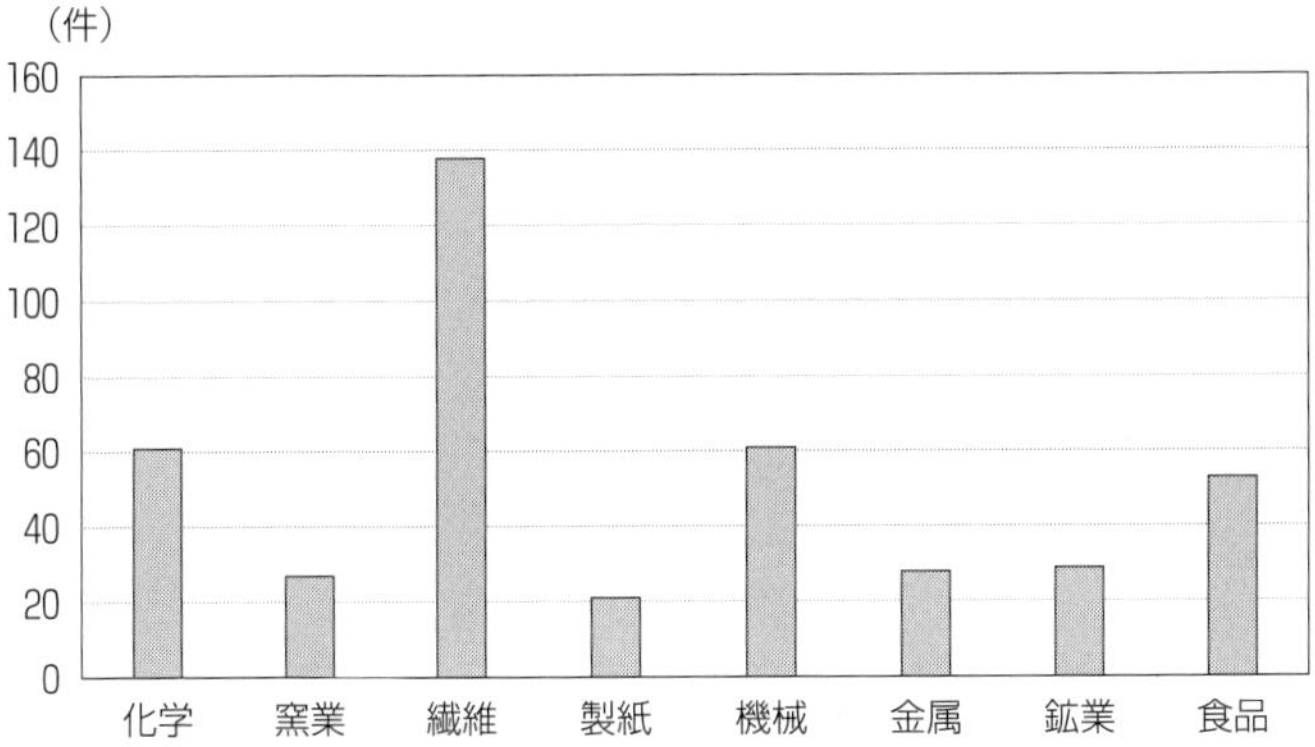

出所：東洋経済新報社『株式会社年鑑』（第15回、第20回）より作成。

本金の増加額）を集計するという方法を採用した。すなわち、主要企業が行ってきた合併を対象にするというわけである。[*3]

それによると、この間（１９４２年）までに合計４１８件、25億１０００万円の取引があった。１９２０年代には１０９件、３億９０００万円、１９３０年代には91件、８億６０００万円とピークを迎えている。戦間期が戦前期におけるM＆Aのブームであり、１９２０年代の不況局面で事業再組織化の対象となる案件が多かったこと、１９３０年に大型M＆Aが発生したことが示唆される（第４章、第５章）。また戦時期においてもM＆Aの拡張傾向は持続しており、発生件数１５１件、取引金額11億円となっている。

また、図１－３はM＆Aの買い手となった企業の業種の分布をみたものである。繊維が圧倒的に多く１３８件、次いで化学、機械の61件が続く。戦前期日本の

表1－5　取引金額上位10件（戦前・戦時期、鉱工業）

発生年月	業種	当事者1	当事者2	取引金額（万円）
1934年1月	金属	八幡製鉄所	東洋製鉄など	34,594
1934年7月	鉱業	日本産業	大阪鉄工所	9,941
1932年10月	製紙	王子製紙	富士製紙、樺太工業	8,346
1941年2月	鉱業	日本鉱業	台湾鉱業	8,005
1939年7月	製造	芝浦製作所	東京電気	7,918
1939年6月	金属	日本沃土	昭和肥料	6,000
1933年10月	食品	大日本麦酒	日本麦酒鉱泉	5,400
1941年6月	鉱業	鯛生産業	ラサ工業	5,250
1927年4月	窯業	浅野セメント	浅野超高級セメント	5,000
1940年10月	金属	日本鋼管	鶴見製鉄造船	4,865

リーディングインダストリーが繊維産業で、その成長の一端をM&Aが担ったことをうかがわせる結果である（第2章）。

この期間、取引金額上位案件については、表1－5に掲げている。1位は日本製鉄の設立3億5000万円と、トップ3は1930年代の案件が占めている。やはりこの時代が「大型合併の時代」であったことがわかる。

(2) 戦後のM&A

一方、戦後のM&Aについては、公正取引委員会事務総局編（1997）の調査によって、1990年代半ばまで追跡することができる（図1－4）。戦後まもなくは、M&Aは合併で年間500件程度、営業譲渡で100件から200件と低調であったが、1960年代後半になると、合併

図１－４　合併・営業譲渡の推移（公正取引委員会調べ）

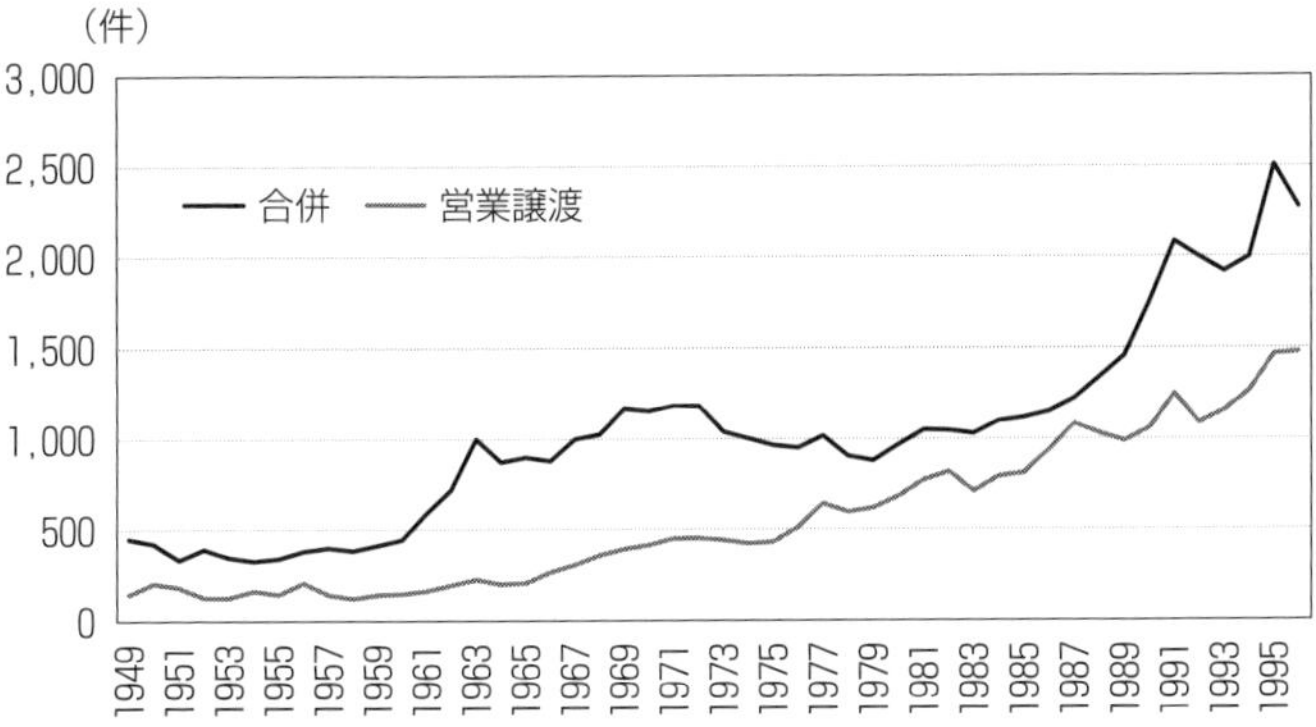

出所：公正取引委員会事務総局編（1997）、398-399頁より作成。

は１０００件をコンスタントに超え、高度経済成長期末の１９７２年には１１８４件に達するまでになっている。戦後、日本企業は内部成長を好み、M&Aには消極的であったというイメージが持たれているが、それを覆す結果になっている（この局面のM&Aのケースと実態については、第8章で扱う）。

公正取引委員会事務総局編（１９９７）の調査で面白いのは、M&Aの形態に関する調査がなされていることである（図１－５）。それによると、混合合併53%、水平合併28%、垂直合併14%の順となっている。特に混合合併では地域拡大（15%）が目立つ。戦後の日本企業がローカルから始まり、他地域に進出していく過程でM&Aが活用されたように思われる。

なお、この時代のM&A実施企業の分布は図１－６のとおりである。卸・小売企業が多く、１万５０００件を超える。そもそもこの業種に所属する企業の母数

図１－５　企業合併の形態（1969～1996年）

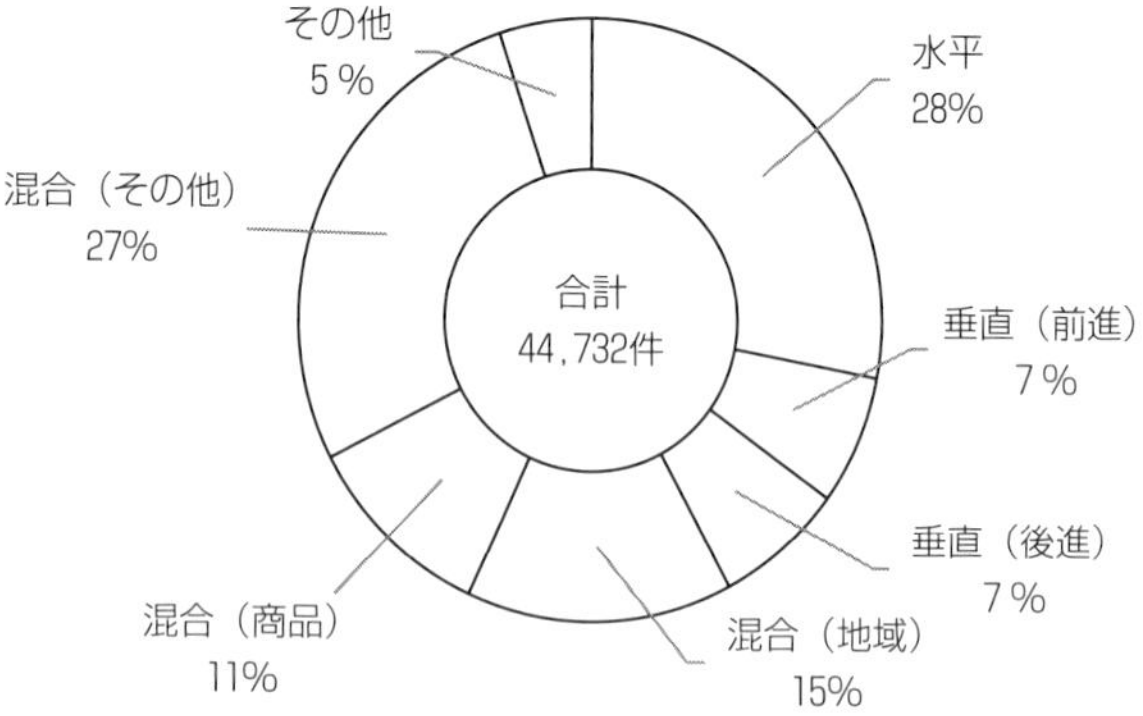

出所：公正取引委員会事務総局編（1997）、412-413頁より作成。

図１－６　合併の発生業種（1950～1996年）

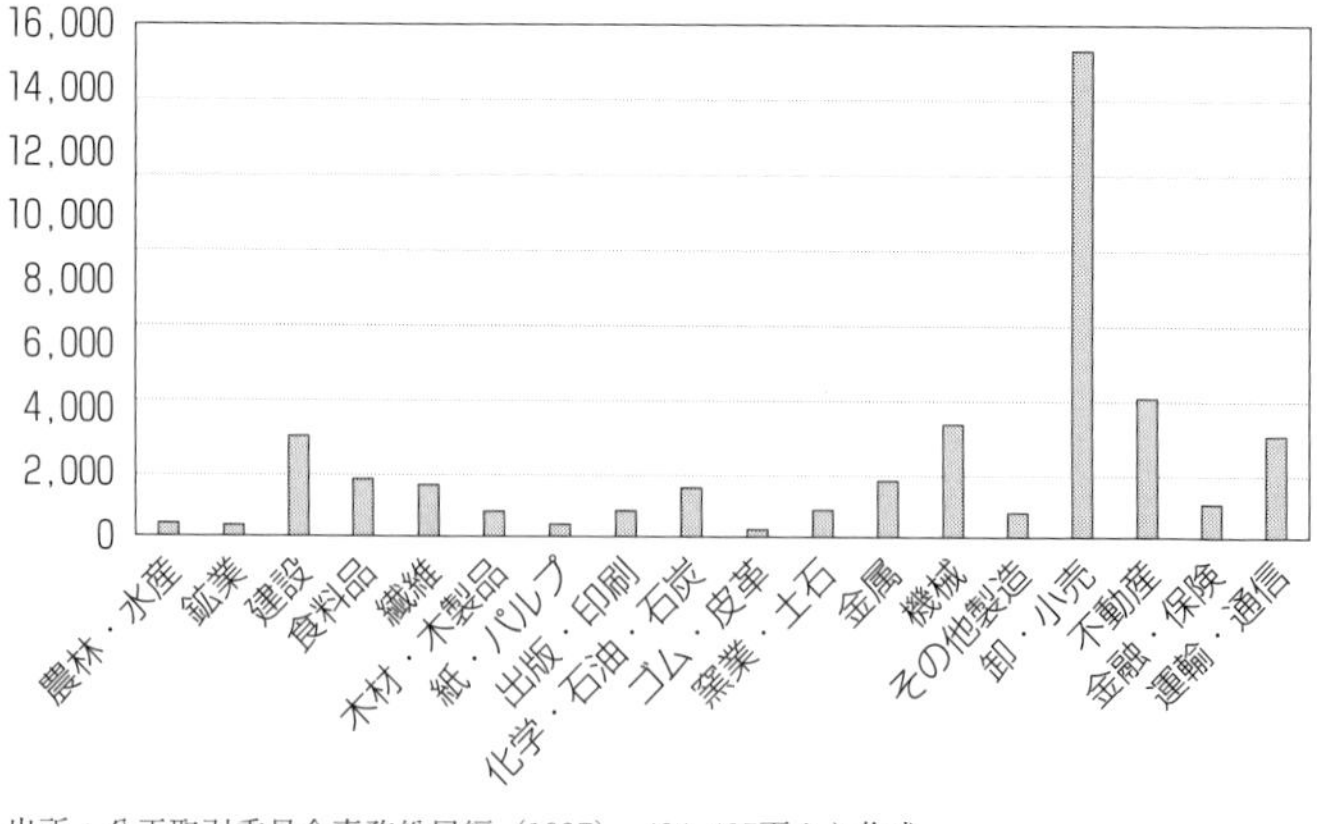

出所：公正取引委員会事務総局編（1997）、404-407頁より作成。

図1－7　M&Aの件数と金額

出所：レコフデータ「レコフ M&A データベース」より作成。

が多いことが反映しているのであろう。

（3）バブル崩壊後のM&A

最後に、1990年代半ば以降のM&Aの動向について確認しておきたい。これについてはレコフデータ「レコフM&Aデータベース」より体系的に収集することができる。図1－7によると、2000年代半ばに1度目のブームを迎え、そして2010年代半ば以降に2度目のブームを迎えていることがわかる。件数的には、2007年に3769件、2021年には5323件となる。

金額的には2018年におよそ30兆円と最高値をつけているが、これには興味深い背景がある。M&Aの地域別実施動向に目を移すと（図1－8）、近年では「IN-OUT型」（日本企業による海外企業の買収）が主流となっていることがわかる。すなわち、直近のM&

図1－8　クロスボーダーM&Aの推移

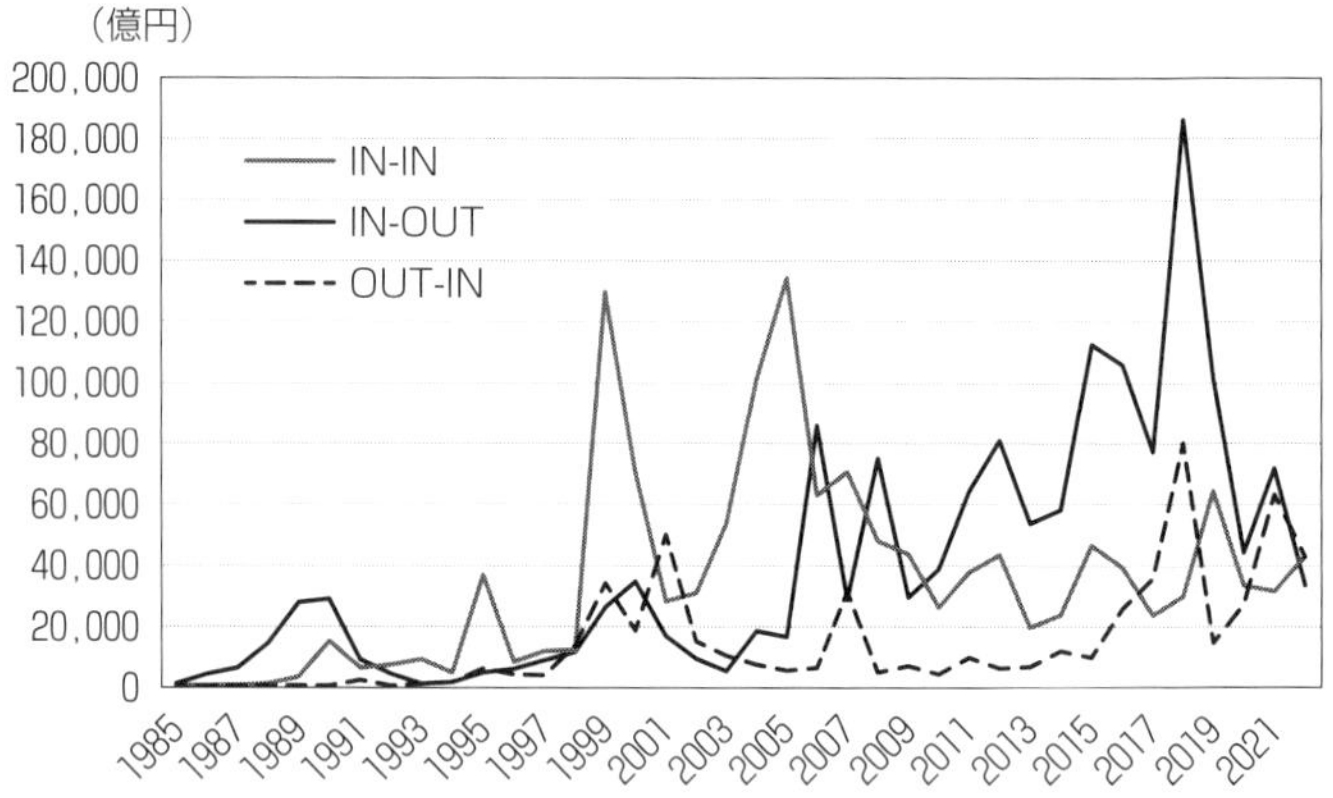

出所：レコフデータ「レコフM&Aデータベース」より作成。

Aブームはクロスボーダー M&Aによって発生したということが理解できる（この動機、背景については第11章で扱う）。

なお、補足的な情報として、M&Aの実施モードと業種分布についてもみておく。前者については、かつて「買収」が中心であったものが、直近では「資本参加」が優勢になっていることに注意を要する（図1－9）。資本参加を用いたアライアンス、あるいは「資本の節約」による企業支配がなされている状況を示す情報かもしれない。業種分布については、サービス、卸売といったところで多くなっているが、これも前述した状況と同様に、それに所属する企業が多いことに起因する結果であろう（図1－10）。

図１－９　M&A のモード

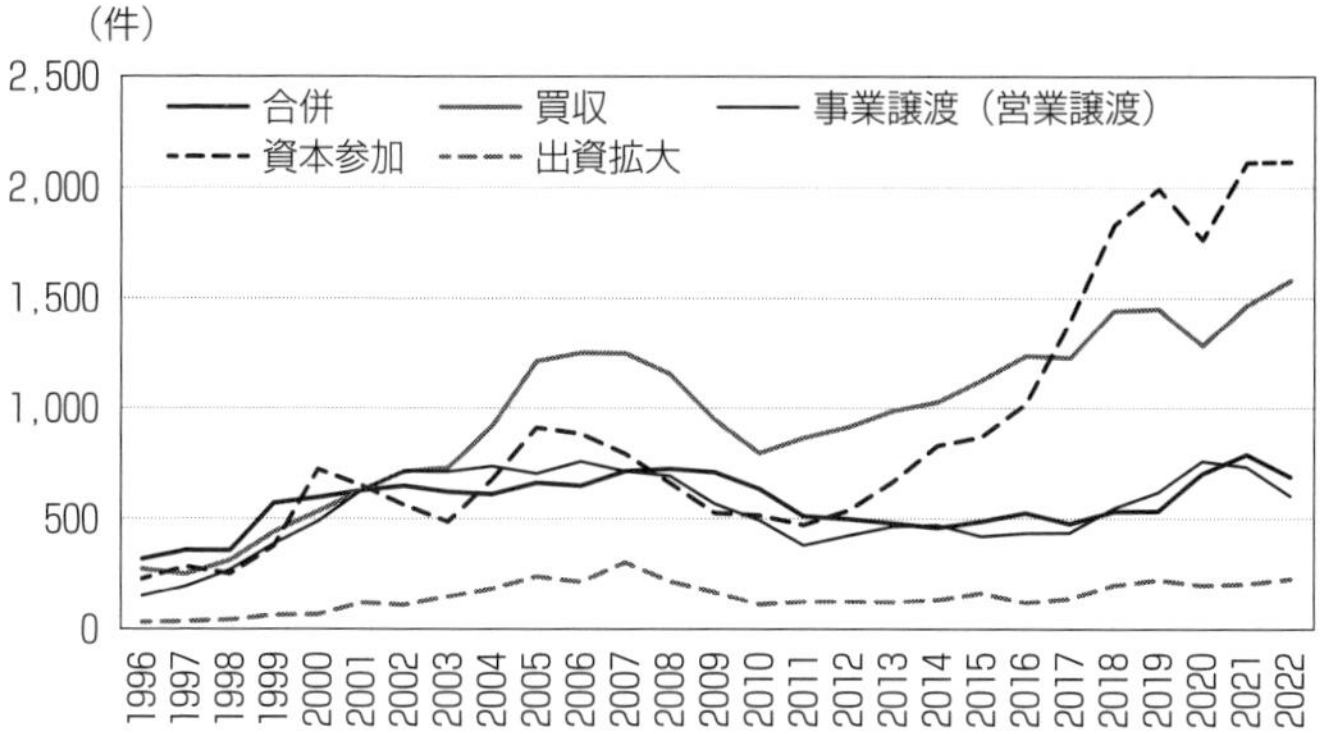

出所：レコフデータ「レコフ M&A データベース」より作成。

図１－10　業種別の件数（1996～2022年）

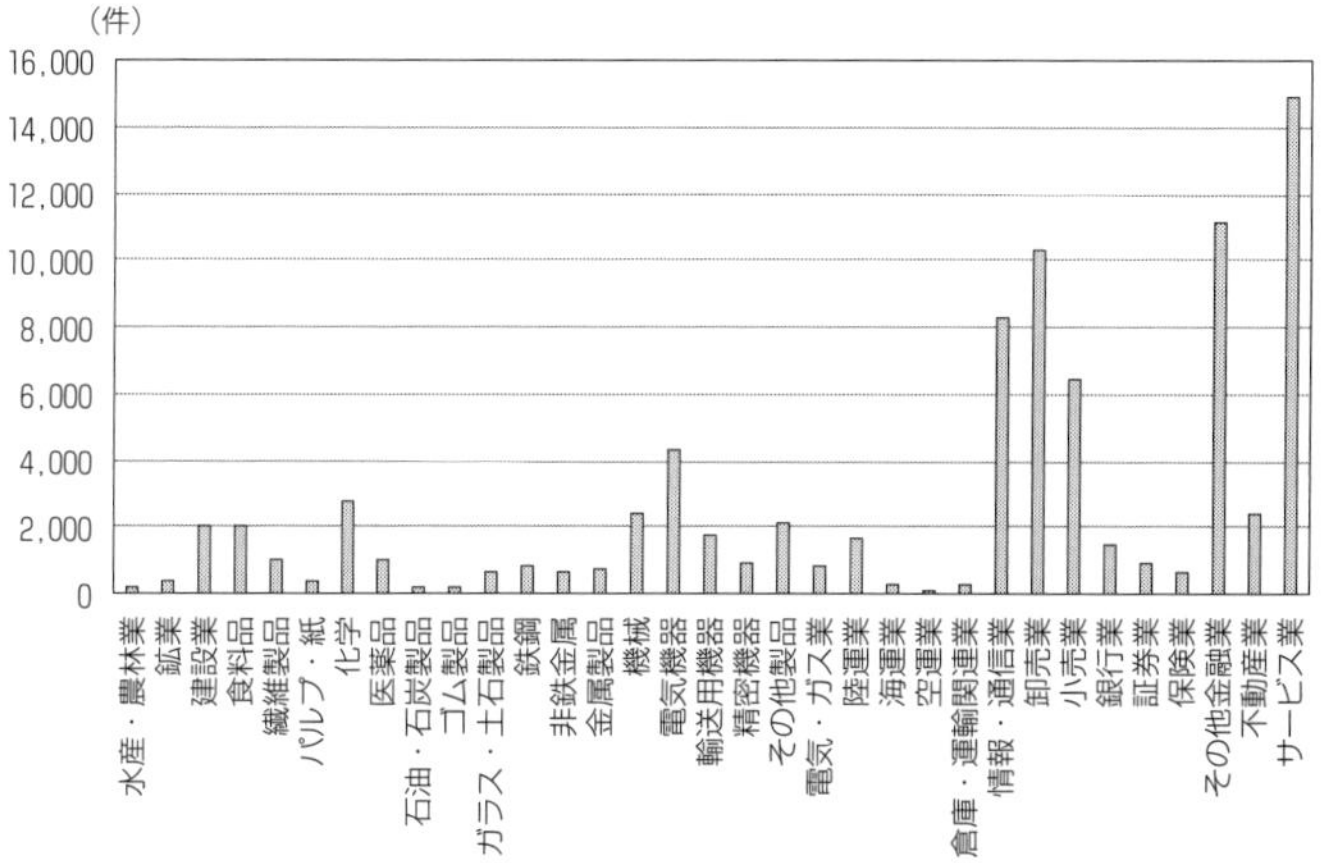

出所：レコフデータ「レコフ M&A データベース」より作成。

注

＊1　蟻川・宮島（2007）では、M&Aの発生要因について「実物的要因」と「金融的要因」に分け、前者として規制緩和や技術革新、需要低迷などの正負の経済ショック（Jensen 1993）、後者として株式交換を促す株高などに整理している。

＊2　海外の事例では、Nelson（1959）が19世紀末から20世紀半ばまでの米国における3つのM&Aブームを概観している。

＊3　もちろん、このような方法を採用すると生存者バイアスが発生して、後の期間の比重が大きくなる可能性があるが、体系的なデータセットがないなか、一次的接近として本章ではこの方法を採用した。

コラム1　M&Aをいかに評価するか：株価と財務パフォーマンス

本コラムでは、（本章で扱う）M&Aの評価方法について確認しておきたい。教科書的には、これはM&A実施後の株価パフォーマンスと財務パフォーマンスを追跡することによってチェックされる。

1　イベント・スタディ

株価パフォーマンスに関してはイベント・スタディと呼ばれる手法が用いられ、それは市場モデル（market model）と市場調整モデル（market adjusted model）に分けられる。前者は、過去のM&Aを実施したレイダー（あるいはターゲット）の銘柄のリターンとマーケットインデックス（今日ならTOPIXなど）のリターンの相関から、イベント（ここではM&A）発生後の期待リーン（対象銘柄iのt期の期待リターン）を求め、それと現実のリターン（投資銘柄iのt期の実現値のリターン）がいかに乖離しているかを把握する方法である。その差が異常リターン（AR：Abnormal Return）としてイベント発生による効果として認識される。もちろん、プラスの異常リターンが発生していたら、そのM&Aは当事者の株主価値を創造したことになり、逆にマイナスのリターンが計測されたら、それを棄損したことになる。

$$AR_{i,t} = R_{i,t} - E(R_{i,t}) \qquad (1)$$

一方、後者は異常リターンを求める際、単純にM&A発生前後の対象銘柄のリターンとマーケットリターンの差を算出する方法である。いずれの方法でも、いわゆる「効率的市場仮説」に基づけば、M&Aに伴う将来的な株主価値の向上（あるいは棄損）は、M&Aアナウンス時の株主リターンに織り込まれて反応するため、それを観察することによって株主価値への影響を判断することができる。本書では、市場モデルと市場調整モデルとに大きな結果の差はないという、Sirower（1997）を参考に、データのハンドリングが容易な市場調整モデルを用いている。

また、長期でM&Aの評価を行う際、AR（あるいはそれを累積していったCAR：Cumulative Abnormal Return）と、当該銘柄を保有し続けた場合のリターン（BHAR：Buy and Hold Abnormal Return）を、月次リターンで2年から3年程度の期間で、次の算出式を用いて評価する方法もある。

$$BHAR = \prod_{t-1}^{T}(1+R_{i,t}) - \prod_{t-1}^{T}(1+E(R_{i,t})) \qquad (2)$$

これは投資銘柄iのt期のリターン（R）に1を足したものをT期まで複利で保有を続けた場合の数値から、同じく銘柄iのt期の期待リターン（$E(R)$）はマーケットインデックスなどのリターン）を複利で持ち続けた場合の差分で算出され、この指標をみることによって、M&Aの長期の株価効果を捕捉することが可能となる。

2　パフォーマンス・スタディ

他方、財務パフォーマンスを追うことによってM&Aを評価することもよく行われる分析方法である。具体的にROA（Return on Asset）やROE（Return on Equity）の推移や、それらを分解した、収益性を表す「売上高利益率（経常利益／売上高）」、効率性を表す「総資産回転率（売上高／総資産）」、これに加え指標がROEの場合は負債の活用度を表す「財務レバレッジ（総資産／純資産）」の推移によって評価される。

$$ROA = R/S（売上高利益率）\times S/A（総資産回転率） \qquad (3)$$

$$ROE = R/S \times S/A \times A/E（財務レバレッジ） \qquad (4)$$

（Rは利益、Sは売上高、Aは総資産、Eは純資産を表す）

このほか、M&A取引の基本的な情報である買収プレミアムや合併比率、株式交換比率、EBITDAマルチプル（取引金額／ターゲット企業のEBITDA＝償却前利益[#1]）などによっても、買い手、あるいは売り手がどのような条件で取引したのかが評価可能である。

さらに、分析可能なデータは限られるものの、買収前後の従業員数や賃金水準、あるいは格付けを追跡することによって、従業員や債権者などの利害がM&Aによっていかなる影響を受けたかを観察することができる。これらはデータの制約があるため、本書では取得可能な場合に適宜取り上げ、M&Aを評価する際に紹介されることになる。

3　合併条件

また、株主のリターン（特に売り手株主）は、そのターゲット企業が保有する純資産や将来的な収益の期待値から求められる企業価値から算出した理論的な合併比率と、実際の合併比率とを比較することによっても求められる。今日、主流となっている企業価値の算出方法は、DCF（ディスカウント・キャッシュフロー）法に基づいて、将来の期待収益の系列を合計したものを、資本と負債を加重平均したコストであるWACC（Weighted Average Cost of Capital）で除したいわゆる「インカム・アプローチ」である。ただし、本書で対象となる戦前期においては、株価の日次データが体系的に整備されておらず、WACCの資本コストを計算するためのマーケットインデックスの構築も途上にある。[#2]また、将来利益を試算するための「予測損益計算書」も作成されていない。さらに、同方法による企業価値の算出は、個々の案件やそれが属する業界のコンディションを考慮する必要があり、本書で試みるような大量観察には不向きである。

そこで本書で利用するのは、①数値データの利用が戦前期の諸資料からも容易であり、②算出がシンプルな、以下の方法である。すなわち、企業価値を算出して、そこから理論合併比率を求めるために、コスト・アプローチの一種である「純資産簿価法」や「収益還元法」、あるいはそれらを平均した「平均法」を利用する。具体的には、以下の計算式で求められる。[#3]

将来の予想利益／資本還元率＝収益還元価値　(5)

収益還元価値／発行株式数＝1株あたり株式評価額　(6)

ここで「収益還元法」とは、株主価値を求める際、将来の予想利益を資本還元率で割って株主価値を出し、それをさらに発行株式数で割ることで、1株あたり株式評価額を出すことによって求められる。なお、以下の計算では、将来の予想利益の代替指標として合併前3期の償却前利益を、資本還元率としてその時々に入手できる預金金利等を用いる（具体的なデータは、それぞれの章で紹介する）。一方、「純資産簿価法」とは、貸借対照表上における資産と負債の差額である純資産額をもって株主価値として、これを発行株式数で割ることで、1株あたり純資産額を求め、それを株式評価額とすることによって算出される。

いずれの方法も、株価の情報を必要とせずに算出できることから、同時系列データの入手が制約されている戦前期の合併を評価する際に活用されることになる。

コラム注

#1　ターゲットの買収金額を、ターゲットの稼ぎ出す利益によって何年で回収可能かを表す指標で、買収プレミアムと並び、いわゆる買い手が「高値掴み」していないかを検証する1つの尺度になる。一般的には、8倍程度が目安とされる。

#2　現在、三和裕美子教授（明治大学商学部）らのグループによって、戦前期におけるマーケットインデックス構築の試みがなされている。詳細については、以下の記事で紹介されている：「戦前と戦後を結ぶ日本初の株価指数が誕生　開発者2人に聞く『144年をつないで見えたもの』」『エコノミスト Online』

２０２２年８月15日（https://weekly-economist. mainichi. jp/articles/20220825/se1/00m/020/009000d)。また、株主資本コストや負債コストについては、平山（２０２２）において試算がなされている。これら両グループの研究発展に期待したい。

＃３　以下の説明の株式価値評価の算出方法に関する説明は、鈴木（２０１８）、KPMG FAS（2011）、若杉（１９８９）などを参考にした。

第Ⅰ部　戦前・戦時期のM&A

第２章　紡績大合同

〔本章のまとめ〕

本章では、明治後期の紡績会社の企業合併を題材に、当時の合併条件の状況、M&Aがパフォーマンスに与えた影響について検証する。日露戦争前の不況期においては、良好なパフォーマンスをあげていた企業が経営不振企業をターゲットとする傾向にあり、M&Aが経営の規律づけの機能を果たしていた。また、鐘紡のケースからは、綿密なデューデリジェンスの結果、ポテンシャルの高い企業がセンサーされ、合併後には買収企業からノウハウの移転、モニタリングと労働インセンティブの強化がなされた。一方、大型合併のケースからは、財務状態に応じた合併比率が設定されるとともに、被合併企業の経営陣は新会社から排除され、買い手主導の形が明確にとられていたことが示された。

〔本章のキーワード〕

紡績大合同論、武藤山治、山辺丈夫、菊池恭三、鈴久事件、PMI

1　はじめに：国際競争力と企業合併

国際競争力強化のために国内企業の合併を促すという議論は、歴史的にこれまでにもしばしば繰り返されてきた。たとえば、1960年代には資本の自由化が段階的に進められるなかにおいて、経営者にとって海外企業による買収の脅威が意識され、それは「第二の黒船襲来」とも表現されたが、それに対抗するために、合併による企業規模拡大による海外資本への対抗、そして買収防衛が企図された（第8章参照）。

また、１９９０年代後半には、持株会社解禁をめぐる論争がなされたが、解禁へと舵が切られる背景となったのは、それが組織文化、人事制度の摩擦を回避した経営統合を可能にするという点が大きく作用していた。すなわち、持株会社方式による経営統合によって、需要低迷下における過剰生産力の解消、ひいては国際競争力の強化が背景にあったのは疑いようがない（第9章参照）。

興味深いことに、いまからおよそ１２０年前の明治期においても、リーディングインダストリーであった綿糸紡績業で同様の議論があった。それは１８９８年の北浜銀行頭取・岩下清周の談話が嚆矢とされ、義和団事件の影響で中国への輸出が途絶するなか、議論が本格化していった。そして、企業集中によるスケールメリットの実現は、鐘淵紡績（以下、鐘紡）の経営執行者・武藤山治の「紡績大合同論」に引き継がれていった。そもそも当時、日露戦後の長引く不況によって、紡績業界は操短と合併によるコスト削減の二択を迫られていたため、この議論が追い風となり、企業集中が進んだ。具体的には、山口（１９７０）によると、企業合併は１８９０年から１９１２年までに33件を数えた（図２−１）。なお、その際注意が必要なのは、鐘紡に代表される大資本による小資本のM&Aだけにとどまらず、大阪紡績と三重紡績による東洋紡績の設立（１９１４年）、尼崎紡

図2－1　大手企業の合併件数（1890～1912年）

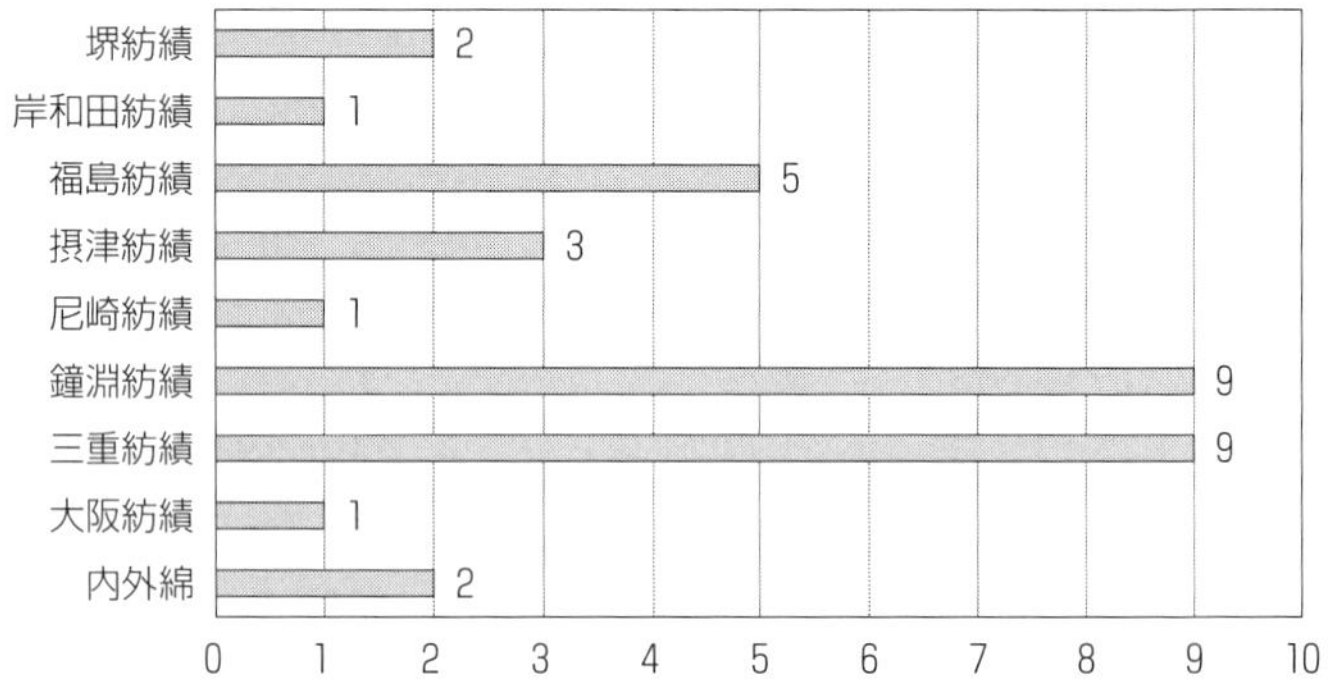

出所：山口（1970）、51頁より作成。

績と摂津紡績による大日本紡績の設立（1918年）などの大型合併が相次いで成立し、後の五大紡体制（鐘紡、東洋紡、大日本紡、富士瓦斯紡、日清紡）の基礎が築かれた点にあった（表2－1）。過剰設備の解消と規模の経済性の追求という「ピストン」が作用し、まさに「M&AがM&Aを呼んだ」のである。

本章では、こうした明治期の紡績業における企業合併を題材に、①そもそも当時の合併条件はどのようなものであったのか、②いかなる動機で企業合併は進められたのか、③合併は当該企業パフォーマンスを高めたのか、について検証する。具体的にはこれら問いについて、当時もっともM&Aを果敢に行った鐘紡、および東洋紡績設立と大日本紡績設立の大型合併のケースを取り上げて、歴史的な観点から新たな知見を得ることを目的とする。

本章の構成は次のとおりである。第2節では、紡績大合同論の概要と目的について確認する。第3節では、紡績大

表２－１　紡績業界の総資産ランキング

パネルＡ：1896年

順位	企業名	総資産額（千円）
1	鐘淵紡績	3,284
2	大阪紡績	2,413
3	三重紡績	2,245
4	摂津紡績	1,436
5	岡山紡績	1,397
6	尼崎紡績	1,264
7	浪華紡績	1,204
8	平野紡績	1,190
9	日本紡績	1,151
10	三池紡績	1,019

パネルＢ：1919年

順位	企業名	総資産額（千円）
1	鐘淵紡績	84,316
2	東洋紡績	72,940
3	大日本紡績	69,738
4	富士瓦斯紡績	48,525
5	大阪合同紡績	31,184
6	福島紡績	20,452
7	岸和田紡績	18,046
8	倉敷紡績	18,016
9	日清紡績	11,798
10	日華紡績	7,674

出所：経営史学会編（2004）、398頁、404頁より作成。

合同論の推進力となった鐘紡のＭ＆Ａ戦略について概観した後、それが当事者企業のパフォーマンスに与えた影響について、これまでの研究成果を紹介する。第４節と５節では、東洋紡績、大日本紡績の経営統合の経緯に関して確認した後、これら大型案件の合併条件に関する検証等を試みる。第６節は本章の結論と、そこから得られるインプリケーションの提示にあてられる。

２　紡績大合同論

紡績大合同論は、１８９８年の北浜銀行頭取・岩下清周の談話が嚆矢とされ、義和団事件の影響で中国への輸出が途絶するなか、議論が本格化していった。そして、企業集中によるスケールメリットの実現は、武藤山治の『紡績大合同論』（1901年）へと引き継がれていった。先述したとおり、当時、紡績業界は操短と合併によるコスト削減の二択を迫られていたため、この議論は大きな反響を呼んだ。

武藤の主張の骨子を紹介すると以下のとおりである。「トラストハ分立セル同一種ノ事業ヲ合併シ、資本ノ集注《ママ》ト管理ノ周到ナルトニ依リテ製造ノ費用ヲ減ジ製品ノ原価ヲ低廉ナラシメ、斯クシナル物品ノ供給ヲ受クル事トナリ、其結果ハ需要者モ資本主モ職工モ三者共ニ利益ヲ均霑スルヲ目的トスルモノ」（鐘紡 1988）とある。すなわち、日本の紡績業においては、過小資本が乱立して経営効率が劣るため、企業合併によってスケールメリット追求し、コスト減を目指すというのが基本的なモチーフであった。そして具体的な合併利益の源泉として、利息、原綿、製糸、運搬費、保険料、需要品のコスト減が挙げられている。

また、これに関連して、高村（1971）では、当時の紡績業界における企業合併の2つのメリットを指摘している。その第1は、安価な設備の拡大である。買収資金がもっぱら株式交換によって行われ現金支出が抑えられたこと、そして企業集中に賛同する系列銀行からのバックアップ（融資や社債募集の引き受けなど）が得られたことが挙げられている。第2は、経営規模の拡大による流通・金融上の有利性の発揮である。これは、まさにスケールメリットの実現であり、原綿輸入の場面で取引単位の大きさが決定的に重要な意味を持ったという。すなわち、原材料購入の際、規模拡大によって交渉力が強化され、ボリュームディスカウントを享受できたといわれる。

3　日露戦争前後のＭ＆Ａ

(1) M&Aのモチーフ

日露戦争前は、１９００年からの恐慌もあり、紡績業が不振を極めていた時期であった。具体的にその原因として、①国内綿織物生産の停滞、②インド綿糸との中国市場での競争激化、③金本位制採用以降（１８９７年）の円高効果、④義和団事件による北清市場の途絶、⑤原綿価格、賃金の高騰等が挙げられている（阿部 ２０２２）。こうしたなか、この局面におけるＭ＆Ａの基本的な方針は、経営破綻に陥った小規模企業の大企業による救済合併であった。すなわち、買い手のＭ＆Ａの動機としては、安価な機械設備の取得にあった。そもそも業績不振企業がターゲットであったために、資産の買い叩きが可能であったことに加え、買収対価として株式が利用されたため、現金を費やさずに合併・買収を行うことができる環境下にあった。また、武藤が論じたように、経営規模の拡大を追求し、取引単位を大きくすることで、原綿輸入、製品販売、運送費、保険料、利息等の面において有利になるという、ボリュームディスカウントが享受できるという点も合併の動機として有力であった。

一方、日露戦争後には、戦争勃発時、戦後の一時的な不況を除き、生産高、海外（中国向け）輸出は拡大基調で推移した。この時期のＭ＆Ａは、それまでの「救済」から「戦略」の要素がより濃厚になった。これは紡績会社の兼営織布化の一環で、織布メーカー対してＭ＆Ａがかけられることが多かったことからもわかる。利益の平準化を目指して、多角化戦略としてのＭ＆Ａが実施されたのである。またこの局面には、富士瓦斯紡績（１９０６年）、東洋紡績（１９１４年）、大日本紡績（１９１８年）の誕生など、続々と大型合併が成立し、後の5大紡につながる業界体制への道筋が作られた。この背景、動機については後述する。

（2）ケーススタディ：鐘淵紡績の連続Ｍ＆Ａ

1 デューデリジェンスとノウハウの移転

以下では、この時代のＭ＆Ａのイメージを得るために、鐘紡のＭ＆Ａの動向を確認していこう。鐘紡の起源は、東京綿商社が１８８９年に鐘淵紡績所を設立したことに遡る。東京綿商社の発起人に三井呉服店が入っていたことから、同社が鐘淵紡績会社へ名称変更する際、社長には三井得右衛門が就任した。

同社が飛躍するきっかけになったのは、三井財閥の工業化路線を進めていた中上川彦次郎が、慶應義塾の後輩で三井銀行に在職していた武藤山治を紡績業界へ誘ったことであった。専務に就いた武藤山治の構想は、過小資本の乱立した綿紡績業の再編にあった。すなわち、綿糸紡績の設備を集中し、コスト競争力を向上させることにより、国際競争力を強化しようと考えたのである。

そこで武藤の先述のようなモチーフに基づいて、小口の救済型M&Aを繰り返し、着実に生産規模を拡大し、競争力を高めていった。[*1] なおその際、注目すべきは、徹底したターゲット企業のデューデリジェンスとPMI（Post Merger Integration：経営統合プロセス）に関する工夫が施された点であった。実際、同社は19世紀末から20世紀初頭にかけて、最多の9件のM&Aを仕掛けた。前者については、たとえば、九州進出のための九州紡績、博多絹綿紡績の合併の際には、これら企業に対して「営業部使用人を通して現地調査を行い、その立地状況や設備、職工事情にまで及ぶ調査報告書に基づいて、合併の採否が判断」された（橋口 2022、138頁）。場合によっては、職場の清掃が行き届いていない、あるいは生産工程に大きな無駄があるなどの理由で、合併が見送られたこともあったという。こうしたターゲット企業の製造現場の整理整頓や規律を重視する姿勢は、今日M&A戦略で成果を上げている日本電産（現ニデック）の6S（整理・整頓・清潔・清掃・作法・躾）に共通するものとして興味深いところである。

一方、同社のPMIの工夫については、結城（2014）で詳細に紹介されている。同論文の主旨を簡潔に紹介すると、合併後、ターゲット企業の生産現場のトップは鐘紡からの派遣工場長と交代させられるとともに、物品および人員の整理が断行され、平均費用の削減が図られたという。同時に、この時期に鐘紡本社は大幅な組織改革も行い、製造、販売、財務、購買への職能部制への明確な移行を果たしている。工場運営は各工場長に責任と権限が委譲され、工場間の相対評価に基づき、工場長の昇進と更迭を通じた規律とインセンティブが付与されたという。さらに、武藤は、それまで支配人を務めていた兵庫支店を模範工場（マザー工場）とし、労務、生産管理方法を（被合併企業も含む）他の支店に移転させ、企業全体のパフォーマンス向上を図った。すなわち、合併によって鐘紡に編入された工場は、鐘紡という組織内での競争と評価の下に置かれることとなり、まさにアルフレッド・チャンドラーの提唱する「見える手」（visible hand：Chandler 1977）によって資源配分がなされることになったのである。*2

2 パフォーマンス

では実際に、この20世紀前後の企業集中の過程において、いかなる企業がターゲットになったのであろうか。ここでは先行研究から紐解いていこう。まず、明治後期の紡績企業のM&Aについては青地（2010）で検証されており、（鐘紡を含む）合併企業6社、被合併企業14社の経営指標について調査している。その分析結果によると、被合併企業は合併企業に比べROEが劣り、負債比率が高い。つまり、低パフォーマンスで財務状態が劣る企業がターゲットになったということであり、この時期すでに紡績業界においては有効な「会社支配権市場」が機能していたことが示唆される。

一方、紡績企業のM&Aによるパフォーマンス改善効果については、結城（２０１４）において鐘紡のケースで検証されている。それによると、同社のターゲットになった企業（工場）は、合併前後において燃料費、運搬費などが削減され、平均費用が低下していること、そして労働者１名あたりの綿糸生産量（労働生産性）が向上していることを明らかにしている。また、鐘紡自体のパフォーマンスも、この期間、業界平均を上回る改善を実現するとともに、株価収益率も市場収益率よりも高いことを確認している。上記でみてきたような、鐘紡のM&Aが、ノウハウの移転、モニタリングの強化、そしてインセンティブの付与を通じ、ターゲット企業のパフォーマンスを引き上げるとともに、鐘紡自体の価値向上につながり、ひいては株主の富も創造したと捉えられる。

３ 買い占め事件[*3]

もっとも、鐘紡は、買い手になるだけではなく、この時期、ターゲット企業にもなった。それは、１９００年代に発生した鐘紡株式の買い占め、いわゆる「鈴久事件」である。鈴木久五郎は、今日でいう「アクティビスト」であり、買い占めで大株主になったうえで、ターゲット企業にプレッシャーをかけ、増資や他企業との合併を要求することを常套手段としていた。この手法でビールや製糖の業界再編を成し遂げた彼が次に目をつけたのが、鐘紡であった。その経営権を握ることによって、紡績業再編を目論んだのである。

その頃、鐘紡は三井から株式を譲り受けた外国人投資家・呉錦堂が大株主であったが、鈴木は彼との思惑取引を通して、1906年頃には一派で過半数の株式を取得することに成功した。そして、彼が開催した1907年1月の臨時株主総会では、武藤山治はじめ全役員が辞任することになった。もっとも、買い占め派に同社の経営ができるわけはなく、武藤の留任を望むありさまであったという（鐘紡 1988）。その後のニューヨーク発の金融パニックによる株価暴落を受け、鈴木派の鐘紡株は債権者である安田銀行に移ることとなった。この事例は、敵対的買収によって、経営者が対策に追われ経営に注力できず、現場に無用の混乱が起こることをよく表している。

4　紡績合同論の集大成：2ケース

この時代には、先述の鐘紡のように、小口のM&Aを繰り返して成長を遂げる企業があった一方で、大型合併によって一挙に飛躍しようという企業も存在した。ここでは紡績大合同論の集大成ともいえる東洋紡績、大日本紡績設立の事例を挙げ、この局面のM&Aの別の側面（当時の取引条件）について確認していきたい。

(1) 東洋紡績の設立

1 大阪紡績のプロフィール

大阪紡績は1882年、渋沢栄一の構想の下、大阪の三軒家に設立された。華族、商人の民間資本を糾合し、紡錘数は1万500錘の規模と、国際基準の当時の日本では最大級の紡績会社であった。技術者には、後に日本の紡績業のメンターとも呼ばれた、山辺丈夫を招聘し、操業が開始された。彼は、渋沢の勧めの下、ロンドン大学で経済学を学んでいたのを中退し、マンチェスターのブリックス工場で紡績技術を実地で学んだ技術者であった。

同社は、創業当初から利益を計上し、好調なスタートをきった。その要因としては、①大規模生産でスケールメリットが得られたこと、[*4] ②市街地に立地し、労働者の確保が容易であったこと、③蒸気機関の利用により、操業が安定し、24時間・昼夜2交代での操業が可能になったこと、④渋沢の奔走により、商人・華族から資金的バックアップが得られたこと、④（国産にこだわらず）中国綿花を利用し、低コスト化が図れたこと、[*5] ⑤リング精紡機を採用し、生産効率が上昇したこと、などが挙げられる（大野 2005）。まさに、企業の競争力は「広義の技術選択」に起因するのである。

また、大阪紡績は三軒家等の工場の増設を自前で進めると同時に、合併によっても生産設備の獲得に奔った。1890年には大阪織布を合併し、織布生産へと乗り出した。続いて、1906年には金巾製織の合併によって製布生産力のさらなる拡充が、1907年には白石紡績を吸収合併し、綿糸生産力の拡充が図られた。この結果、第一次世界大戦前夜の1913年には、リング精紡機13万錘、織機4500台の大紡績企業としてその名を業界に轟かせるにいたった。

2 三重紡績のプロフィール

一方、三重紡績は、2000錘規模の紡績会社として設立された三重紡績所が前身である。ただ、規模が過小であったため、コスト競争力に見劣りし、パフォーマンスは芳しくなかった。そこで、ここでも渋沢栄一が経営参加し、テコ入れが図られた。地元・四日市の資産家層から出資を募り、1万錘規模の紡績会社へと拡張されるとともに、技師として斎藤恒三が招聘された。また、紡錘は最新鋭のリング精紡機が据えつけられ、原材料には安価なインド綿花が採用された。ここに1886年10月、三重県四日市に三重紡績が設立されることになったのである。

同社の特徴は、何といってもその四日市の安定した出資家層である。これは増資の払い込みを容易にし、自己資本の充実化につながった。そして、それは四日市の本社工場、愛知分工場での織機の増設による兼営織布化だけではなく、同社の果敢な合併戦略にも使用された。1905年には愛知県の有力な紡績会社であった尾張紡績、名古屋紡績を合併し、その過程で中京圏の名望家・奥田正香が経営陣に加わり、合併戦略が加速することとなった。続いて、1906年に津島紡績、19

07年に桑名紡績、知多紡績と相次いで傘下に加え、第一次世界大戦前には「中京圏の紡績業をほぼ統合」（橋口 2022、41頁）することに成功した。

3 合併の背景

ではなぜ、こうした両社が合併するに至ったのであろうか。その要因の1つとして、日露戦争後の長引く不況があった。需要の落ち込みに対し、紡績各社は過剰生産に陥り、業界は操業短縮か他社との合併によるコスト削減かの二択を迫られた。また、大阪紡績の財政基盤も合併の要因であった。先述のとおり、大阪紡績は、大阪・東京を中心として、華族、商人と出資家を幅広く募ったため、株主層が流動的で、それら株主から安定して追加払込を受けるのが困難であった。[*6] そのため、同社は株主の歓心を買うため、高率配当を強いられるとともに、増資で充足されない資金はもっぱら支払手形等の企業間信用、あるいは社債で賄われた。すなわち、外部資金への依存度が高く、財政基盤が脆弱であったのである。

その一方で、三重紡績は財務的には充実していたものの、さらなる成長のために立地に問題があった。綿糸の中国への輸出、あるいは燃料の石炭確保の面で、本社が四日市では不利に働いた。こうした思惑から、両社の創業に携わった渋沢栄一の仲立ちにより、合併が志向されたのである。

（2）大日本紡績の設立

1 尼崎紡績のプロフィール

尼崎紡績は1889年6月、地域の活性化、士族の救済事業のため、旧桜井藩士と地元醸造家、大阪の財界人が発起人として創立され、翌1890年より営業開始した。1890年代初頭まで、錘数は9000錘程度で推移した。

同社の飛躍のきっかけになったのは、技術者・菊池恭三の招聘であった。菊池は当時、平野紡績技師であり、英国で紡績の原理と実技を学んだ山辺丈夫と類似の経歴を有していた。彼は、さらに摂津紡績の技術も統括することになり、これら3社を毎日2社ずつ輪番で巡視、技術指導にあたったという。

当時、国内生産は太糸が中心であったが、同社の強みは中糸生産に乗り出したことに起因していた。これは、営業部門で商人出身の田代重右衛門が方向づけ、菊池によって製品化されたもので、同社はこの分野で独占的地位を築くに至った。

2 摂津紡績のプロフィール

一方、摂津紡績は1890年11月、大阪船場の有力者が発起人として設立され、1万5000錘規模で営業を開始した企業である。先述したように、ここでも菊池恭三を技師長として招聘し、この人事が、後々両社が合併する素地となった。同社は太糸を主力製品として、グリーンフィールド投資と救済型のM&Aによって業容を拡大した。1893年には本社第二工場を、1897年には本社第三工場をと立て続けに建設し、1890年代末には5万錘規模の紡績企業へと躍進した。

3 合併の背景

右で指摘したように、両社は尼崎紡績が中番手・細番手、摂津紡績が太番手を主力製品とし、製品的な競合関係にはなかった。ではなぜ合併に走ったのか。その理由として、現地の民間資本の成長や中国政府による輸入関税引き上げ（1917年）など、輸出市場としての中国に不透明感が出ていたことが挙げられる。また、第一次世界大戦によるインド綿の輸入が困難となり、米綿への切り替えによるコスト増が予想されることも要因としてあった。すなわち、両社合併による原材料の安定調達、コスト減が目的としてあったのである。そして何よりも、菊池恭三が両社の社長を兼任しており、合併の素地が整っていたことが大きな要因であった。[*7]

（3）合併条件

以上のように、大阪紡績と三重紡績のケースは渋沢栄一のイニシアチブの下、尼崎紡績と摂津紡績のケースは両者社長を務めていた菊池恭三の関係上、合併はスムーズに進むかと思われた。ただ、両案件とも、合併条件をめぐって火花を散らし、波乱含みであった。

前者については合併比率でもめた。三重紡績側は、固定資産や払込資本金の状況から、三重紡績10に対して大阪紡績6の合併比率を主張したのに対し、大阪紡績側は、直近の株価の動向から「10対8」あるいは、設備改良による経営改善が見込めるとして「8対7」の比率を主張して譲らなかった。そこで三重紡績側は合併比率について譲歩し、直近株価を念頭に置いた「10対8」の合併比率が採用されることに決定した。その代わり、新会社の役員構成では、三重紡績の重役5名が留任したのに対し、大阪紡績からは山辺丈夫、阿部房次郎の2名のみが取締役の地位に就いたのにとどまった。ここに両社の合併が成立し、1914年3月、東洋紡績が設立されるに至ったのである。

一方、後者については1917年春から合併交渉を始め、解散会社の摂津紡績による社名のこだわり(「摂津」を残すことを主張)や、同社が紡績聯合会委員長会社としての体面から反対論があったことで、合併交渉は困難を極めたが、1918年6月、大日本紡績が発足するに至った。また、合併比率に関しても、尼崎紡績は新会社の株式10株に対し6株、摂津紡績は10株に対し5株の新会社株式の割り当てがなされた(すなわち6対5の合併比率)。

では、これら日本資本主義勃興期の大型合併の取引条件は、合併当事者間のパワーバランスを考慮した場合、妥当であったのであろうか。まず、合併企業の規模差をみると、実質的に大阪紡績に対しては三重紡績が、摂津紡績に対しては尼崎紡績が優位であったことがわかる(表2−2)。合

表2－2　統合参加企業の経営指標

パネルA：東洋紡績（1914年上期）

	(a) 三重紡績	(b) 大阪紡績	(b)/(a)
純資産	14,609	7,963	54.51
社債・借入金	0	2,000	NA
当期利益金	1,263	763	60.41
職工数	5,242	4,906	93.59
ROE	8.65	9.58	110.83
負債比率	0.00	25.12	NA
配当性向	86.86	99.34	114.38

パネルB：大日本紡績（1917年下期）

	(a) 尼崎紡績	(b) 摂津紡績	(b)/(a)
純資産	25,375	16,376	64.54
社債・借入金	0	0	NA
当期利益金	6,371	3,006	47.18
職工数	2,385	468	19.62
ROE	25.11	18.36	73.11
負債比率	0.00	0.00	NA
配当性向	47.07	55.89	118.73

出所：大日本紡績連合会『綿糸紡績事情参考書』各年版より作成。

併条件の評価に目を移すと（表2－3）、平均法による場合、三重紡績1株に対し、大阪紡績の株式が1・12株（実際は0・80株）、尼崎紡績1株に対し摂津紡績1・27株（実際は0・83株）と、かなり被合併株式が過小評価されていることがわかる。先述の交渉を踏まえると、買い手側からかなりシビアな価格づけが提示されたこと、売り手株主が「公正な」価格づけを目指し、ハードなネ

表2－3　紡績業における大型合併の株式価値と合併比率

発生年月	合併企業	被合併企業	実際 (a)	平均法 (a)	収益還元法			純資産法		
					(a)	(b) 円	(c) 円	(a)	(d) 円	(e) 円
1914年3月	三重紡績	大阪紡績	0.80	1.12	1.11	132.44	147.58	1.12	72.73	81.81
1918年6月	尼崎紡績	摂津紡績	0.83	1.27	1.37	203.96	278.53	1.17	51.52	60.38

注1：(a)欄は、合併企業を1とする場合の合併比率、「実際」は実際の合併条件を示す。
注2：(b)欄は、合併企業、(c)欄は被合併企業の1株あたりの株式価値を示す。
注3：(d)欄は、合併企業、(e)欄は被合併企業の1株あたりの純資産を示す。
注4：収益還元法の利益額は償却前利益（合併前3期平均）、純資産法における純資産は合併1期前の値を用いた。
注5：資本還元比率は、『金融事項参考書』掲載の合併当該年の定期預金利率（全国・平均）を用いた。

ゴシエーションを試みたこと、そしてそれに対し買い手が一定の配慮を示した様子が読み取れる。
他方で興味深いのが、新会社の役員構成である（表2－4）。両案件は対等合併をうたいつつも、買い手主導であったことが一目瞭然である。かろうじて、東洋紡績の社長の座を山辺丈夫（大阪紡績）に譲っているに過ぎない。当時、株主権限が強いなかで、経営陣は合併比率で売り手株主が不利にならぬようにする配慮はしたものの、役員構成に関しては、（規模差にかかわらず）買い手主導が徹底されていたことを示すものだと考えられる。

5　紡績業の国際競争力

では実際、国策ともいえる紡績業の国際競争力の強化は実現されたのであろうか。それについては目覚ましい変貌を遂げた。綿糸需給の動向をみていくと、1880年代半ばには輸入が国

表２－４　東洋紡績と大日本紡績の設立時の役員構成

パネルA：東洋紡績（1914年上期）

職位	氏名	出身
社長	山辺丈夫	大阪紡績
副社長	伊藤伝七	三重紡績
専務	齋藤恒三	三重紡績
専務	阿部房次郎	大阪紡績
取締役	服部俊一	三重紡績
取締役	岡常夫	三重紡績
取締役	眞野愛三郎	三重紡績
監査役	九鬼紋七	三重紡績
監査役	川喜田四郎兵衛	三重紡績
監査役	岡谷惣助	三重紡績
監査役	神野金之助	三重紡績
監査役	熊谷辰太郎	大阪紡績
監査役	瀬尾喜兵衛	大阪紡績
監査役	阿部彦太郎	大阪紡績

パネルB：大日本紡績（1918年上期）

職位	氏名	出身
社長	菊池恭三	摂津紡績、尼崎紡績
取締役	本咲利一郎	尼崎紡績
取締役	田代重右兵衛	尼崎紡績
取締役	福本元之助	尼崎紡績
取締役	田村勤一	尼崎紡績
監査役	小寺成蔵	尼崎紡績
監査役	山口玄洞	尼崎紡績
監査役	三野村倉二	尼崎紡績

出所：各社「営業報告書」より作成。

内生産を上回っていたものが、1890年には国内生産が輸入を超過し、輸入代替に成功していることがわかる。そして、1897年にはついに輸出高が輸入高を超えた。紡績業はわずか10年程度で輸出産業化したのである(図２－２)。

その要因は複合的なものであるが、①大阪紡績の成り立ちのところで触れたような24時間操業、女子労働力の活用、インド綿花の利用による低コスト化、②綿花輸入に関する関税免除に代表される国家的バックアップ、③銀本位制の採用と銀価格の低下による円安効果の享受、などがしばしば挙げら

図２－２　綿糸需給の動向

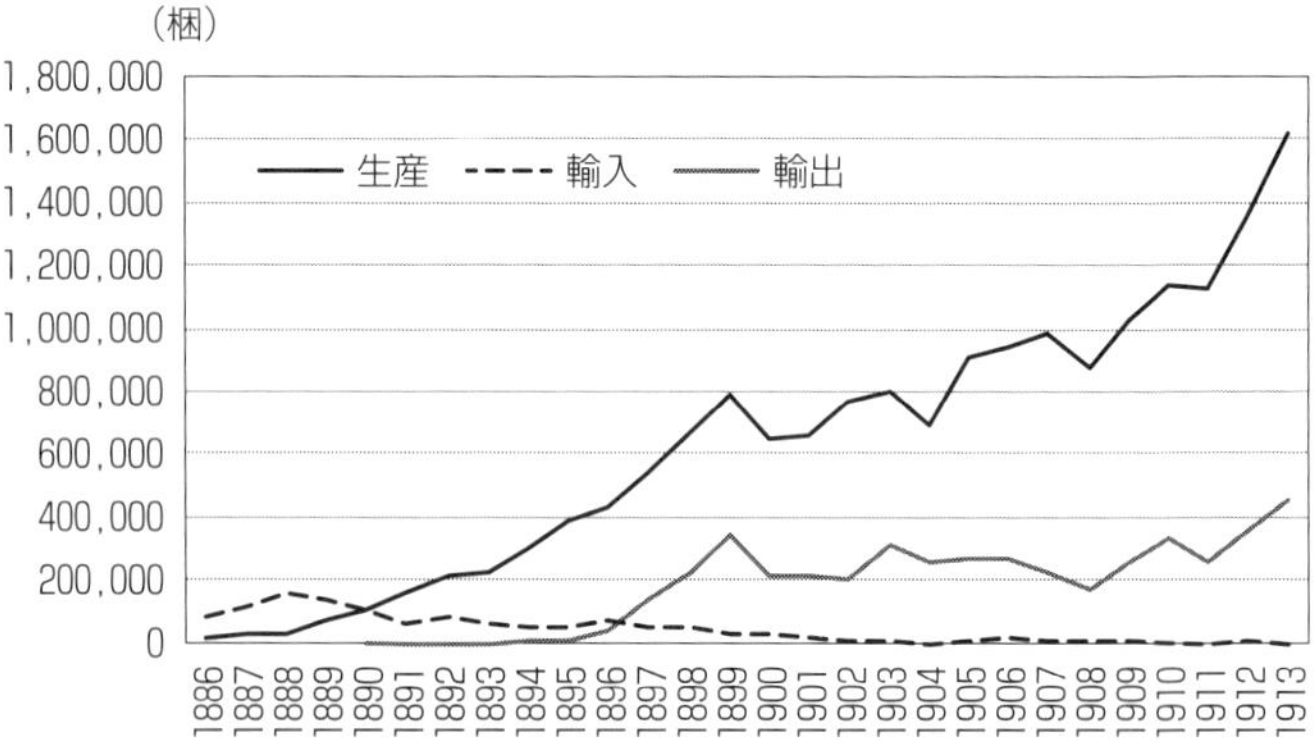

出所：石井（2019）、209頁より作成。

れる。そして、これまでみてきたような、企業集中による過剰設備の集約、生産効率の上昇も欠かせない要因であった。まさに20世紀前後の紡績業におけるM&Aは、近代日本の経済発展にとって、欠かせないピースの１つであったのである。

６　おわりに：買い手主導のPMI

本章では、明治後期の紡績会社の企業合併を題材に、M&Aがコーポレート・ガバナンスに果たした役割や、当事者企業のパフォーマンスについて観察してきた。その結果、日露戦争前の不況期においては、良好なパフォーマンスの企業が経営不振企業をターゲットにする傾向にあり、経営の規律づけの機能をM&Aが果たしていたことが判明した。

また、鐘紡の連続M&A、あるいは東洋紡績、大日本紡績設立の事例からわかることは、ポストＭ＆Ａの企業価値創造のために、いかに買い手主導のＰＭＩの実現が肝要であるかという点である。鐘紡のケースでは、同社の主導権の握りやすい、相対的にパフォーマンスが劣った企業がターゲットにされる一方で、綿密なデューデリジェンスでポテンシャルの高い企業がセンサーされ、合併後には鐘紡からノウハウの移転、モニタリングの強化、労働インセンティブの付与がもたらされた。

一方、東洋紡績、大日本紡績の事例では、買い手はシビアな値づけと売り手株主の合併比率の側面で一定の配慮をしつつも、ターゲット企業の経営陣は新会社の取締役会からは一掃され、買い手主導であることが明確にされていた。これらの事例は、パフォーマンス向上のために、買い手主導のＰＭＩがいかに重要かを示すとともに、買い手企業の交渉の相手は、ターゲット企業の経営陣ではなく、株主であることを訴えかけるものだと考えられる。本書の後半でも解説するように、「たすき掛け人事」など、過度な売り手企業経営陣への配慮や忖度が、統合後の融和を妨げ、シナジーの発揮の障害になってきたことは、戦後日本のＭ＆Ａの歴史が雄弁に語るところである。いま一度、Ｍ＆Ａの目的は何なのか、そして当事者企業が交渉する相手のプライオリティは誰なのかを、見つめなおす必要があることを、この局面のＭ＆Ａは問いかけているのではなかろうか。

注

＊1　この救済型M&Aは、①既存事業の拡張戦略、②川下部門への進出戦略（織布部門への進出）、③事業の多角化・拡張路線（瓦斯糸工場への進出、絹糸紡績工業の拡充）に分けられるという（橋口 2022）。

＊2　この期間、各紡績工場は職工の高い流動性に悩まされていたが、武藤は職工の定着度を上げるため、各自の生産性に対応した能率的な賃金システム、職工学校、健康保険組合、保養所制度などを導入・開設し、定着率の改善を試みたという。いわゆる、これら施策は「経営家族主義」として知られている。

＊3　この点については、川本（2022c）でも論じている。

＊4　当時の日本においては、官営模範工場に代表されるように、2000錘紡績が標準的な規模であった。

＊5　このことは、農作地ではなく、都市部に工場を構え、労働力の確保を容易にすることにもつながった。

＊6　当時の増資は、額面割当増資が一般的であり、既存株主から追加徴収によって資金調達が図られた。

＊7　菊池は、尼崎紡績には1902年、摂津紡績には1915年に社長に就任していた。

コラム2　近代株式市場とM&A

戦前期の企業行動を理解していくうえで、株式分割払込制度とM&Aの関係性は不可分のものである。株式分割払込制度とは、「株主が額面金額を一括して払い込まず、複数回に分けて払い込むことを認めた制度」（野地ほか 2018、103頁）を指す。旧商法（1890年）で法的な裏付けを得て、1948年の商法改正まで命脈を保った（コラム図2－1）。その特徴を挙げれば、以下のとおりである。

①額面の4分の1を払い込むことで株式会社は設立可能であり、残額は設立時点で徴収を行う必要はなかった。
②全額を払い込まれた株式を旧株、払い込みが済んでいない株式を新株といい、後者は払い込みが済んだ時点で旧株となった。
③追加払込徴収は経営者の裁量で行われ、株主の同意は必要なかった。
④企業は新株が全額払込徴収となるまで、原則新規株式の発行は認められていなかった。
⑤配当は払込金額に応じて決定された一方で、議決権は旧株と新株で違いはなかった。

なぜ、こうした「一物一価」とはいえない制度が設けられていたのであろうか。その機能の第1として、資本蓄積が不十分な揺籃期の日本資本主義化に考慮したという説がある（青地　2006）。すなわち、株主の払込負担を軽減することで、株式会社への資本投下を容易にし、企業の投資水準を引き上げたという点である。その第2の機能は、第1の機能とは表裏一体で、払込徴収に強制性があったため、企業の過剰投資、または不採算企業の延命につながったという指摘である（齊藤　2016）。これは払い込みに応じない株主の株式は失権し、競売にかけられてしまうことに起因している。払い込みに応じる効用が失権に甘んじる効用を上回る限り、株主にとっては払い込みに応じる方が合理的となる。

もっとも、先に挙げた特徴④には例外があった。それは企業が合併を行って、払込額が異なる株式が複数出た場合である。つまり、新株が複数存在することになり、それらは「第二新株」「第三新株」

コラム図２－１　公称資本金の内訳

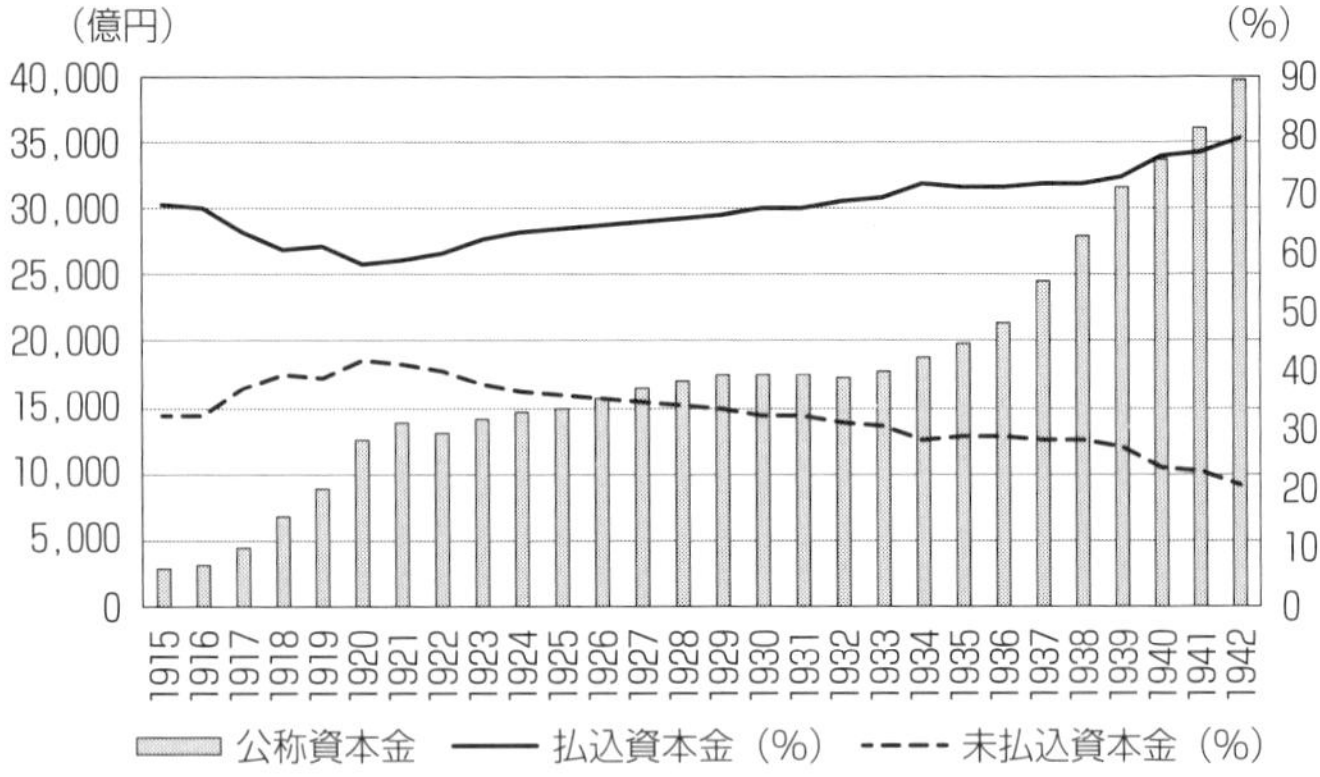

出所：商工大臣官房統計課『会社統計表』より作成。

などと呼ばれた。また、これに関連して、M&A合併比率の計算において、あるいは被合併（被買収）企業が新株と旧株の両方を発行している場合、それぞれの株式に合併比率が設定された。たとえば、大日本製糖による新高製糖の吸収合併のケース（1935年4月）では、新高製糖旧株10株に対して、または25円払込株20株に対して、大日本精糖旧株9株が交付された。大日本製糖の額面は50円であるので、合併比率が10対9となるように、新高製糖株主の新旧保有株主の利得の均衡が図られたのである。

さらに、先の特徴⑤から、配当は払込額に比例して決定される一方で、議決権は旧株・新株同一であったことから、これは換言すると、新株に対する旧株の株価の比率で、払込比率を上回る部分は、議決権を得るために株主が上増しして払った「支配権プレミアム」になるということになる。このプレミアムはいかに決まっていたのか。そして、M&Aを実行する場合、その直前（あるいは実行時）に同プレミアムはいかに調整されたのか、戦前期の株価の実態は未解明の部分も多く、ゆえにM&Aの株主に与える効果も解明されているとはいい切れない。

また、上場銘柄における取引方法についても、現物取引に相当する直取引・延取引（約定した期間内で代金の支払いと株式の引き渡しを行う取引）と定期取引（3カ月を期限として先物取引にて差金決済が可能で、明治・大正時代にはこの取引が圧倒的）があったが（横山 2021）、これらの株価形成、相関についても未解明である。さらに、株式市場については東京株式取引所のシェアが圧倒的であり、定期取引については設立年数、資本金、株式数について上場基準があったことが知られているが、実物取引には1930年代初頭まで明確な取り決めが設けられてなかったようである（岡崎ほか 2005）。今後、これらの点の解明が理論的、実証的に進み、ひいてはM&A市場との関連が明らかにされることが期待される。

第3章　財閥の成長とM&A

〔本章のまとめ〕

近代日本資本主義をリードした財閥の成長は、まさにM&Aの遂行によって成し遂げられたといっても過言ではない。財閥は、明治政府から払い下げを受けた事業を再生し、そこで蓄積された資本をもとに、関連産業に進出していった。そして、それら多角化された事業を管理・統制するために、持株会社を頂点とするコンツェルン体制を整備した。本章では、このように形成された財閥組織が、外部企業の買収、再構築にいかに活用されたかについてみていく。

〔本章のキーワード〕

官業払下げ、持株会社、ファミリービジネス、内部資本市場、ＩＰＯ

1 はじめに：M&Aによってもたらされた成長

世界各国のファイナンスと法制度について調査を行っているLa Porta et al.（1998）は、大陸ヨーロッパ、南アメリカ、アジア諸国を中心に家族支配の企業が上場企業のうち大きなウェイトを占めている状況を明らかにしている。日本においても、経済におけるファミリーの存在は大きい。齋藤（２００８）の１９９０年の上場企業を対象とした調査では、①創業者一族が首位株主、あるい

表３－１　財閥の資本金集中度

（単位：％）

	年	三井	三菱	住友	安田	４大財閥	５財閥（６財閥）	９財閥（10財閥）
対全国比率	1937	3.5	3.3	2.2	1.4	10.4	4.8	15.1
	1945	9.5	8.3	5.1	1.6	24.1	10.7	34.1

出所：三和（2012）、137頁、149頁より抜粋。

は、②経営執行者（会長もしくは社長）のいずれかに該当する企業は、20％超に達することが報告されている。

　戦前のファミリービジネスも、一国経済において高い地位を占めた。たとえば、もっともポピュラーなのは、4大財閥[*1]（三井・三菱・住友・安田）であろう。戦後の財閥解体にかかわった持株会社整理員会の調査では、これらに、古河、日産、大倉、野村、浅野、中島（今日のスバル）の6つのグループを加え、10大財閥としている。終戦時の全国の払込資本金に対する集中度でみて、4大財閥で4分の1、10大財閥で3分の1を占めたと報告されている（表3－1）。その内実はともかく、わずか数個のグループで、圧倒的な一般集中度を示していたことが理解できる。

　このような財閥組織は明治期以降、内部成長に加え、M&Aによって規模の拡大と多角化を実現し、1920年代前後には、それら事業を管理するため、持株会社を頂点とするコンツェルン体制を構築した。そして、そうして構築されたホールディング・カンパニーによる子会社管理のノウハウは、ポテンシャルを秘めているものの経営不振に陥っている外部企業のセンサーとその買収に用いられ、さらにはそれら買収事業に経営資源と規律を与えることによってパフォーマンスの改善に寄与した。財閥組織はいかにして組織体制を整備し、またそれはどのように外部企業のM&Aに活用されたのであろうか。

本章では、今日のホールディングス体制とM&Aのあり方へのインプリケーションを得ることも念頭に置き、明治期以降のM&Aによる財閥組織の生成・発展（第2節、第3節）、そのように形成された財閥組織の経済機能（第4節）、財閥による外部企業買収の経営成果のケーススタディ（第5節）と実証分析（第6節）について検討していく。

2　財閥の基本的特徴

以下では、財閥の生成と発展のイメージを得るために、まず基本的な特徴についてみた後、コンツェルン体制確立（1920年代前後）までの3大財閥（三井・三菱・住友）の事例について紹介する。

(1) ピラミッド型構造

まず、財閥の基本的特徴について確認していこう。これは大きく分けて3つ挙げられる。第1は、それらの多くが、「同族―持株会社―傘下企業」から成る、ピラミッド型の組織構造をとっているという点である。後に示すように、各財閥とも、頂点に同族家族が君臨し、そのファミリーが持株会社を保有することで、その支配が子会社、さらにそれらの傘下企業へと拡がっていた。

ではなぜ、ファミリーが子会社を直接保有せず、その両者の間に持株会社を介在させたのであろうか。その理由として、①多角化の進展に伴い、各事業に自立性を与え、分権化を進めるために子会社化し、それらの株式を持株会社で管理する必要性があったことが指摘できる。また、②各事業へのファミリーの直接的介入を排除するため、緩衝材として専門経営者によって運営される持株会社を挟んだともいわれている（武田　２０２０ａ；武田　２０２０ｂ）。さらに、③日露戦争後の税制改正や第一次世界大戦期の戦時利得税の創設により、個人企業よりも法人形態の方が税制上有利であることが背景となり、個人所有の形態であった財閥が法人形態に移行したとの説もある（武田　２０２０ａ；武田　２０２０ｂ）[*2]。いずれにせよ、１９２０年前後に各財閥は、次々に持株会社を設立し、傘下企業群を管理統括する組織を形成していった（表３－２）。

（２）封鎖的所有

次いで、ファミリーによる株式保有の特徴についてみていこう。表３－３は、各財閥が持株会社を設置した、１９２０年代における傘下企業（鉱工業）に対する本社、あるいはグループでの持株

表3－2　財閥の持株会社設立

時期	財閥	会社形態
1909	三井合名	合名
1912	保善社	合名
1914	浅野合資	合資
1916	岩井本店	合資
1917	三菱合資	合資
1917	古河合名	合名
1918	大倉組	合名
1918	浅野同族	株式
1920	川崎総本店	合資
1920	松商会	合名
1920	久原本店	合名
1921	住友合資	合資
1922	野村合名	合名
1923	鈴木合名	合名

注：三菱と大倉は持株会社の機能を持った時期。
出所：橘川（1996b）、42-43頁より作成。

比率を集計したものである。やはり三井鉱山、三菱造船など、3大財閥の直系企業に関しては、ほぼグループによって所有されており、支配権が貫徹されていたことがよくわかる。それに対し、傍系企業に対する持株比率は必ずしも高くなく、またこの期間、低下傾向にあった。武田（2020a、b）でも指摘されているように、すでにこの時点から、直系企業や新設企業の投資に対し、傘下企業からの本社への配当収入だけでは追い付かず、それら株式の売却資金が充当されたものと推察される。

3大財閥以外の状況についても

表３－３　財閥本社（グループ）による傘下企業の持株比率（鉱工業、1920年代）

（単位：%）

財閥	会社名	属性	1921			1928		
			株主数	本社	グループ	株主数	本社	グループ
三井	三井鉱山	直系	—	—	—	—	—	—
	芝浦製作所	傍系	148	53.4	53.4	224	56.3	56.3
	大日本セルロイド	傍系	—	—	—	403	27.9	27.9
	王子製紙	傍系	4,285	31.0	31.0	5,702	24.0	24.0
	小野田セメント	傍系	—	—	—	3,372	10.0	11.2
	鐘淵紡績	傍系	6,921	7.3	7.3	16,165	5.3	5.3
	北海道炭砿汽船	傍系	5,344	19.6	43.9	4,892	19.7	44.1
	電気化学工業	傍系	1,731	7.3	7.3	3,530	6.9	6.9
	日本製鋼所	傍系	30	12.1	73.2	26	12.5	73.5
	日本製粉	傍系	2,076	0.0	0.0	3,239	0.0	42.7
三菱	三菱造船	直系	19	98.6	100.0	20	98.6	100.0
	三菱製鉄	直系	17	93.0	100.0	18	87.9	100.0
	三菱鉱業	直系	7,648	60.9	64.0	6,486	58.4	64.0
	三菱電機	直系	8	100.0	100.0	6,486	58.4	64.0
	旭硝子	傍系	377	0.0	78.5	359	0.0	87.2
	麒麟麦酒	傍系	601	0.0	18.6	1,066	0.0	13.4
	三菱製紙	傍系	—	—	—	9	—	—
	九州炭砿汽船	傍系	224	0.0	53.5	309	0.0	57.2
住友	住友製鋼所	直系	—	—	—	14	89.9	100.0
	住友伸銅鋼管	直系	—	—	—	—	—	—
	住友電線製作所	直系	22	100.0	100.0	—	—	—
	日米板硝子	傍系	155	12.5	12.5	145	20.7	27.7
	日本電気	傍系	58	0.0	20.9	—	—	—
安田	帝国製麻	傍系	4,244	12.0	13.3	7,926	10.5	12.8
大倉	新高製糖	傍系	1,802	20.4	23.0	2,932	0.0	0.0
古河	古河鉱業	直系	25	100.0	100.0	21	98.1	100.0
浅野	浅野セメント	直系	2,882	31.0	34.4	12,795	0.0	28.7
川崎＝松方	川崎造船所	直系	10,357	23.6	23.6	17,533	0.0	8.8
久原	久原鉱業	直系	14,277	24.3	29.2	16,702	15.7	23.9

注：10大株主（あるいは12大株主）の集計。
出所：東洋経済新報社『株式会社年鑑』、各社営業報告書。

確認しておくと、封鎖的所有が守られている古河から、浅野、川崎＝松方、久原（日産）などのように相対的に株式が分散していた企業まで多様であった。[*3] また、大倉の製糖分野のように、1920年代後半には撤退しているケースもある。つまり、封鎖的所有という特徴は必ずしも財閥全体に共通する特徴ではなく、また典型的な財閥においても、外延部分に関しては公開度が高かったものと捉えられよう。

（3）多角化度

また、傘下部門の産業的な展開についても、財閥によって異なった。表3－4は、橘川（1996b）による第一次世界大戦前後の各財閥の進出分野をまとめたものであるが、早くから鉱業、製造、流通、金融の4分野に進出していた3大財閥に対し、この時期に急速に多角化を進めた鉱業、製造業、流通業系の財閥、そして主に金融にとどまった安田、野村と、進出の時期、範囲にばらつきがあることがわかる。いわゆる「総合財閥」と「産業財閥」とで、財閥の多角化度には相当なバリエーションがあった。

（4）専門経営者の登用

さらに、特に3大財閥系企業において、専門経営者の登用が積極的に図られたことも重要である。

表3－4　第1次世界大戦前後の各コンツェルンの多角化

1908年以前の主たる事業基盤	コンツェルン名	鉱業		製造								流通		金融						
		石炭	金属	繊維	製糸	窯業	化学	製鉄	造船	電機	その他機械	商社	海運	銀行	保険	証券	鉱業	製造	流通	金融
総合	三井	△	△	△	△	△	○	○	○	△		△	△	△	○		△	△	△	△
	三菱	△	△		△	△	○	○	△	○	○	△	△	△	△		△	△	△	△
	住友	△	△			○	○	△			○			△			△	△		△
鉱業	古河	△	△				○			○		○		○			△	△	○	○
	久原		△					○	○	○		○	○		○		△	○	○	○
製造	浅野	△	○			△		○	○		○	○	△	○			△	△	△	○
	川崎＝松方							○	△		△		○	△	○			△	○	△
流通	大倉	○	○					○				△					○	○	△	
	鈴木	○					○	△	○			△	○		○		○	△	△	○
	岩井			△	○		○	○				△						△	△	
金融	安田	×		△										△	△		×	△		△
	野村											○		○		△			○	△

注1：1909年から1923年の状況を示した。○は進出、△は継続、×は撤退を、それぞれ意味する。
注2：直系会社ないし傍系会社の子会社の動向も含む。
注3：各業界における影響力が極めて小さい事業活動については、表示しなかった。
出所：橘川（1996b)、46頁。

それら人材は明治初期から中期には、官庁や他企業からのヘッドハンティングによって、それ以降は、帝大、高等商業学校の学卒者によって賄われた。特に後者は、本社による一括採用の後、傘下企業に派遣され、ＯＪＴ（On-the-Job Training）によって現場の知識を習得した。そして、各子会社で実績を残した経営者は、本社に吸い上げられ、グループ全体の管理のために用いられた。ここで興味深い点は、早くからグループ内における内部労働市場、あるいは経営者市場が形成されていたという点である。財閥においては、長期的な視野で人材育成が意識されていたのである。また、支配権はファミリーが握るものの、経営は専門経営者に委ねられたことも特筆に値する（つまり、「所有と支配は一致」していた一方で、「所有と経営は分離」していた）。これは世界のファミリー企業のなかでも特異であり、トップマネジメントの人材面に関して、ファミリービジネスの限界の克服が図られていたのである。

3　財閥形成とＭ＆Ａ：三井・三菱・住友

以下では、３大財閥である三井、三菱、住友の成り立ちとＭ＆Ａのかかわりについて追っていく。

(1) 三井：革新性と保守性

1 官業払下げと工業化路線

三井家の事業は、17世紀後半の呉服店、両替店に遡る。これら家業で蓄積した富と政府とのコネクションを利用し、明治維新後、果敢に新規業種に進出した。そして、その有力なツールとしてM&Aがあった。

三井の初期M&Aの方向性は、①三井組（あるいは三井銀行）の抵当流れで引き取った事業、②官業払下げを受けた事業、③中上川彦次郎による工業化路線で買収した事業に分けられる。①についての代表的な事例は、鉱山業への進出であり、銀の投機で倒産した中西組から引き取った飛騨の鉱区を統合した神岡鉱山（1886年）がある。②に関しては、石炭業であり、三菱との熾烈な競争入札を制し、払い下げを受けた官営三池炭鉱（1888年）が挙げられる。このほか、同様に抵当流れや払い下げで、富岡製糸場、大嶹製糸所、新町紡績所、前橋紡績所などの紡績業、芝浦製作所などの工業企業が続々と傘下に入っていった。

一方、③については、山陽鉄道社長からヘッドハンティングされた中上川彦次郎によって推進された。1890年代に経営危機に陥っていた三井銀行の債務整理で財閥内における地位を固めたうえで、芝浦製作所、王子製紙、堺セルロイド、鐘淵紡績を次々と買収し、三井の工業化路線を進めた。また、北海道の炭鉱経営にも乗り出し、三井銀行からの融資、株式取得を通じ、北海道炭鉱汽船の経営にも関与した。同社は、日露戦争後の販売不振、高配当政策、子会社（日本製鋼所など）への投資がたたって経営危機に陥り、ますます三井の経営関与が深まり、1913年には團琢磨が会長、物産幹部の磯村豊太郎が専務に就き、経営権を掌握した。この際、同社が外資（英アームストロング社、ビッカース社、1907年）と合弁で設立した日本製鋼所も編入され、鉄鋼業にも進出することとなった。

銀行と同様、本社以外の別動隊（直系子会社）のM&Aとしてセメント業と製粉業への進出が指摘できる。1894年に三井物産は小野田セメントの株式を16%程度取得し、製品の一手販売、機械輸入委託を行った。同様に、鈴木商店の破綻を契機に日本製粉を傘下に収め（1928年）、役員派遣、原料購入、製品販売、資金調達の一元的管理、物産の販売ルートを使った製品輸出を図り、経営再建を図った（詳細は後述）。

もっとも、三井家自体は工業化路線には消極的であり、その後、それら事業は売却、あるいは三井家事業から株式会社化を契機に切り離され、傍系事業として位置づけられた。三井の多角化には、専門経営者の先進性と同族家族の保守性の相克があったのである。

2 コンツェルン体制の整備

これら事業を統括管理するため、1909年には三井合名が設立され、銀行、物産、鉱山が株式

表３－５　三井合名の会社の設立とスピンオフ

会社名	資本金（万円）	前身
三井合名会社	5,000	三井同族会
三井銀行株式会社	2,000	三井銀行合名会社
三菱物産株式会社	2,000	三井銀行合名会社
三井鉱山株式会社	200	三井鉱山合名会社
東神倉庫株式会社	200	三菱銀行営業部

出所：安岡（1982）、183-184頁。

会社化し、独立していった（表３－５）。合名は同族家族のほか、専門経営者から構成された。合名からは傘下企業へ役員の派遣がなされた。また、傘下企業の取締役会議案は本社の事前承認を必要として、さらに、合名内には本部、財務部が設けられ、傘下企業の投資案件、決算審査を通じてモニタリングした。専門経営者は同族家族の業務関与を強く主張する同家顧問・井上薫の主張をかわしながら、財閥組織の所有と経営、および業務執行と監督の分離を図った（図３－１）。

(2) 三菱財閥：海から陸へ

1 海運業からの飛躍

三菱財閥の創業者・岩崎弥太郎は、１８３５年、土佐藩（いまの高知県）の下級武士として生まれた。長じて、同藩の要職にあった吉田東洋の知遇を得て、江戸に遊学し、幕末には後藤象二郎に重用され、土佐藩の貿易活動を取り仕切るようになった。維新後の１８７０年には、九十九商会を発足し、後藤の手引きにより、土佐藩の

図3－1　三井系諸会社系統図（1928年頃）

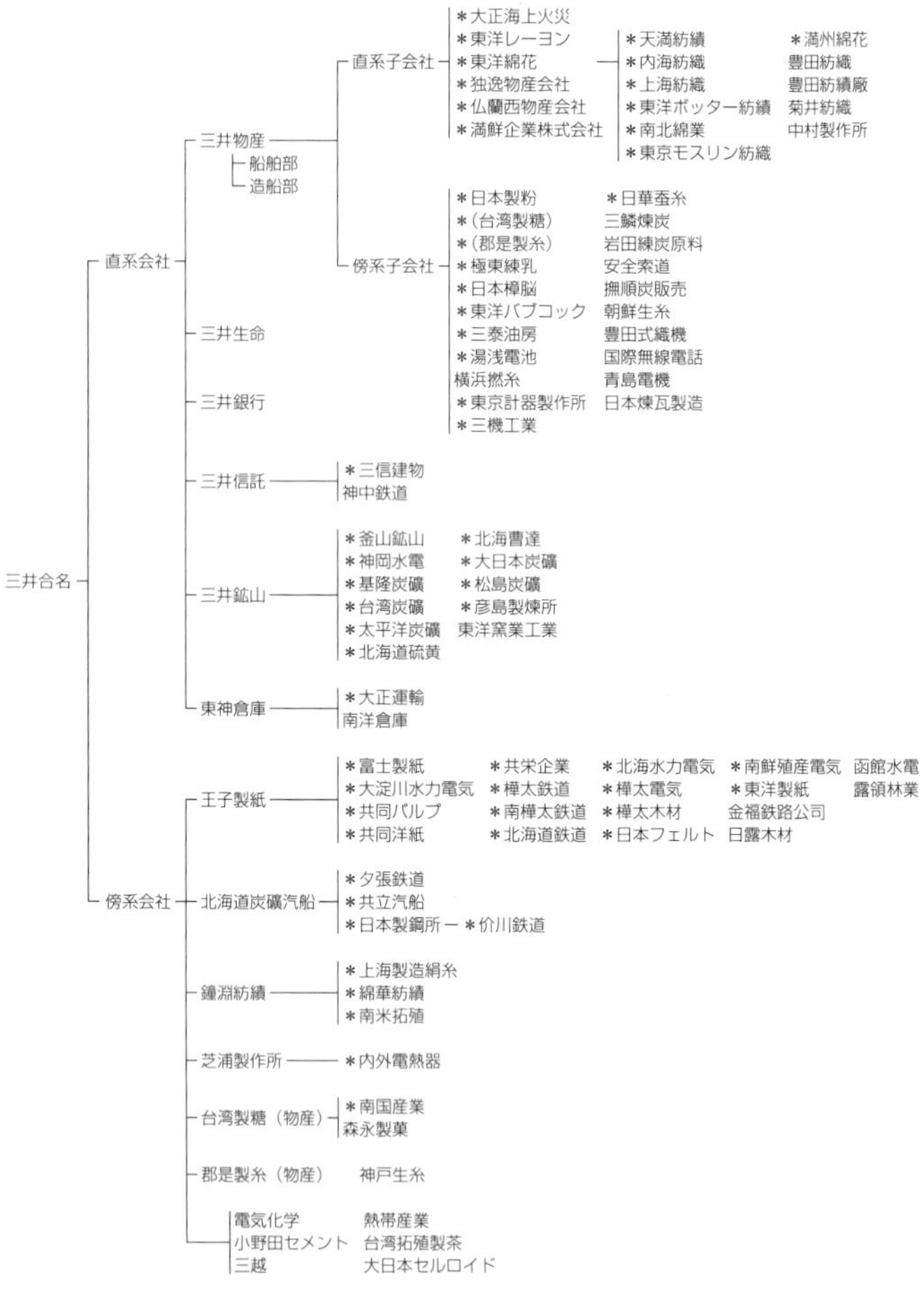

注：直系・傍系の子会社のうち、*印は支配力が大体決定的なもの、無印は同じく準支配的なもの。
出所：三和・原編（2010）、119頁。原資料は高橋（1930a）、50頁。

事業を安価に引き継ぎ、海運業を開始した（同商会は、１８７３年には三菱商会へと、１８７５年には郵船汽船三菱会社へと改称された）。

発展の契機は戦役にあった。佐賀の乱、台湾出兵（１８７４年）の軍事輸送を担当し、利益を蓄えるとともに、政府とのコネクションを深めていった。いわゆる「政商」として頭角を現したのである。その後も政府の厚遇は続き、政府の海運業保護政策の下、政府補助の対象ともなり、三菱の同事業は発展を続けた。

ただ、こうした政府との蜜月の関係には、落とし穴があった。明治十四年の政変（１８８１年）によって、三菱に近かった大隈重信が失脚すると、反対勢力の渋沢栄一、品川弥次郎らの反撃にあい、半官半民の共同運輸が設立（１８８２年）され、三菱の海運業にぶつけられた。両社はしのぎを削り、チャーター料の引き下げ競争に入り、それは消耗戦の様相を呈してきた。そのため、海外資本につけ入る隙を与えることをおそれた政府は仲介に入り、結局、両社は合併し、日本郵船が設立された（１８８５年）のである。ここに三菱は、大株主として残るものの、海運業の経営から身を引くこととなった。いわば、政商が財閥に脱皮するためには、政府との関係の清算は必然だったといえる。

2 海運業からの撤退と陸上進出

初代総帥の弥太郎は、日本郵船設立の直前に死去し、新事業の立ち上げは、弟の二代・弥之助に託された。彼は「海から陸へ」と三菱の事業の舵を切り、1887年に払い下げを受けた長崎造船所と、1905年に設立した神戸造船所とを統合し、1917年に三菱造船として独立させた。また、1881年には高島炭鉱の払い下げも受け、これも取得済みであった他鉱山と統合し、1918年には三菱鉱業として本社から切り離した。なお、同鉱山の炭鉱部は、営業部を経て、1918年に三菱商事へと至っている。さらに、第百十九銀行買収により銀行業へと（1885年に合資銀行部、1919年に三菱銀行）、陸軍の要請により、1890年には丸の内周辺の土地を取得し、不動産業（1906年に合資地所用度課、1937年に三菱地所）へも進出していった。

3 コンツェルン体制の成立

以上のような多角化の総仕上げが、事業部制の導入、持株会社体制への移行であった。1893年には三菱合資が設立され、1908年には各部の資本金、独立採算制が導入された。多様な事業構成に見合った、分権的な組織の構築が目指されたのである。さらに、分権化をより一層推し進めるために、1917年に各事業部は独立し、持株会社を頂点とするピラミッド組織が形成された（表3－6）。

表３－６　三菱における分系会社の独立

年月	会社名	資本金（万円）	前身
1917年10月	三菱造船	5,000	造船部
10月	三菱製鉄	3,000	臨時製鉄所建設部
1918年３月	三菱倉庫	1,000	東京倉庫株式会社
４月	三菱商事	1,500	営業部
４月	三菱鉱業	5,000	鉱山部、炭坑部
1919年３月	三菱海上火災	500	総務部保健課
８月	三菱銀行	5,000	銀行部
1920年５月	三菱内燃機製造	500	三菱造船神戸内燃機製作所
1921年１月	三菱電機	1,500	三菱造船神戸電機製作所

出所：長沢（1981）、85頁。

（3）住友：別子を軸とした成長[*4]

1 炭礦事業

住友財閥のM＆Aは、住友家をあげて17世紀末に開坑許可され、「住友諸事業の母体」、「住友の財本」とも呼ばれた別子鉱山を基軸に図られた。まず、これに関連するものとして、炭鉱経営への進出が挙げられる。別子鉱山の精練用燃料自給が目的であったという。２つの炭鉱の買収（１８９３年に庄司炭鉱を買収＝１９０３年売却、１８９４年に忠隈炭鉱を麻生太吉から買収）を相次いで行ったが、出炭量は別子の石炭消費量を優に上回り、外部販売に力が注がれた。買収当初は輸出不振に苦しんだが、経営のテコ入れが行われ、１９１０年代頃には筑豊を代表する炭鉱にまで成長した。

２ 金属事業

19世紀末には、金属工業への進出が図られた。１８９７年には日本製銅を買収し、住友伸銅場に名称変更された。同社は、別子銅の有力需要先であるとともに、付加価値の高い金属加工業へ進出を図った住友にとっては一石二鳥を狙った戦略であった。１８９９年には大阪製銅の買収が行われ、中之島分工場に位置づけられた。これによって、住友は短期間に伸銅業界の支配的地位を占めることとなった。また同社は、金属輸入製品の国産化を目指して、１９０７年には製管事業に進出した。有力需要先であった海軍省との人材交流を経て信頼を得、呉工廠からの設備・人材を譲り受けるまでに至った。１９１３年には住友伸銅場を住友伸銅所に名称変更し、第一次世界大戦期に軍需が殺到し、拡張期を迎えた。さらに、１９２６年には住友伸銅鋼管に改組したが、慢性不況、ワシントン軍縮会議の影響を受けて、１９２０年代から１９３０年にかけて経営不振に陥った。大戦後、敗戦国であったドイツからジェラルミン製造技術を獲得し、海軍から受注が急増し、経営は一息をついたが、１９３０年のロンドン軍縮会議によって再び不振にあえぐこととなった。

このような製銅事業と並行して、住友は鋳鋼事業への進出も行った。１９０１年には日本鋳鋼所を買収し、住友鋳鋼場とした。同場は、日露戦に伴う海軍からの発注によって、開業当初の不振を乗り切り、20世紀初頭には官需（鉄道用部品）で経営基盤を整えた。１９１５年には住友鋳鋼所に改組し、鋳鋼品、鍛鋼品、圧延鋼品をラインナップに加え「総合的な製鋼工場」としての名声を獲得した。その後、さらに住友製鋼所に改称し（1920年）、慢性不況期には売上高の後退に苦しみながらも、鉄道用品の官需販売に継続して力を注ぎ、経営の安定を図った。なお、伸銅鋼管と製鋼所は1935年に合併し、住友金属業工業となった。製造品種、設備、販売網、原材料購入に事業重複があり、経営の合理化、技術の高度化を実現することが目的であったという（住友金属工業1957）。同社はコンツェルンの「中核的な存在」であると同時に、設立後に株式公開を行い、外部資金獲得、および合資会社の新規分野投資の資金源獲得に貢献した。

３ その他事業*5

住友は先の金属関係以外の分野にも進出した。1925年には日之出生命保険を買収した。同財閥は、以前から生命保険業への進出を狙っていたが、政府が新会社設立の抑制方針をとっていたため、既存会社の買収を検討した。そのような折、同社から住友銀行への融資要請があり、それを契機に買収に進むこととなった。1926年には住友生命保険に改称され、４大財閥系生保の一角を占めることとなる。

また、住友は硝子製造分野へも進出した。1922年には慢性不況、輸入品の復活によって、経営不振に陥っていた日米板硝子の経営権を掌握した。銀行からの役員派遣、低利融資、および住友の販売店網を利用しての設備拡張・経営再建がなされて旭硝子に匹敵するまでに成長し、1931

年には日本板硝子に改称した。

さらに、日本電気の経営権も獲得した。同社は1899年に国内資本と外資（ウエスタン・エレクトリック社）の合弁事業としてスタートしたが、1920年代から1930年代にかけての競争激化、外資排除の動きが激しくなり、住友電線製造所と技術提携で関係が形成された住友に救いを求めた。同社は1932年に住友の傘下に入り、役員交代、有線関係機種の受注拡大、無線・真空管分野への進出、満州進出などのマネジメントと事業の再構築が実行され、1930年代以降、経営規模を拡大させた。

住友が手掛けた事業でも異色であったのが、電力事業への関与であった。1919年に土佐吉野川水力電気へ経営参加し、役員、株式の大半を住友系で占めた。同社への進出は、別子鉱業所、肥料製造所新居浜工場への電力供給を目的としていたものであった。その後、住友系の事業として位置づけられ、1943年には住友共同電力に改称された。

4 コンツェルン体制の成立

以上の拡大する事業、子会社群を統括管理するため、1920年に持株会社である住友合資が設立された。本社の設立は1909年の三井合名、1917年の三菱合資に大きく後れをとったものであった。その理由として、①それら財閥に比べ経営規模が小さく、組織内の役割分担の必要性が

表３－７　住友直系事業の株式会社化と連系会社化

会社名	株式会社化	連系会社化
住友銀行	1912（改組）	1921
住友製鋼所	1915（改組）	1921
住友電線製造所	1920（改組）	1921
住友倉庫	1923（改組）	1923
住友ビルディング	1923（設立）	1923
住友肥料製造所	1925（改組）	1925
住友信託	1925（設立）	1925
住友坂炭礦	1924（買収）	1925
住友生命保険	1925（買収）	1926
住友伸銅鋼管	1926（改組）	1926
大阪北港	1919（設立）	1927
住友別子鉱山	1927（改組）	1927
土佐吉野川水力電気	1919（設立）	1927
住友九州炭礦	1928（改組）	1928
住友炭礦	1930（合併）	1930

出所：畠山（1982）、235頁。

乏しかった、②住友一家の出資で持分が明確であった、③組織の一体感が強かった、ことなどが挙げられている（安岡　１９７６）。ただ、１９２０年前後には、事業規模の拡大が著しく、また直系企業が相次いで誕生したこともあり、本社機構の強化が必要な情勢となっていた（表３－７）。その後、１９２０年代に組織が整備され、重役組織の整備、専門経営者への権限移譲、予算・決算統制を通じた管理が進められた。業務執行とその監督の分離、意思決定効率の向上が目指されたのである。

4　財閥組織の機能：企業統治と内部資本市場

では、以上のように形成された財閥組織は、いかなる経済機能を有していたのだろうか。以下では、それらの企業統治と内部資本市場の観点から、論じてみたい。

(1) 企業統治：ベネフィット

まず、ベネフィットの第1として、ファミリーによる高い持株比率が、エージェンシー問題の解消に寄与したという点が挙げられる。エージェンシー理論の文脈に従えば、企業規模が拡大するにつれ、多額の資金を必要とするため、株主数も多くなり、株式は分散していく。高度に株式が分散した状況においては、個々の株主にとって利殖のみが唯一の関心になり、投資先企業の経営には興味を持たなくなる。やがて株主によるモニタリングは不在となり、経営者は株主利害に沿わない行動をとるようになる。

ただし、投資先企業のモニタリングにインセンティブを持つブロックホルダーが存在する場合、そうした零細株主のフリーライド問題を回避することが可能となる。財閥のケースにおいては、大株主としてファミリー、持株会社が存在し、実効的なモニタリングを傘下企業に行使していた。た

表３－８　主要企業の配当性向

合計	サンプル	1921～36	1937～43	1961～70
財閥	10社	0.61	0.49	0.67
非財閥	10社	0.73	0.60	0.60

出所：岡崎（1994）、73頁より抜粋。

とえば、後述のように、傘下企業の投資計画、管理職人事、利益処分は事前に本社にうかがいが立てられていた。経営者が株主利害から逸脱する行動が、事前、事後において制約されていたのである。

第2は、長期視野での経営が行われたことである。第2章でも論じたように、当時の日本企業の多くは、強い株主主権の下で、高い利益の社外流出に苦しんでいた。それは減価償却の不十分な実施につながり、中長期的な競争力の減退につながっていた。これに対し、財閥においては、ファミリー、本社が安定株主として存在し、その傘下企業の利益処分は、相対的に内部留保を厚くするように計画されていた。実際、岡崎（１９９４）によると、１９２１年から１９３６年において、非財閥系企業の配当性向が7割を超えたのに対し、財閥系企業のそれは6割程度と抑えられ、社外流出の抑制に注意が図られていた（表３－８）。

財閥組織において、こうした長期視野での経営がなされた背景としてしばしば指摘されるのが、「家訓」の存在である。三井のケースでは、二代・三井高平が「宗竺遺書」（１７１２年）において、いわゆる「総有制」が謳われ、三井家資産に対する出資は同族11家の共有財産であり、分割不可であることが定められた。これは家産保全とその継承を優先させる経営行動の拠り所となった。また、住友家でも、家法（1882年）において、「浮利を追わず」という文言が挿入された。これらは、エントレンチメント（経営者の暴走と保身）の抑制と、短期主義的経営の弊害の克服をもたらしたのである。

また、これに関連するが、財閥系企業の経営者は、安定株主である財閥本社の下で、内部昇進者の登用が図られた。こうした早くからの「所有と経営の分離」の実現は、短期的な株主の利害だけに偏らない、中長期視野を経営にもたらした。これは、「アングロサクソン的」（岡崎 1993b；岡崎 1994）とも称された戦前日本企業の一般的傾向とは異なり、財閥が「日本型企業の源流」（武田 1995a）とも呼ばれるゆえんともなった。

（2）企業統治：コスト

一方、企業経営におけるファミリーの高いプレゼンスには、コストもあった。たとえば、ファミリーの高い持株比率は、アウトサイダー株主の影響力を弱くさせ、ファミリーの暴走、独裁につながるおそれがある。

また、後継者選びの際、その候補者プールが限定的となる点もコストであろう。創業者は、ビジネスチャンスを捉え、資金を調達し、人材を集め、事業化に成功した資質に優れた人物である。ところが子孫は、そうした事業や組織を引き継ぐのに、つねに適しているとは限らない。ファミリーという限られたプールのなかから後継者を選ぶという限界がつきまとうのである。

もっとも、このファミリーの暴走という側面に関しては、「家訓」の存在によって、それを制約するような仕組みが財閥には設けられることがあった。また、限定された候補者プールという制約についても、専門経営者の登用や、時には彼らを婿養子として迎え入れることで、ファミリーの経営権維持と縁故主義の克服が図られた。

これらの点とは別に、財閥組織にとって深刻であったのは、前述の安定志向に関連したものであった。しばしば述べられるように、保守的な経営スタイルが過度になりすぎると、企業価値の向上をもたらす投資計画を見送ることになり、いわゆる「過小投資」に陥ってしまう。換言すると、家産保全にこだわるあまり、投資計画が慎重になりすぎ、ビジネスチャンスを逃すことが起こりうる。事実、三井、三菱、住友の3大財閥は、１９２０年代に投資計画を見送ったため（あるいは、本社と傘下企業との間で調整に時間を要したため）、カザレー式技術を導入し、硫安製造において高い生産性を実現した日本窒素肥料や、レーヨン国産化に成功した帝国人造絹糸に、これら分野の事業化の構想を持ちつつも、先行を許したのであった（橋本 １９９２）。[*6]

（3）内部資本市場

次に、持株会社体制の下で、本社はどのような役割を果たしたかについて検討していきたい。まず、先述したように、子会社は日常業務に、本社は全社戦略に専念することで、両者の意思決定効率を向上させられることが挙げられる。

また、本社スタッフによる傘下企業への助言・監督も重要な役割であった。本社は、傘下企業の取締役会議案の承認、監査部への財務諸表の提出、およびそれらのチェック・承認を行った。さらに傘下企業へ役員を派遣し、モニタリングの実効性を高めるとともに、子会社情報の獲得に注意を払った（岡崎 1999）。

さらに本社は、内部資本市場の役割も果たした。すなわち、傘下企業間の資源配分、子会社の投資案件の計画・評価・コントロールを行った。ボストン・コンサルティング・グループが提唱したようなPPM（Product Portfolio Management）の概念のごとく、安定的に収益が出て、追加的投資が必要とされない事業から配当などで利益を吸い上げ、それを将来的な成長が期待される事業へと配分した（図3－2）。たとえば、明治後半の三菱では収益があがる金属部門（＝「金のなる木」）から、拡張投資が求められた鉱業部門（＝「花形産業」）へと（武田 2020a）、戦間期の三菱や住友財閥では、鉱業部門から発展する重化学工業部門へと（麻島 1987；岡崎 1999）、財閥の内部資本市場を通して資金がシフトしていったことが明らかにされている。まさに財閥本社は、グループ全体の経営効率の向上の観点を考慮し、運営されていたのである。

図３－２　プロダクト・ポートフォリオ

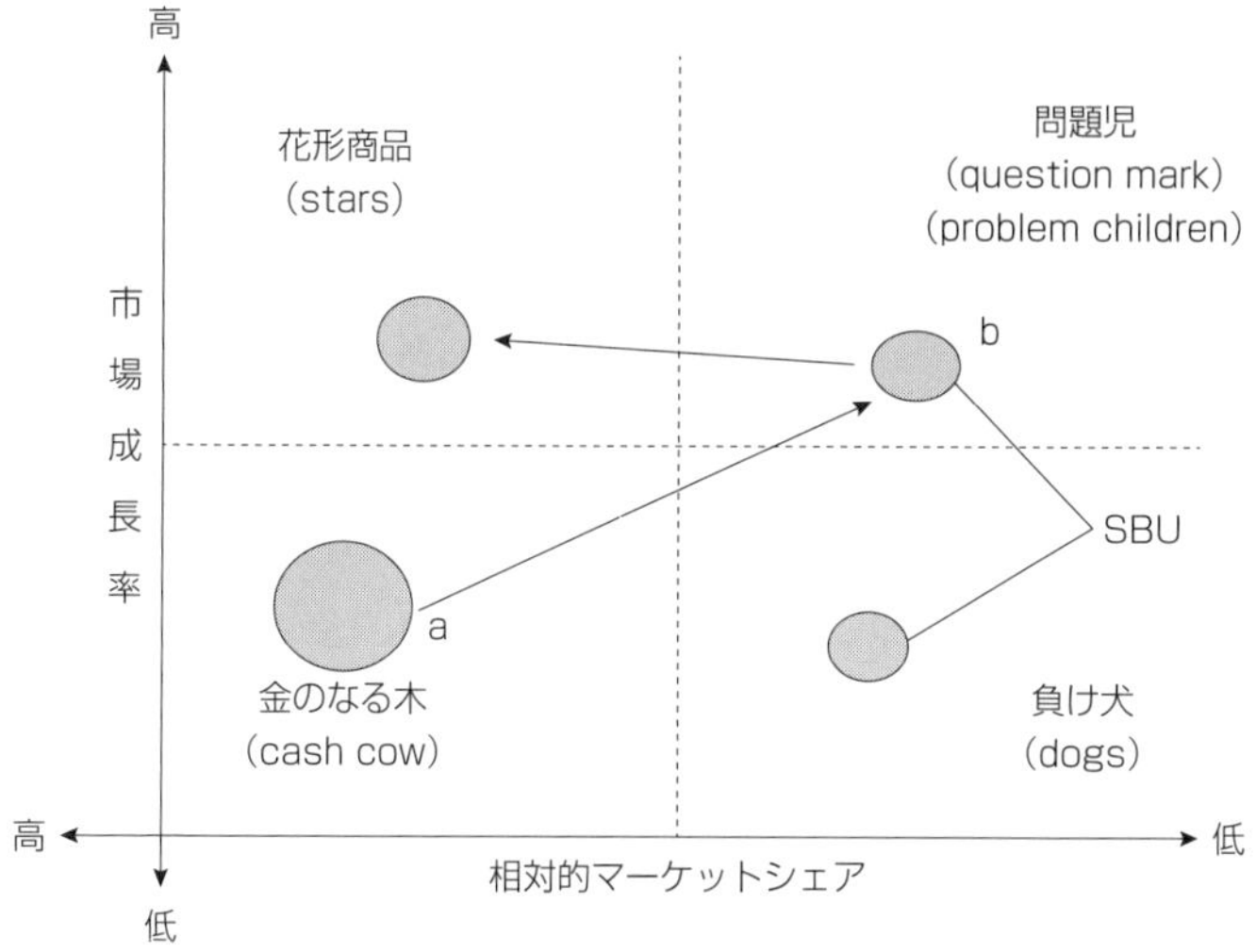

注：SBU（Strategic Business Unit）は「戦略的事業単位」を指し、育成か撤退のいずれかの判断が求められる事業を意味する。
出所：井原（2008）、230頁。

5　ケーススタディ：Ｍ＆Ａによる経営再建

（１）三井物産による日本製粉の買収

財閥によるテークオーバーの事例として知られているのは、三井物産による日本製粉の買収（１９２８年）である。１９２０年代、日本製粉は、反動恐慌による手持ち原材料の価格下落と過去の合併に起因する過剰生産に陥り、鈴木商店・台湾銀行管理の下、再建を図っていたが、金融恐慌による鈴木商店の破綻により、再建スキームは同社と取引関係があった三井物産に引き継がれた。鈴木・台銀保有株の購入など

表3－9　三井物産買収前後の日本製粉のパフォーマンス

（単位：％）

	総資産成長率	売上高成長率	負債比率	配当性向	平均株価（旧株、円）	ROE	業界平均ROE
1924	13.52	6.56	22.64	103.26	45.30	3.69	3.51
1925	-7.08	20.25	8.00	66.71	51.15	12.90	-0.87
1926	8.67	27.75	18.13	82.90	38.75	7.16	7.88
1927	**6.45**	**-9.59**	**33.45**	**0.00**	**13.50**	**-8.07**	**2.97**
1928	**-16.60**	**-6.46**	**8.91**	**38.78**	**38.25**	**12.39**	**4.13**
1929	8.92	-1.76	10.81	78.62	58.40	10.75	4.25
1930	15.08	37.14	26.27	79.33	41.00	5.22	-8.50
1931	-11.94	-32.74	19.20	0.00	40.35	0.82	4.17
1932	2.01	-15.35	19.81	224.32	60.50	1.35	7.16
1933	-2.05	-1.98	16.47	93.94	77.50	5.06	9.77
1934	9.13	28.39	31.51	0.00	69.35	-7.44	7.32
1935	-11.14	-34.19	19.07	77.93	70.60	4.94	6.09
1936	6.89	33.57	22.62	82.86	72.50	6.06	9.06

出所：東洋経済新報社『株式会社年鑑』、大阪屋商店『株式年鑑』より作成。

により6割超を保有する親会社となった三井物産は、日本製粉の改革に乗り出した。

具体的には、①常務・安川雄之助をはじめとする人材を役員として派遣し、減資と資産整理を断行すると同時に、②内部統制を強化し、原料購入・製品販売・資金調達を本店のコントロール下に置いた。さらに、③三井物産と一手販売権を結び、同社の販売網を利用させ、海外への輸出支援を図った。こうした諸改革が実を結び、買収前に落ち込んでいた利益率は回復し、1930年代には業界平均を上回るまでに至った（表3－9：

岡崎　１９９９；宮島　２００７；日本製粉　１９６８）。岡崎（１９９９）は、このようなテークオーバーの事例を挙げ、財閥が不適切な経営のために低迷している企業をセンサーし、資金・技術的援助を与えることで、経営再建を実現した役割を強調している。

（2）買収とＩＰＯによる企業浄化（日産コンツェルン）

レイトカマーとして、１９３０年代にＭ＆Ａによって一大コンツェルンを形成したのが日産であった。このケースで興味深いのは、第1章で紹介した金融的要因がＭ＆Ａの促進要因になったという点である。たとえば、日産コンツェルン総帥・鮎川義介は、１９２８年に当時としては珍しい公開持株会社である日本産業を設立すると、満州事変以降の株式ブームに乗って、「傘下子会社株式のプレミアム付き公開・売出し↓プレミアムや日本産業株との交換を通じた既存企業の買収↓取得企業の整理・統合↓子会社として分離独立↓プレミアムをつけての公開」といった金融操作を繰り返し（宇田川　１９８４）、鉱業、水産、自動車、化学、炭鉱、機械、水運、電力業などに多角的に展開するコングロマリットを短期間に形成した（図３－３）。

ここで注目すべきは、買収後の経営効率性を考慮して、慎重に合併条件が整えられたことである。たとえば、大日本製氷との合併の際には、製氷資産を大幅に減資（３０００万円↓７５０万円）することで圧縮し、買収後の資産効率の改善が目指された。これは「企業の浄化作用」と呼ばれた

図３－３　日産コンツェルン組織図（昭和12年６月）

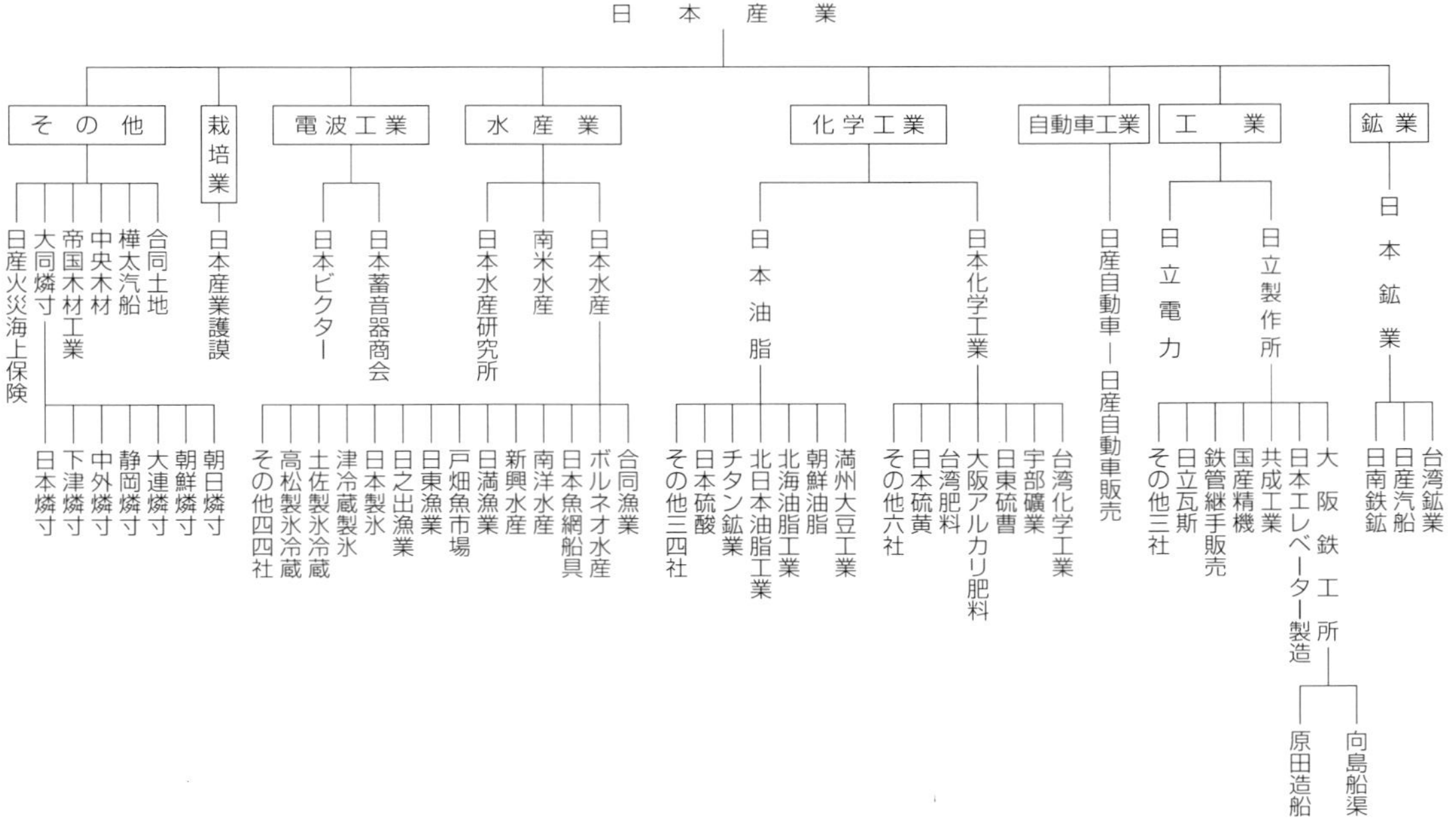

出所：和田（1937）、Ⅱ－１の巻末図。

（和田 1937）。持株会社による大衆資金の動員、株式交換による手元資金の節約、買収時による資産圧縮によるＰＭＩへの留意など、Ｍ＆Ａを通じたグループ経営に重要な示唆を与える好例ともいえる。

6　財閥はパフォーマンスを引き上げたのか

(1) 分析視角

本節では、財閥によって買収された企業の事後的なパフォーマンスの推移について追跡した、川本・宮島（2021）を紹介しよう。分析視角として第1に、ブロックホールディングされたターゲット企業群をサンプルとし、財閥による介入の効果を検討する。岡崎（1999）でも紹介されているように、テークオーバーレーダーとしての財閥組織が、パフォーマンス改善のポテンシャルを秘めた不振企業をセンサーし、自身の内部資本市場に組み入れることでその目的を達した事例が紹介されている。財閥本社あるいは傘下企業による経営介入が、適切なモニタリングと経営資源を提供しているとするならば、事後的なパフォーマンスは引き上げられたものと予想される。データセットは、戦前期日本企業の財務、所有構造、Ｍ＆Ａ案件について収録した「早稲田長期マイクロデータベース」である。[*7]

（2）分析方法

具体的な分析方法は、次の手順となる。まず、パフォーマンス指標について、M&A実施前と実施後の数値を求める。なお、ROEについては、その改善要因を具体的に特定するために、①売上高利益率（当期純利益／売上高）、②総資産回転率（売上高／総資産）、③財務レバレッジ（総資産／株主資本）に分解する。これらの指標について、M&A実施前として実施前5期平均の値を、実施後として実施後5期までの各期の値と5期平均の値を作成する。

次いで、先に求めた各企業のM&A実施前と実施後の値それぞれについて、各年・各指標の業界平均値で引いて標準化する。業界平均で調整を行うのは、各年のマクロショックについて除去し、純粋なM&Aによる効果を得るためである。最後に、この方法によって求めた業界平均で調整されたM&A実施後の指標から、同じく調整済みの実施前指標を引き、その差の平均値を求め、それらの値について t 検定を行う。[*8] こうした手順の分析手法は、M&A前後の個別企業のパフォーマンスの差から、同期間における当該企業が属する業種のパフォーマンスの差を引いているため、差の差の分析（difference-in-differences analysis）と呼ばれる（図3－4）。仮にM&Aが事後的なパフォーマンスにポジティブ（あるいはネガティブ）な影響を与えているとするならば、その差は統計的に有意に表れるであろう。分析対象となるサンプルは、指標によって前後するが、財閥組織による被ブロックホールディング案件（ターゲット企業）が10件、非財閥によってターゲット企業になっ

図３－４　DIDの考え方

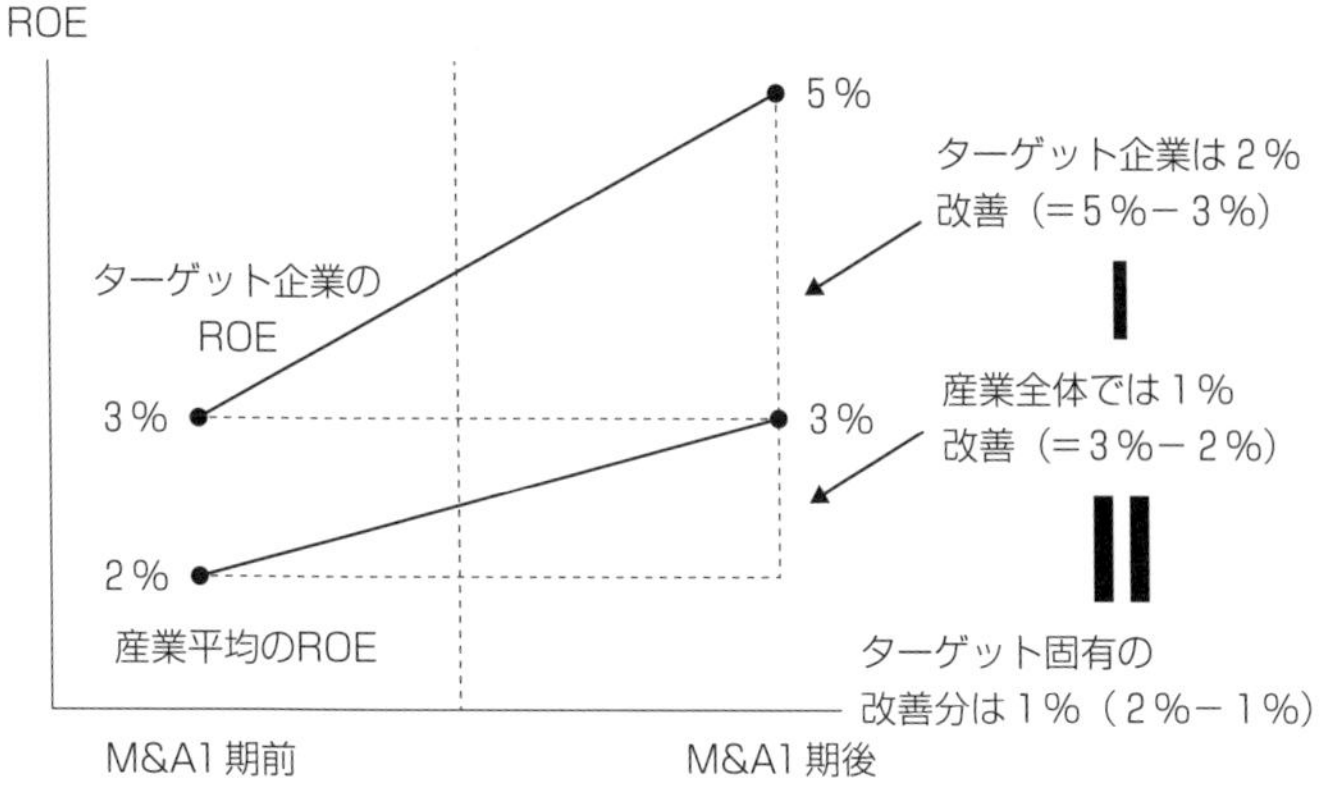

たものが35件となる。

（3）分析結果

財閥本社やその傘下企業による経営介入の効果について、川本・宮島（２０２１）の結果を要約すると、財閥による介入があったサンプルの事後的なＲＯＥは、一貫して正の数値をとっており、４期後と5期後において統計的に有意となっている（表３－10）。介入後5期平均でも同様であり、財閥によって買収された企業のＲＯＥは、業界平均の変化分よりも12・１%ポイント上回る。その背景として、総資産回転率は改善にあり、さらにそれは総資産の削減によって支えられていた。財閥による経営介入後、リストラクチャリングの実施に基づく経営効率性の上昇によって収益性の改善が実現されたということであり、岡崎（１９９９）等の先行研究と整合的な結果となっている。

表3－10　財閥による買収の効果（%）

	1期後 N＝10	2期後 N＝10	3期後 N＝10	4期後 N＝10	5期後 N＝10	5期平均 N＝10
ROE	10.82	10.11	8.13	12.17**	10.58**	12.07*
売上高利益率	5.41	7.92	11.02	9.47	2.69	7.86
総資産回転率	5.43	2.84	20.18*	18.76**	16.88**	12.61**
財務レバレッジ	48.95	49.00	14.77	55.88	-47.81	43.22
総資産	-53.51***	-32.58	-31.42	-28.88	-21.63	-25.10

注1：アスタリスクは、変化率の平均が0とする t 検定の結果を表し、***、**、* はそれぞれ1%、5%、10% 水準で有意であることを示す。

注2：統合後平均は、統合後5期平均と統合前5期平均の差を表す。

注3：サンプルサイズはROEの変化率のものを記しており、指標ごとに前後する。

注4：たとえば、表内の囲みのある部分については、財閥によって買収された企業の1期前から5期後のROEの変化は、買収されなかった企業の同じ時期のROEの変化よりも、10.58% 高かったことを意味する。

出所：川本・宮島（2021）、19-20頁。

7　おわりに：ホールディング設立へのインプリケーション

本章では、ファミリービジネスと持株会社の特徴・機能、そしてコンツェルン体制の整備が外部企業のM&Aにいかに活かされたかについて、財閥を題材として検討してきた。政商から出発した財閥は、払い下げられた国有企業の立て直しによって利益を蓄え、それを他分野に投資し、さまざまな業種に進出するに至った。そして、そのような多角的な事業を管理するために持株会社体制を構築し、本社は子会社間の資源配分、モニタリングを行い、グループ全体の経営効率の維持を図った。また、ファミリーの高い持株会社には、株主・経営者間の利害対立

(＝エージェンシー問題)の緩和というメリットがある一方で、ファミリーの暴走(＝エントレンチメント)、限られた候補者プールというデメリットがつきまとうが、それらは総有制、専門経営者の登用、婿養子の慣行といった方法で緩和されていた。さらに、ケーススタディ、あるいは実証的にも、財閥系企業による外部企業の買収は、パフォーマンスの向上に寄与していたことが明らかとなった。

では、以上のような財閥の組織整備とM&Aの経験は、今日のホールディングス経営のあり方に対し、いかなるインプリケーションを提供してくれるのであろうか。それは当然のことながら、多角化事業に対応するための内部資本市場、ガバナンス体制の構築が洗練された企業ほど、それらノウハウが外部企業にも適用されやすいという事実である。まさに先述の、財閥によるターゲット企業のパフォーマンス改善の結果は、それまでの多角化によって培われた傘下企業間の資源配分のコーディネイト、子会社に対するガバナンス体制の構築が、それら編入企業にも適用された産物だと理解できる。逆に、これら機能が脆弱なファミリーグループは、安田や古河、鈴木などの事例に象徴されるように、第一次世界大戦期における自身の商事部門の暴走の歯止めを止めることができず、大戦後には思惑失敗によって壊滅的な打撃を受け、財閥化への途が閉ざされるに至った。

持株会社体制が「エンドレス機構」だということを見抜いたのは、下谷(2009)であった。つまり、持株会社は、新規企業をホールディングスの下にぶら下げるだけで傘下企業を摩擦なく統

付表　財閥の M&A の一例

パネル A：三井財閥

年	案件
1888	官営三池炭坑の払い下げを受ける。
1892	三井両替店が抵当流れの倉庫を取得（→東神倉庫へ）。
1893	三井元方に工業部が設置、芝浦製作所、前橋絹糸紡績所、大島製糸場、新町絹糸紡績所の工場を買収。
1894	小野田セメントの株式を取得。
1913	北海道炭礦汽船と日本製鋼所の経営権を取得。
1926	高砂生命保険の経営権を取得（→三井生命へ）。
1928	三井物産が三井製粉に資本参加。
1934	三菱造船と三菱航空機の合併（→三菱重工業へ）。

パネル B：三菱財閥パネル A：三井財閥

年	案件
1881	高嶋炭坑買収。
1885	郵船汽船三菱と共同運輸と合併して日本郵船設立。
1885	第百十九銀行の株式取得（→三菱銀行へ）。
1887	官営長崎造船所の払い下げを受ける。
1889	米国人経営の製紙会社に出資（→三菱製紙へ）。
1890	丸ノ内の土地を払い下げ（→三菱地所へ）。
1918	それまでに獲得した上山田炭坑、美唄炭坑、大夕張炭鉱、佐渡金山、生野銀山を統合して三菱鉱工業へ。
1926	東京鋼材に資本参加。
1931	米アソシエーテッド社と提携して三菱石油設立。

パネル C：住友財閥

年	案件
1893	庄司炭坑、忠隈炭坑を買収。
1897	日本精銅を買収（→住友伸銅場）。
1901	日本鋳鋼場を買収（→住友鋳鋼場）。
1918	日米板硝子に資本出資。
1919	土佐吉野川水力電気に資本参加。
1925	日之出生命を買収。
1932	日本電気の経営権取得。
1935	住友伸銅鋼管と住友製鋼所が合併（→住友金属工業へ）。

パネル D：日産財閥

年	案件
1931	ダット自動車の株式を買収。
1933	日産財閥、共同漁業を合併（→日本水産へ）。
1934	大阪鉄工所を合併（→日立造船へ）。
1937	傘下の日本化学工業と大日本人造肥料を合併（→日産化学へ）。

出所：岡崎(1999)、安岡編(1982)、三島編(1981)、作道編(1982)、宇田川(1984)より。

合していくことができる。ホールディングス体制が真に機能を発揮するためには、本社と子会社間の執行と監督の分離だけにとどまらず、その役割分担をいかに買収企業のマネジメントにも応用できるかにかかっているのであろう。

注

*1 財閥にはさまざまな定義があるが、ここでは「同族・家族によって封鎖的に所有された企業集団」としておく。

*2 この際、多くの財閥がこの税制上の利点を活かしながら、ディスクロージャーの点で限定的な合名（あるいは合資）会社の形態を採用した。

*3 これら企業は、経営者の自社株保有率が高かったことから「企業家型企業」とも呼ばれている（宮島 2004；川本・宮島 2008）。残念ながら、本書ではこれらの企業群について、紙幅の都合から十分に扱うことができなかった。

*4 以下の住友の記述は、作道編（1982）などに依拠している。

*5 以下の記述は、岡崎（1999）の記載に依拠している。

*6 森川（1978）、森川（1980）でも、1920年代における三井の染料、旭硝子のアンモニア法ソーダ工業、古河電気工業の電機・アルミニウム精錬への忍耐強い投資態度に言及しつつも、同上分野や自動車製造を取り上げて、やはり財閥組織の保守性を指摘している。

*7 同データベースの詳細については、齊藤（2004）、宮島ほか（2008）を参照されたい。

*8 統合前後の中央値の差に関するウィルコクソンの順位和検定も行ったが、結果にほぼ変わりはなかったので、ここでは t 検定の結果のみを紹介する。

第４章　金融恐慌と電力戦：１９２０年代のＭ＆Ａ

〔本章のまとめ〕

1920年代には銀行業と電力業において、M&Aブームが発生した。銀行業のM&Aに関しては、第一次世界大戦後の恐慌と関東大震災によって累積した不良債権の結果勃発した金融恐慌と、そのさなかに制定された銀行法によって方向づけられた。一方、電力業に関しては、戦間期の技術革新の結果、競争が激化したために行われた。本章では、これら両セクターのM&A発生の背景、動機、成果(帰結)についてみていく。

〔本章のキーワード〕

金融恐慌、電力戦、銀行法、機関銀行関係、東京電灯

1 はじめに：技術革新と法制度のインパクト

戦間期に入って、M&Aは増加傾向に入っていった。特に、銀行業、電力業のM&Aの発生頻度は高く、ブームの様相を呈していた。銀行業に関しては、1920年代後半に統合件数は200件を超え、統合比率(M&Aの対象となった企業の比率)は15%を超えた(図4-1)。一方、電力業も20世紀に入ってコンスタントに合併が発生しているが、1920年代前半に年間15件に達する

図４－１　戦前における普通銀行の統合件数および統合割合

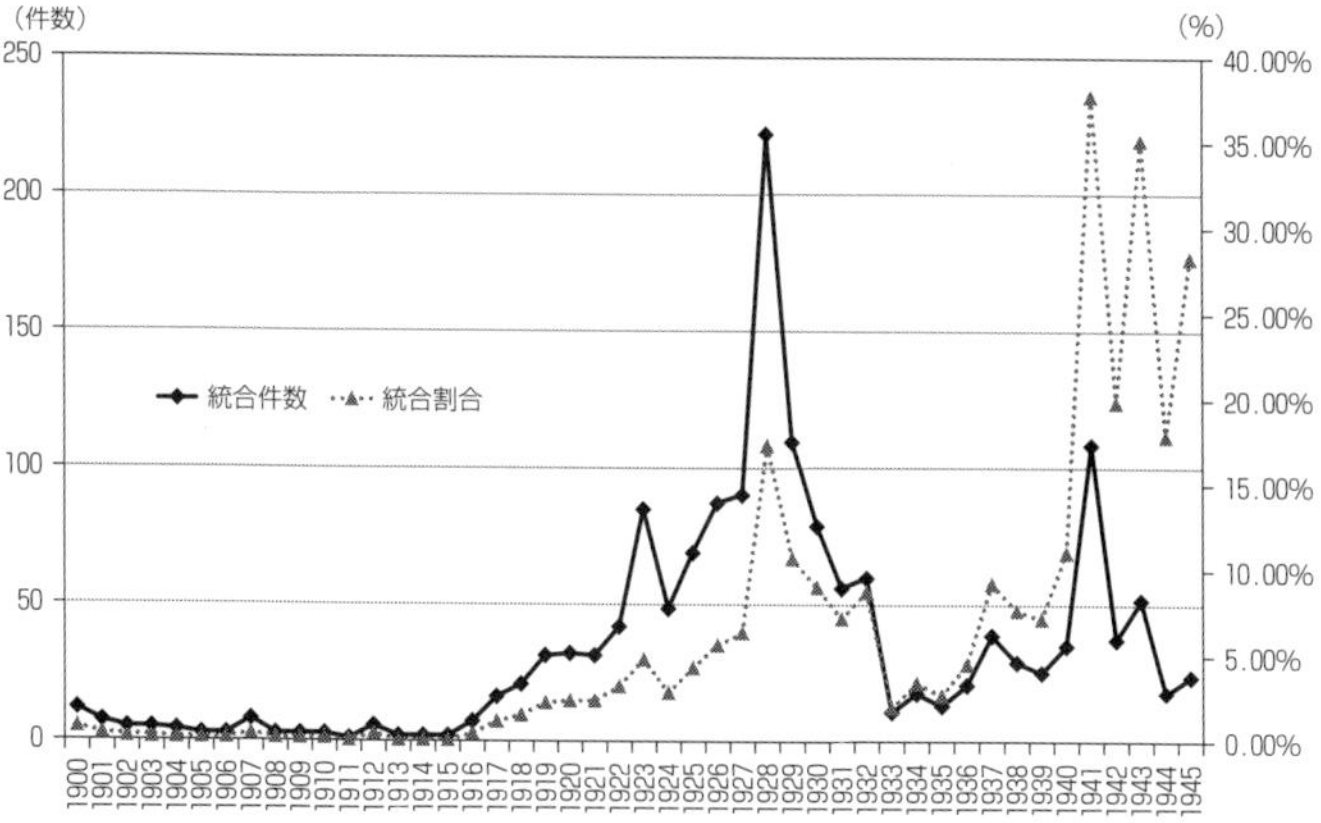

注１：統合件数は左目盛り、統合割合は左目盛り。
注２：統合割合は、当年の統合件数を前年末の普通銀行数で除して求めた。
出所：後藤（1991）、13頁、80頁より作成。

局面もあり、ブームを迎えていたことがわかる（図４－２）。

１９２０年代から１９３０年代初頭にかけて、次のように相次ぎ恐慌・災害が発生し、金融業をはじめ多くの日本企業にとって試練の時であった。まさに「失われた10年」であったのである。

- **戦後恐慌（１９２０年３月）**：第一次世界大戦終了後において株式市場への投機が過熱化（バブル経済化）し、戦後恐慌で崩壊するとともに、諸物価が暴落した。
- **関東大震災（１９２３年９月）**：マグニチュード７・９の地震が首都を直撃し、死者10万人、建物55億円の被害を出した。
- **金融恐慌（１９２７年３月）**：蔵相の衆議

図4－2　電力業の合併運動

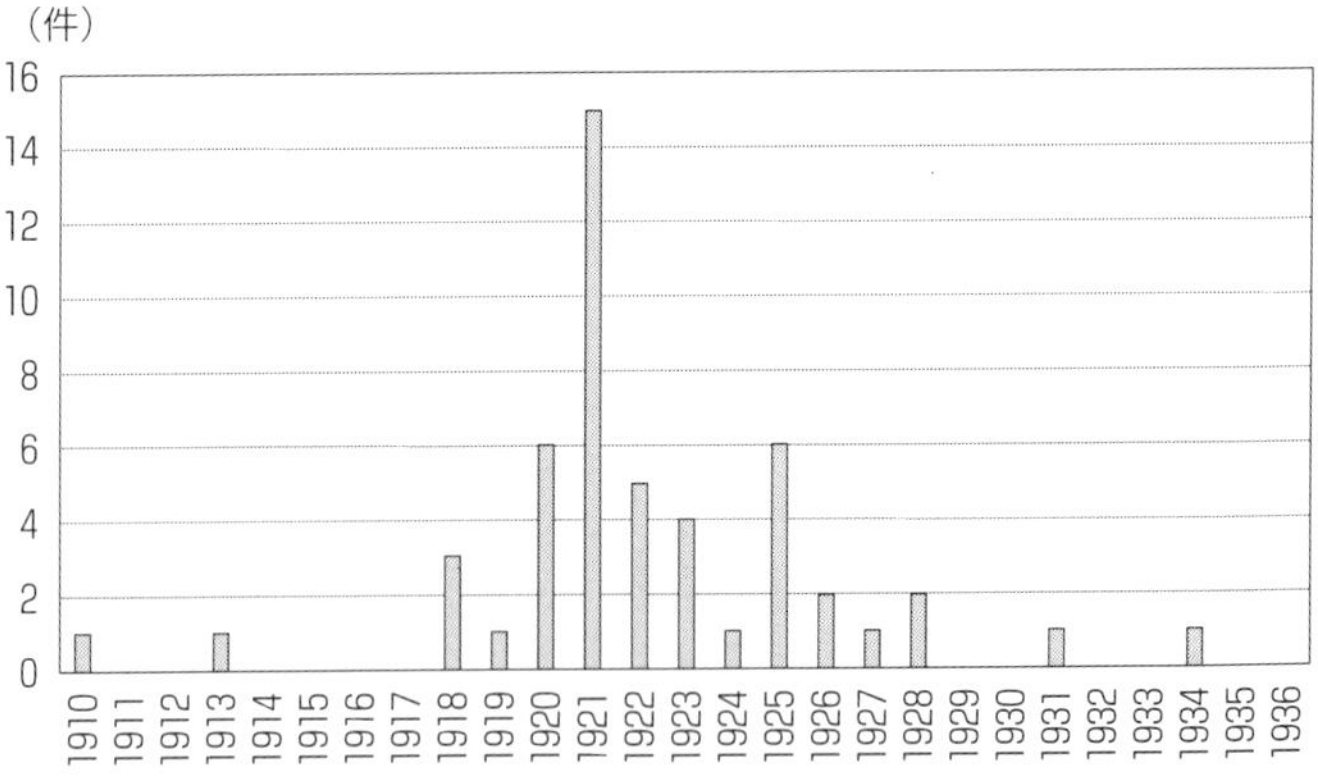

出所：現代日本産業発達史研究会（1964）の年表より作成。

院予算委員会での答弁に端を発し、全国的な銀行取付、休業が発生した。

一方、電力業は1920年代において成長産業であったが、それは水力発電と高圧発送電を結合し、電力需要が伸長するとともに、既存独占市場への新規参入が活発化したからであった。そこで既存の電力独占体は競争の制限（あるいは、ターゲット企業との連系による効率的な送電供給網の形成）を目指してM&Aを仕掛けていった。

では具体的に、①どのようなショックが加わり、これら両セクターでM&Aは発生したのであろうか。②また、それはM&Aは企業経営の効率性や企業行動にいかなる影響を与えたのか。さらに、③1920年代のM&Aはそれ以降の日本経済、企業体制をいかに規定したのか。本章では、日本資本主義史において１９２０年代のＭ＆Ａを位置づけることを目的としている。

本章の構成は次のとおりである。第2節で金融恐慌と銀行統合、ついで第3節では電力業における技術革新とＭ＆Ａの関係性についてみていく。第4節で、１９２０年代の銀行を中心としたＭ＆Ａの動機と成果についての実証分析の結果を紹介する。最後に第5節で、これらＭ＆Ａがもたらした帰結について言及する。

2　銀行業のＭ＆Ａ

(1) 金融恐慌

日本経済史、金融史で語られる１９２７年の金融恐慌、そして銀行統合の発生原因は、第一次世界大戦後の反動恐慌（１９２０年3月）にまで遡ることができる。大戦中に規模を拡張した企業群の設備が、この恐慌によって一挙に過剰に転じた。諸物価は下落し、東京株式取引所の株価は１９２０年に最高５４９・０円であったものが最低１００・５円に、卸売物価指数は最高４２５・０円であったものが最低２７２・０円にまで暴落した（表４－１）。この過程で、有力商社であった久原商事や古河商事、茂木商店、あるいは地域の中核銀行であった増田ビルブローカー銀行や七十四銀行などが相次いで破綻した。

表４－１　1920年恐慌の諸指標

（1920年各月中の最高・最低値）

		最高（月）	最低（月）
株式	東京株式取引所　売買株数（万株）	658.0（3）	143.0（7）
	同上　１株平均株価（円）	188.2（1）	76.7（10）
	同上　東株価格（円）	549.0（3）	100.5（9）
	大阪株式取引所　売買株数（万株）	286.0（3）	60.0（9）
	同上　１株平均株価（円）	260.8（3）	114.4（10）
	同上　大株価格（円）	510.1（3）	87.2（10）
商品	東京卸売物価指数	425.0（3）	272.0（12）
	米（東京・正米）（円）	54.6（1）	26.3（12）
	綿糸（大阪・先物）（円）	649.1（3）	221.1（10）
	綾木綿（大阪・現物）（円）	22.5（3）	7.3（12）
	綿花（大阪・米綿現物）（円）	145.5（3）	58.0（12）
	生糸（横浜・現物）（円）	4,360.0（1）	1,100.0（7）
	銑鉄（東京）（円）	151.7（3）	95.0（10）
	電気銅（大阪）（円）	59.6（1）	39.0（12）

注：「東株」は東京株式取引所株式、「大株」は大阪株式取引所株式、米は１石、綿糸は180kg、綿花は100ポンド、生糸は60kg、銑鉄は１トン、電気銅は60kgあたりの価格。
出所：三和（2012）、95頁。

もっとも、これら諸企業の破綻は糊塗された。なぜなら、１９２３年に関東大震災が発生し、震災手形処理の過程でそのダメージが有耶無耶にされたからである。具体的には、被災地企業の救済と地域金融の循環の担保という名目で、日銀特融や被災地企業の手形の日銀保証（震災手形）が施されたが、実はこの震災手形には、反動恐慌で傷を負った企業の手形が紛れ込んでいた。たとえば、台湾銀行は震災手形所持の最大行であり、１９２４年3月時点で1億１５００万円余りを保有していたが、そのうち1億円程度が鈴木、久原などの反動恐慌によって業績を悪化させた商社群の手形であった（表４－２）。

表4－2　震災手形の残高

（単位：万円）

震災手形所持銀行	1924年3月までの総額	1926年12月末の未決済高	大口債務者
台湾	11,523	10,004	鈴木、久原、山本、浅野
藤本ビル・ブローカー	3,721	218	
朝鮮	3,599	2,161	日魯漁業、日米生糸、セールフレーザ、高田商会、鈴木
安田	2,500	0	
村井	2,043	1,520	村井
十五	2,007	0	国際汽船、国際信託、早川電力
川崎	1,973	372	大同電力、鈴木
近江	1,342	932	大葉久吉
その他	14,409（88行分）	5,474（44行分）	
合計	43,081	20,680	

三和・原編（2007)、111頁。

これらの企業はいわゆる「ゾンビ企業」と化し、やがて破綻することを運命づけられたのである。

そして、この欺瞞が暴かれ、その矛盾が世間に晒されたのが1927年3月の金融恐慌においてであった。かの有名な衆議院予算委員会での片岡直温蔵相の失言（実際には破綻していない銀行を破綻したといってしまった）が導火線に火をつけ、片岡蔵相に名指しされた東京渡辺銀行と、その子会社のあかぢ貯蓄銀行が破綻してしまった。そして、それがさらに八十四、中沢、村井、左右田銀行の中小銀行に飛び火し、銀行取付が全国に波及していった。銀行取付は1927年1月から9月までの間に44行に及んだという。

こうした事態の収束を図ったのが、田中義一内閣で蔵相に起用された高橋是清であった。高橋は銀行休業、モラトリアム（支払猶予令）、民間の流動性不安を和らげるための日銀券の増刷を相次いで発令し、恐慌の収束に取り組んだ。これらの措置が功を奏し、同年の夏ごろまでにはパニックは収まっていったという。

(2) 銀行法制定

こうした金融恐慌の反省を受け（というよりむしろ、それに先んじて公布されたのが）1927年3月の銀行法であった。同法は経営体力のない弱小銀行の整理・統合を目的としており、奇しくも、恐慌後の銀行統合を推進する下地となった。その主な内容はまず、①最低資本金の設定にあり、東京市・大阪市に本店あるいは支店がある銀行は200万円、それ以外の地域は100万円をクリアーすることが求められた。単独増資でクリアーすることは認めなかったため、小規模企業の統合を方向づけた。また、②銀行役員の事業会社役員との兼任も制限しており、機関銀行の弊害を強く意識したものであった。同法は、1982年まで維持された、息の長い枠組みとなった。なお、銀行法制定が資本金条件を満たさない銀行に与えた影響としては、それらの再編を促し、合併による整理が36・5%、買収が17・4%で過半数を占めた（表4－3）。恐慌時の銀行淘汰にM&Aが大きな役割したことが理解できる。

表4－3　銀行法による無資格銀行整理状況

（公称資本金の単位：千円）

		合併	買収	増資	解散	業務廃止	免許取消	破産確定	存立期間満了	支店廃止	行主死亡	合計
1928	行数	91	41	5	19	6	16	4	3	1	—	186
	（公称資本金）	(22,908)	(4,180)	(270)	(3,820)	(1,935)	(4,905)	(1,740)	-650	(1,500)	—	(47,721)
1929	行数	50	23	1	22	11	5	—	2	—	—	114
	（公称資本金）	(11,313)	(4,180)	(270)	(3,820)	(1,605)	(1,275)	—	(1,700)	—	—	(24,163)
1930	行数	31	14	—	12	3	1	2	—	—	1	64
	（公称資本金）	(5,920)	(3,141)	—	(1,825)	(950)	(1,000)	(200)	—	—	(20)	(13,056)
1931	行数	27	18	7	21	9	5	4	—	—	—	91
	（公称資本金）	(7,490)	(3,450)	(2,623)	(3,245)	(946)	(1,280)	(2,600)	—	—	—	(21,589)
1932	行数	31	14	37	（うち3）41	45	3	1	1	3	—	（うち3）176
	（公称資本金）	(10,525)	(2,850)	(14,131)	(10,103)	(14,173)	(1,070)	(55)	(100)	(2,500)	—	(55,507)
計	行数	230	110	50	（うち3）115	74	30	11	6	4	1	（うち3）631
	（公称資本金）	(58,156)	(21,075)	(18,994)	(23,607)	(19,609)	(9,530)	(4,595)	(2,450)	(4,000)	(20)	(162,036)
同上百分比(%)	行数	36.5	17.4	7.9	18.2	11.7	4.8	1.7	1.0	0.6	0.2	100.0
	（公称資本金）	(35.9)	(13.0)	(11.7)	(14,6)	(12.1)	(5.9)	(2.8)	(1.5)	(2.5)	(0.0)	(100.0)

注1：「支店廃止」とは、たとえば東京市・大阪市に支店を有する資本金200万円未満の銀行が、同支店を廃止することによって適法資格を獲得したことをいう。
注2：「解散」のカッコ内3行は、猶予期限到来によって自然消滅となった行数である。
出所：後藤（1991）、46-47頁。

金融恐慌と銀行法の下で、銀行統合は3つの方向性で実施された。第1は、地域銀行間の統合である。大蔵省による銀行合同の推奨を受け、各地域で合同方針が策定され進められた。一方、地域中核銀行による経営危機銀行の救済も各地域で検討されたが、上位行が下位行を抱えることによる不良債権増加を懸念して、この形態はマイナーにとどまった（後藤 1968）。

統合の方向性の第2は、都市大銀行による地域銀行の買収・系列化であった。たとえば、住友銀行は、1927年から1928年の間に10行もの買収を実施、あるいは営業譲渡を受け、地元銀行の反発を受けながらも、金融恐慌の期間に全国的な店舗網を拡充した（住友銀行 1955）。

統合の方向性の第3は、破綻銀行の受け皿として銀行業界の共同出資として設立された、昭和銀行による合併であった。和議、示談等を経て債権者の同意が得られた村井銀行のケースでは、休業から9カ月経過したうえに、4割の預金の切り捨てを断行し、生活者や事業者に負担を与えつつも、共同出資銀行に経営が引き継がれた。一方で、恐慌の震源地となった東京渡辺銀行のケースでは、預金切り捨て割合や、払い戻し期間について預金者の同意が得られず、昭和銀行に経営が引きつかれず破綻に至った。無担保の一般預金者が負担を全面的に負ったのである（伊牟田 2002）。案件ごとに差はあるものの、それまでの放漫経営と恐慌時における経営破綻のツケは、預金者に帰されたわけである（預金の切り捨て割合については、表4－4参照）。

表４－４　休業銀行払戻割合

（単位：%）

銀行名	預金払戻割合
左右田銀行	50.5
中井銀行	62.2
村井銀行	58.5
中沢銀行	55.0
八十四銀行	56.0
近江銀行	66.9

出所：高橋・森垣（1993）、205頁。

（3）機関銀行問題

ではなぜ、当時の銀行は経済ショックに対しこれほどまでに脆弱であったのだろうか。もちろん前述したように、それまで最低資本金の規制がなかったことや銀行設立が容易であるなどの制度的要因もあるが、その原因の根底に、事業会社・銀行間において機関銀行関係がはびこっていたことが何よりも指摘されなければならない。機関銀行とは、「一般に銀行の株主が特定の企業ないし企業グループの株主と共通であり、その企業ないし企業グループに優先的に貸し出しをおこなうような銀行」（寺西　２００３、１５５頁）を指す。機関銀行は事業経営者によって設立され、その事業を支えるために地域から預金を吸収する。銀行が事業会社の従属下に置かれているため、融資の事前・事後において、予算制約は甘く、モニタリングも弱く、放漫融資に陥りやすい。それが１９２０年代初頭の反動恐慌で顕在化し不良債権化したものが、震災手形のおかげで延命していただけであり、金融恐慌で膿が爆発したのである。

こうした機関銀行関係は、地域を問わず全国的に蔓延していたが、その典型的ケースは、川崎造船所と十五銀行、そして鈴木商店と台湾銀行の組み合わせである。[*1] 川崎造船所は、1918年の総資産ランキングで首位に立ったことがあるほどの巨大企業、十五銀行は華族預金・保有公債を中心に扱うトップ5の一角に入るほどの大銀行であったが、明治維新の功労者・松方正義の息子たちがトップに就いており（川崎造船所社長は三男・松方幸次郎、十五銀行頭取は長男・松方巌[*2]）、同銀行の36・5%が松方一門の貸出に充てられるなど、まさに機関銀行関係にあった（表4－5）。

一方、鈴木商店は神戸発祥の商社であったが、樟脳《しょうのう》販売を通じて台湾経済に進出し、同地の植民地銀行であった台湾銀行との取引に食い込んでいった。鈴木商店は好景気の波に乗って規模を拡大し、同行からの融資も増やしていった。1926年には、台銀の貸出のうち48・9%が鈴木商店系であった（表4－6）。

両ケースとも、1920年代の不況下に入っても不良債権の顕在化をおそれ融資を重ね、さらに不良債権を累積させていった。そして、金融恐慌の過程において銀行の破綻が明らかになり、銀行からの融資ストップ（絶縁）を受け、日本経済を揺るがすに至ったのである。銀行・企業間関係といえば、銀行支配のイメージがあるが、当時は逆で、事業会社が銀行を支配していたのである。先に述べた銀行法は、役員兼任についての規制が含まれており、それは銀行による事業会社の従属化を制限しようというものであった。

表４－５　十五銀行の松方一門貸出

（1927年５月末残高）

関係者名	千　円	総貸出に占める割合（%）
松方幸次郎関係		
個人貸	2,421	0.6
川崎造船	40,811	10.5
松商会	13,240	3.4
国際汽船	10,969	2.8
合　計	67,441	17.4
松方五郎関係		
個人貸	544	0.1
常盤商会	32,261	8.3
同久慈製鉄分	5,098	1.3
東京瓦斯電気工業	21,066	5.4
合　計	58,969	15.2
松方正熊関係		
個人貸	954	0.2
帝国製糖	11,078	2.9
合　計	12,032	3.1
松方正彰個人	2,109	0.5
松方正雄個人	883	0.2
松方義輔個人	185	0.0
松方巌個人	18	0.0
総　計	141,781	36.5
十五銀行総貸出残	388,000	100.0

出所：高橋・森垣（1993）、120頁。

３　電力業のM＆A

(1) 電力戦

東京電灯は、1920年代の電力業におけるM＆Aの主役であった。同社は日本最古の電力会社であり、1883年に設立許可を受け、1886年に開業した。多くの電力会社は当初、都市近郊に小規模な火力発電所から電灯事業向け電気を供

表4－6　鈴木商店と台湾銀行

（単位：万円）

鈴木の台銀等よりの借入			台銀の鈴木への貸出		
	1922末	1924末		1922末	1927.4.16
台湾銀行（A）	17,737	24,683	鈴木合名および鈴木商店	26,103	27,842
その他銀行等	14,905	14,939	関連会社	1,487	7,387
借入金計（B）	32,642	39,622	鈴木関係計（A）	27,590	35,229
A/B（%）	54.3	62.3	（うち固定貸）	(25,000)	(32,246)
			台銀貸出高計（B）	78,633	72,076
			A/B（%）	35.1	48.9

注：鈴木商店が記帳した台銀債務額は、同社が支払承諾勘定を記帳しない等により、台銀の記帳額とは多少相違する。
出所：三和・原編（2007）、112頁。

給していたが、日露戦後以降に大規模水力開発と長距離高圧送電の技術が確立すると、東京電灯はいち早く取り組み、電力構成の水主火従化を推進した。それは発電コストの低減、ひいては電気料金の低下をもたらして、電力需要が伸長し、都市部の電化に貢献した。同社は電力業のパイオニアとして、東京を中心に支配的な地位を築いた（橘川 2005）。

この東京電灯を含む5大電力（ほかに東邦電力、宇治川電気、大同電力、日本電力）を中心として1920年代に繰り広げられた、大口需要家の獲得競争（そして、そのための電力料金値下げ競争）がいわゆる「電力戦」であった。電力戦の背景には、新規参入余地の拡大があった。すなわち、大容量水力開発と遠距離高圧送電の結合により、都市部周辺の事業会社による送電が開始され、既存の独占市場を付き崩す可能性が出てきたからであった。まさに、「新技術による産業融合」がM&Aを引き起こしたのである（第1章）。そこで東京電灯は、競争を排除し、市場独占を維持するためM&Aを遂行していった。同社だけで1920年代に21件もの合併を行っている（東京電灯 1936、128－136頁）。たとえば、東京電灯による東京電力（東邦電力子会社）の合併（1928年）のケースでは、東京電力による東京侵攻のため、大口需要家の喪失とそれに対応するため対抗料金引き下げが繰り広げられており、両者は消耗戦に入っていた。そこで東京電灯は、東京電力の吸収合併によって電力戦に終止符を打ったのである[*3]。

以上は独占の維持のためのM&Aという「独占的アプローチ」に基づくものであるが、近年の見解では、同時期の東京電灯のM&Aが「効率性向上のために」行われたという見方が提示されている。たとえば、加藤（2006）では、東京電灯の合併の動機には変化があり、当初、電力需要の確保のために、東京近郊の工業地帯に供給区域を持つ企業の合併を行っていたが、1920年代半ばには電力連系（統合した企業の発送電設備の連系により、効率的な送電を実現）を通じて広域電気供給網を形成し、送電の安定化、費用の削減を実現しようとする目的に変容していったという。

一方、加藤（2005）では、1920年代の大手電力会社による「買収」行動に着目している。具体的には、発電所から需要家への効率的な送電を実現するためには、水力発電地域と電力消費地域を送電幹線でつなぎ、容量と距離の調整が必要となってくるが、個別の経営主体で運営すると利害対立が生じるし、効率的なネットワークの構築が困難となる。この調整のために大手は買収を実行し、被買収企業の不採算設備の廃棄、追加的な設備投資を行って事業を再構築したという。

さらに、朝岡（2012）では、電力会社のM&Aは、重複許可を受けられない水利権という「無形資産」を獲得するためや、大規模電力供給し、利用者を増加させ、それがさらに大規模設備投資につながることから、規模の経済性を通じた送電コストの削減を実現させたという点を強調している。

(2) 東京電灯の経営危機と銀行介入

東京電灯をはじめとする1920年代の電力会社のM&Aは、電力連系による広域電気供給網の形成に寄与したと評価されている。ただし、多くの案件はターゲット企業の「企業価値に見合った条件」（加藤 2006）であったものの、それらターゲット企業の大半が過剰債務を抱えていたとともに、買収資金を借入金でファイナンスしたため、レイダー企業は過剰設備と負債をM&A後に抱え込むこととなった。たとえば、東京電灯による猪苗代水力電気の合併のケース（1923年）では、電力源として豊富な貯水池を保有する猪苗代湖を保有し、それによる長距離送電を行う同社との競争を回避するため、合併直前に増資し資産を膨張させた同社と対等合併し、同社株主に相応なプレミアムを支払ったという（表4－7）。

さらに、東京電灯の経営不振に拍車をかけたのが、甲州財閥・若尾一族による放漫経営であった。

表4－7　東京電灯と被合併企業の合併条件

企業名	合併年月	実際の合併比率	純資産法	収益還元法	平均法
日本電灯	1920/3	0.86	0.97	0.77	0.87
利根発電	1921/4	1.00	1.00	0.89	0.94
横浜電気	1921/5	1.25	1.09	0.77	0.93
高崎水力電気	1921/12	1.00	1.02	0.74	0.88
桂川電力	1922/2	1.00	1.03 0.41	1.44 0.57	1.23 0.49
猪苗代水力電気	1923/4	1.00	1.02 0.43	1.00 0.42	1.01 0.42
忍野水力電気	1923/4	1.00	0.93	0.15	0.54
京浜電力	1925/10	0.95	0.93	0.63	0.78
富士水電	1925/10	0.54	0.93	0.41	0.67
帝国電灯	1926/5	0.86	1.01	1.20	1.10
東京電力	1931/4	0.90	0.95	0.96	0.96

注1：合併比率は東京電灯を1とした場合の比率。
注2：収益還元率は合併直前の利益金を取っている。
出所：加藤（2006）、9頁より抜粋。

同一族は、合併を有利に進めるため、あるいは大株主としての利得を獲得するために、同社の固定資産から評価益を計上し、いわゆる「蛸《たこ》配当」[*4]を実行した。また、若尾一族が経営する建設業者との取引を東京電灯に強要し、東京電灯の利益を〝tunneling（トンネリング）〟させたという（高橋 1930b）[*5]。同社は1920年代、同一族による乱脈経営のため、モラルハザードに染まっていたのである。こうした乱脈経営と財務のファンダメンタルズを無視したM&Aの実行は、パフォーマンスの低迷をもたらした。同社のパフォーマンスを確認してみると、19

20年後半以降のROEの低迷、負債依存度の上昇、固定資産回転率の悪化が著しいことがわかる（表4－8）。

そのため、1920年代後半には融資行（三井銀行常務・池田成彬）による経営介入がなされ、外資導入による東京電灯向け貸出金の回収が図られた。また、財界世話人であった郷誠之助を会長として、さらに阪急電鉄の小林一三が取締役（やがて若尾璋八社長の更迭後は社長）として派遣され、経営改革が断行された。具体的には、①都内の営業体制の見直し、②「商人精神」の涵養による需要開発運動の展開、③接客態度の改善、④料金事務システム化などの改革を展開され、これらは確実な料金回収に寄与したという（橘川 2005）。

前述の外債による資金肩代わり、そしてその後のシンジケート団による国内向け社債発行によって、1930年代半ば以降、東京電灯と三井銀行との関係は希薄化していった。経営危機時の際に銀行介入というイベントは観察されたものの、いまだ戦後のメインバンクのような企業・銀行関係において長期固定的な関係にまでは至っていなかったのである。

4　戦間期M&Aの実証分析

では、戦間期におけるM&Aはいかなる成果を収めたのであろうか。本節では、同時期の非金融

表4－8　東京電灯の財務指標・パフォーマンス

年	期	当期利益	総収入	総資産	株主資本	固定資産	長期負債	配当額	ROE	負債比率	配当性向	固定資産回転率
1921	上期	7,104	22,150	124,695	109,558	107,983	4,000	4,491	6.48	3.21	63.22	4.88
	下期	11,619	21,103	147,476	133,968	121,950	3,500	7,172	8.67	2.37	61.73	5.78
1922	上期	15,303	27,769	182,265	167,800	153,848	3,500	9,407	9.12	1.92	61.47	5.54
	下期	16,411	27,596	205,489	193,679	172,535	3,500	12,964	8.47	1.70	79.00	6.25
1923	上期	16,092	34,375	258,384	223,968	209,090	6,000	12,230	7.18	2.32	76.00	6.08
	下期	12,538	24,287	297,312	221,218	231,207	32,792	7,750	5.67	11.03	61.81	9.52
1924	上期	13,732	27,538	329,186	222,389	260,114	45,739	9,688	6.17	13.89	70.55	9.45
	下期	16,103	32,054	343,781	258,774	287,601	45,689	11,432	6.22	13.29	70.99	8.97
1925	上期	17,863	35,008	378,966	262,622	316,216	51,046	12,575	6.80	13.47	70.40	9.03
	下期	19,292	49,092	493,464	302,260	403,516	124,790	13,000	6.38	25.29	67.39	8.22
1926	上期	22,506	57,824	615,059	385,166	527,728	139,040	16,046	5.84	22.61	71.30	9.13
	下期	23,917	50,868	640,139	385,919	542,418	161,040	15,557	6.20	25.16	65.05	10.66
1927	上期	24,081	526,008	661,240	387,326	560,992	163,590	15,557	6.22	24.74	64.60	1.07
	下期	24,082	51,126	656,676	389,280	569,129	163,590	13,828	6.19	24.91	57.42	11.13
1928	上期	28,611	66,204	819,726	455,518	709,498	216,540	14,647	6.28	26.42	51.19	10.72
	下期	34,452	62,870	863,559	456,805	705,563	364,603	16,285	7.54	42.22	47.27	11.22
1929	上期	21,945	60,869	848,041	454,256	732,174	359,862	16,285	4.83	42.43	74.21	12.03
	下期	22,010	60,161	848,008	455,320	745,214	359,862	16,285	4.83	42.44	73.99	12.39
1930	上期	16,170	58,654	866,156	450,543	753,958	355,032	10,178	3.59	40.99	62.94	12.85

出所：東洋経済新報社『事業会社経営効率の研究』（1932年）より作成。

業のM&A企業の事後パフォーマンスに関する分析と、銀行業の銀行統合の動機と事後パフォーマンスについて検証した研究成果を紹介しよう。

(1) M&A動機とパフォーマンス

まず、非金融業のM&Aについて、前章でも紹介した川本・宮島(2021)の分析結果について簡単にみていきたい。同研究では、東洋経済『株式会社年鑑』、大阪屋商店『株式年鑑』、三菱経済研究所『本邦事業成績分析』所収の財務・所有構造が取得可能な大企業をサンプルとしている。金融業を除く、電力、ガス、鉄道、鉱業、製造業などの主要企業であり、1921年で122社、1928年で261社、1937年時点で408社となる。

分析方法としては、ターゲット(売り手)の特徴を探っている。多項ロジットといわれる手法を利用しており、M&A非実施企業をベース(=0)とし、被合併企業を1、被買収企業を2と設定している。サンプルは被合併企業が17件、被買収企業45件となる。[*6]

分析結果を要約すると、被合併企業は赤字を計上した場合、被買収企業では負債比率(=負債/総資産)が上昇した場合、M&Aのターゲットとなる確率が上昇している、つまり収益や財務状態が悪化した企業にM&Aが仕掛けられるということなり、この局面において、それら企業に経営規律が与えられていたことが理解できる。その一方で、被合併企業に対し、総資産成長率が有意に正になっており、成長性の高い企業もターゲットになっていたこともわかる。この時期においてM&Aは、成長性に富む企業を取り込み、自社の生産設備と成長企業とを連携、生産効率の上昇やコスト削減を図り、規模の経済性の獲得を目指す側面もあったことが推察される。これらはこれまで紹介してきた電力業のケースと整合的な結果といえよう。

一方、レイダー（買い手）の業績をM&A前後で追跡する。M&A前5期平均の経営指標と、M&A後5期それぞれと5期平均の経営指標を比較している。その際、各経営指標の変化について、各企業が所属する業界の平均値の差を引いている。すなわち、第3章のDIDの手法をここでも用いている。パフォーマンス指標としては、ROE（当期純利益／株主資本）を利用する。これをさらに、売上高利益率（当期純利益／売上高）、総資産回転率（売上高／総資産）、財務レバレッジ（負債／総資産）に分解する。

分析結果によると、統合企業のパフォーマンスに関して、統合前後のROEと業界平均値の差分の差はマイナス2・14％となっており、その変化はゼロと異ならない（＝統計的に非有意）。すなわち、パフォーマンスの改善はみられなかったということになる。一方、財務レバレッジについては、一貫して有意に正となっている。財務レバレッジは悪化傾向にあるということであり、5期平均後において産業平均と比べても52・61％も高い。東京電灯（本章）、王子製紙（次章）のケースにもあるように、多くの合併企業が被合併企業の負債を引き継いだことが原因となっているものと考えられる。

一方、買収のケースでは、ROEの改善が観察される。それは産業平均の差分と比べて、レイダーの変化分は3・97％上回る。統計的に有意性は十分ではないが、財務レバレッジは低下傾向、売上高利益率と総資産回転率は上昇傾向にある。すなわち、収益性と効率性の改善によって、パフォーマンスが上昇しているということになる。また、総資産の変化分が産業平均の差分よりも低下する傾向にあることから、買収後、買い手主導で資産削減によるリストラクチャリングが断行されたと理解できる。

(2) 銀行休業と統合要因

1920年代における銀行業の実証分析については、銀行統合の前提となった金融恐慌時の銀行休業の要因に関する研究成果の蓄積がなされている。たとえば、伊牟田（2001）ではケーススタディを行い、財閥系銀行に比べ預金吸収力に劣るため、それまでにリスクある固定貸しを敢行した都市圏の中位行ほど、恐慌時において不良債権を累積させ、金融恐慌による打撃が大きかったと主張している。また、横山（2005）は、1927年3月から4月に休業した銀行1179行（休業銀行29行）をサンプルとして分析を行い、収益性が劣り、他県に支店がある銀行の場合、休業確率が高かったことを明らかにしている。さらに、経営規模が大きい銀行においても、預金準備率や自己資本預金比率は休業確率に有意な影響を与えず、パニックは経営規模や健全性にかかわらず波及してことを報告している。

一方、役員兼任関係が銀行休業に与えた影響については、Okazaki et al.（2005）の包括的な検証がある。この分析では、金融恐慌時の銀行1007行をサンプルとしている。これによると、銀行役員が1行あたり平均7・26社、事業会社の役員を兼任しており、戦前期において機関銀行関係が蔓延していたことを指摘している。さらに、データ分析も行い、経営規模が小さいグループでは、役員兼任関係が休業確率に正の影響を与え、機関銀行の弊害は経営規模の小さい銀行ほど強く作用したことを明らかにしている。

さらに、銀行統合が事後的なパフォーマンスに与えた影響については、岡崎・澤田（2003）が、Okazaki et al.（2005）と同様のサンプルを用いて検証している。それによると、経営統合が預金吸収力を高めること、統合に参加する銀行数が増えるほど、統合後のROAが低いことが報告されている。これは、統合に参加する銀行数が増加するほど、統合企業間の利害対立が発生しやすくなり、パフォーマンスが低迷するという状況を示す結果だと解釈できる。

5　おわりに：1920年代M&Aの帰結

1920年代のM&Aの状況と役割について、銀行業と電力業を取り上げて検証を進めてきた。銀行業におけるM&Aは、金融恐慌のさなか、銀行経営の健全性を担保するために設けられた銀行法への対応として行われた。最低資本金が設定され、かつ単独の増資でそれを満たすことが制限されたため、銀行の統合よって同設定をクリアーすることが求められた。また、金融恐慌の根本的原因ともいわれる「機関銀行関係」についても、銀行役員の事業会社役員兼任が制限されるなど、銀行法では貸し手としての銀行のモニタリング能力の向上に注意が払われた。

一方、電力業に関しては、大容量水力発電と遠距離高圧送電の技術結合が、都市部を中心に新規参入を促し、競争を激化させたことで、それを制約する手段としてM&Aが採用された。ただ、近年の研究では、こうした「独占市場の維持」というモチベーションのほか、電力事業間を「連系」させ、広域電気供給網の形成することで、安定的で安価な電力送電を実現するためにM&Aが実施されたという見方がなされていることも示した。まさにM&Aが範囲やネットワークの経済性を担保するために行われたのである。

では、以上のような1290年代の2つのセクターのM&Aは、以降の同産業の企業体制にいかなる影響を与えたのであろうか。まず、銀行業に関しては、金融恐慌下において金融システムの脆弱性が明らかになったことで、経営体力の弱い中小銀行から都市部の大銀行へと預金が流出することとなった。いま、５大銀行の預金集中度をみた場合、全国普通銀行合計に占める預金の割合は、第一次世界大戦前の１９１０年には21・５％であったものが、金融恐慌を経た１９３５年には42・５％にまで高まっていることがわかる（表４－９）。また、この局面においては、関東大震災、続く金融恐慌で地方経済が疲弊したのに伴い、貸出先の乏しい地方銀行の遊資が都市部の銀行に流れるようになったことも知られている（寺西　１９８２）。資本関係のみならず、資金循環の面でも地方銀行は都市銀行の従属下に置かれるようになったといえる。

電力業に関しては、リーディングカンパニーであった東京電灯の相次ぐM&A、それによる債務の累積、さらには経営破綻が、同産業への信頼を失墜させたことが大きかった。それはやがて、１９３９年の電力国家管理が強行される原因になったという（橘川　２００５）。東京電灯の財務的「失敗」は、その後の同産業の企業体制（＝国家電力管理）を運命づけたのである。

注
＊1　これら2つの機関銀行関係のケースに関しては、川本（２０２２c）で言及する機会があった。

表4－9　5大銀行への集中

年	5大銀行合計（百万円）			全国普通銀行合計に占める割合（%）		
	払込資本金	預金	貸出金	払込資本金	預金	貸出金
1900	14	78	77	5.8	17.8	11.6
1910	37	255	215	11.7	21.5	17.2
1920	178	1,570	1,236	18.5	26.9	20.9
1925	283	2,106	1,628	18.9	24.1	18.4
1926	283	2,233	1,788	18.9	24.3	20.7
1927	291	2,818	1,940	19.6	31.2	24.3
1928	291	3,130	1,935	21.1	33.5	25.6
1929	323	3,210	2,013	23.4	34.5	27.8
1930	323	3,187	2,009	24.9	36.5	29.5
1931	323	3,169	2,062	25.9	38.3	31.3
1932	323	3,430	2,072	26.5	41.2	33.0
1935	323	4,225	2,295	28.5	42.5	37.1
	(395)	(5,340)	(2,789)	(34.8)	(53.7)	(45.0)
1940	323	10,304	6,477	33.0	41.8	46.8
	(395)	(12,893)	(7,854)	(40.3)	(52.3)	(56.8)

注：5大銀行は三井・三菱・安田・住友・第一。1933年12月に、鴻池・三十四・山口3銀行の合併によって三和銀行が設立され、6大銀行体制となったので、1935年、1940年の下段（　）内には、6大銀行合計を掲げた。
出所：三和・原編（2007）、113頁。

＊2　松方一門の事業ネットワークについては、増田・佐野（2018）において詳細な検討がなされている。

＊3　ただし、東京電力は合併前に倍額増資を行い、それを東京電灯は1対1で合併したので、後の猪苗代水力電気のケースと同様、資産の水膨れを加速させた。「東電東力の合併を評す」『東洋経済新報』1928年1月14日号。

＊4　配当の原資を利益ではなく、固定資産の時価評価による利益の計上など、会計操作によって捻出する配当政策をいう。

＊5　トンネリングは1997年の金融危機の際、アジアの多くのビジネスグループでも放漫経営の原因としてその存在が糾弾されることとなった。詳細については、Bertrand et al.（2002）や小幡（2003）などが詳しい。

＊6　10％以上の株式取得案件を対象としている。

第5章　独占とグループ再編：1930年代の企業合併

〔本章のまとめ〕

金本位制への復帰と昭和恐慌は、それまで命脈を保っていた経営不振企業を破綻へと追いやった。この際、多くの低パフォーマンス企業がＭ＆Ａの供給源となった。多くの産業で大型合併が成立し、マーケットシェアは著しく高まったが、独占の弊害が生じることはなく、公共性を重視したコストの削減・維持や、合理化の取り組みを通じたパフォーマンスの引き上げが図られた。

〔本章のキーワード〕

金本位制、清算主義、昭和恐慌、日本製鉄、王子製紙、大川平三郎

1　はじめに：合併の波動

１９３０年代の金解禁に伴う需要の円高効果と、世界恐慌を原因とする経済危機の発生は、多くの企業の設備を過剰にさせ、企業合併を通した合理化を志向させる契機となった。まさに、需要の縮減という「負の経済ショック」がＭ＆Ａ発生の波動の歯車を回したのである。特に、１９３０年代には、官民複数企業が結集した日本製鉄、業界トップスリーの企業が大合同した王子製紙など、大型合併が相次ぎ成立し、各業界の構造は大きく塗り替えられることとなった（表５－１）。実証

表５－１　1930年代における大型合併

年	事項
1931	**東洋紡績**が大阪合同紡績を合併。
1933	**王子製紙**が富士製紙と樺太工業を合併（製紙大合同）。
1933	三十四・山口・鴻池の関西３銀行の合同により**三和銀行**設立。
1933	**大日本麦酒**が日本麦酒鉱泉を合併。
1933	旭絹織・日本ベンベルグ絹糸・延岡アンモニア絹糸の日窒コンツェルン傘下３社合併により、**旭ベンベルグ絹糸**設立。
1934	1920年代以来、官民双方の懸案であった商工省製鉄所と財閥系製鉄会社（輪西製鉄、釜石鉱山、富士製鋼、九州製鋼、三菱製鉄、やや遅れて東洋製鉄も参加）との合併が実現して、**日本製鉄**設立。
1934	三菱造船、三菱航空機が合併して**三菱重工業**設立。
1935	**大日本製糖**が新高製糖を合併。
1935	住友伸銅鋼管と住友製鋼所の合併により**住友金属工業**設立。
1936～37	共同漁業（1937年に**日本水産**と改称）が水産関連各社を相次いで買収。
1939	芝浦製作所と東京電気の合併により**東京芝浦電気**設立。
1939	昭和肥料と日本電気工業の合併により**昭和電工**設立。

出所：阿部（2002）、103頁。

的にも、１９２０年代から１９３０年代半ばにかけてのM&Aの発生要因について、大企業データを構築して分析した川本・宮島（２０２１）では、この期間、①財務パフォーマンスが産業平均より劣っている企業ほど買収のターゲットになったこと、②負債依存度が高く、過剰債務に陥っている企業ほど合併のターゲットになる確率が上昇したことを見出している（第４章）。さらに、財閥系企業でも傘下企業の合併が行われ、グループ再編が活発な時期でもあった。

件数的にも、１９２０年代から１９３０年代にかけて、合併はコンスタントに発生したが、金額的には１９３０年代のウェイトが高い傾向にあることがわかる（表５－２）。これは、上述してきたように、昭和恐慌の結果、

表5－2　M&A 発生件数の推移（1921～1937年）

発生年	合併	金額（万円）	吸収	買収	新設	ブロックホールディング 10%以上20%未満	20%以上50%未満	50%以上	計
1921	1	1,000	1	0	0	0	0	0	0
1922	2	380	1	1	0	0	0	0	0
1923	4	3,830	4	0	0	0	0	0	0
1924	0	0	0	0	0	0	0	0	0
1925	1	75	1	0	0	0	0	0	0
1926	1	200	1	0	0	1	0	0	1
1927	3	2,652	2	1	0	2	0	0	2
1928	0	0	0	0	0	0	2	2	4
1929	0	0	0	0	0	3	2	1	6
1930	1	0	1	0	0	2	7	0	9
1931	1	1,313	1	0	0	2	5	0	7
1932	0	0	0	0	2	2	2	1	5
1933	7	15,793	4	1	0	2	2	1	5
1934	5	3,250	5	0	0	3	2	0	5
1935	4	5,042	3	1	0	2	4	3	9
1936	3	1,467	3	0	0	0	2	1	3
1937	1	460	1	0	0	4	9	1	14
計	34	35,461	28	4	2	23	37	10	70

注1：サンプルは、Fruin（1992）の1928年と1928年の大企業リストに収録されている100社が行った合併と買収。

注2：合併のうち、「吸収」は被合併企業が合併企業に吸収されるもの、「買収」は金銭対価による合併、「新設」は合併・被合併企業の法人格が消滅し、新法人が設立されるものを指す。

出所：川本・宮島（2021）、6頁。

自力経営が困難になった企業がM＆Aの供給源になると同時に、恐慌の影響が想定的に小さかった（あるいは、経済ショックからの回復が早かった）企業がM＆Aの需要先となったためであった。*1

では、①企業合併のトリガーとなった昭和恐慌はなぜ発生したのであろうか。②また、恐慌後の企業合併は、具体的にどのような事情、狙いで行われたのであろうか。③さらに、合併の結果、当該企業のパフォーマンスや経済厚生には、いかなるインパクトがもたらされたのであろうか。本章では、合併により独占体が誕生した製鉄業と製紙業、そして財閥によるグループ再編がなされたケースを例にとり、それらのイメージを提供することとしたい。

2　昭和恐慌へと至る道

(1) 金本位制の機能

これまで、不況対策としては「清算主義」と「リフレ政策」の論争が繰り広げられてきた。清算主義では、不況下において、デフレ政策を行うことで低生産企業を淘汰し、産業構造の高度化を目指す。一方、リフレ政策では、デフレの進行を食い止めるため、積極財政、金融緩和策で物価上昇を図ることを目的とする。それは第一次世界大戦後の慢性不況の局面でも同じであった。

1920年代のこの論争の背景を知るためには、当時の国際金融システムであった金本位制を理解する必要がある。金本位制とは通貨の信用を金によって保証する制度であり、①金兌換、②金輸出自由を基本的なシステムとしていた。すなわち、金を基軸として、各国通貨を固定させ、世界貿易を安定化させせようというのが主旨であった。

金本位の機能には2つの機能があるといわれる。その1つ目は、「為替の安定」である。金本位制の下では、金の流出入を通じて、為替レートを公式レート近辺に収束させる機能がある。2つ目は、「自動調節機能」であり、同じく金の流出入と各国の金融政策を通じ、国際収支を安定させる機能といわれる。*2

この金本位制採用のメリットとして、各国のマネーサプライの量が金保有量に制限されるため、通貨の信用力が向上し、為替レートが安定することを通じ、金本位採用国からの外債募集がスムーズになるという点がある。特に日本にとっては、1931年に日露戦時債の未償還分の借り換え期限が迫っていたことから、これは喫緊の課題であった。反面、金融政策が金保有量に拘束され、各国独自の通貨量の調整が困難になるというデメリットもある。

(2) 金解禁と世界恐慌

第一次世界大戦の影響で主要国は金本位制から離脱していたが、1910年代末から続々と復帰し、金本位制の再建が国際的な課題となっていた。日本でも同様で、金本位制への復帰を基本的な線としながらも、「旧平価」で復帰するか（１９１７年の金輸出禁止時のレート：１００円＝49・85ドル）、「新平価」（１９２8年の実勢レート：１００円＝46・5ドル）で解禁するかが論争となっていた。前者の場合、円高の効果を得られ、後者の場合、実質的に円安となる。

こうした金本制の復帰を、清算主義政策の手段として用いようとしたのが、井上準之助蔵相（濱口雄幸民政党内閣）であった。彼はあえて旧平価復帰で円高不況を招くことで、①１９２０年代の反動恐慌、そして金融恐慌で存命した低生産企業（＝ゾンビ企業）を淘汰するとともに、②労働賃金を引き下げ、国際競争力を強化しようと目論んだ。彼はこの構造改革の後に、「真の好景気」が訪れると信じたのである。

旧平価で金輸出を解禁することで円安が是正され、物価が引き上げられるが、そのためにはマネーサプライを減少させると同時に、緊縮財政が必要となる。[*3] そのため、井上財政を展開する過程で、予算緊縮のために軍縮、給与削減（官僚）、非募債・減債主義が標榜されるとともに、消費節約が推奨され、国産品の購入が奨励された。そして、来るべき不況に備え、不況カルテルが重要産業統制法の施行（１９３１年）によって容認され、１９３１年1月、金解禁が断行された。

こうした井上の構想は気宇壮大であったが、あまりにタイミングが悪すぎた。１９２9年10月にアメリカ発の世界恐慌が発生したのである。ニューヨーク株式市場の大暴落（暗黒の木曜日）に端を発し、国際金融市場からドル資金が引き揚げられた。恐慌はヨーロッパへと波及し、世界経済は保護主義政策の採用、そして自国と植民地を経済圏とするブロック化を推し進めた。この恐慌時に金解禁を断行した日本は、内需減と外需減のダブルパンチに見舞われ、それは「荒れ狂う暴風雨に向かって雨戸を開け放つようなもの」とも表現された。

諸産業への打撃は著しかった。外貨獲得産業であった製糸業は、アメリカ向け奢侈的需要が途絶し、壮絶な賃下げが実施され、飢餓輸出での対応を強いられた。また、綿業では、後進諸国の購買力低下と輸入関税引き上げによって、不況が深刻化し、同じく賃金引き下げ、業界全体で操業を短縮した。重化学工業では、海外からのダンピング輸出の圧力とともに、旧平価解禁による輸入品価格低下も加わり、それらにダンピング輸出で対応することが強いられた。

政権にとって致命傷となったのが、農業恐慌も同時に発生したことである。アメリカ向けの生糸価格が崩落したことで、繭価が暴落した。また、1931年には米の供給過剰（豊作貧乏）が起こり、米価が下落した後に、1932年には凶作が起こり、農家債務が累積した。地方では、欠食児童、娘の身売りが社会問題となり、小作料減免、小作地の引き上げに反対する争議が多発した。これは農村を中心とした社会的不安を招き、要人を対象としたテロの土壌となった。1930年11月には濱口首相が狙撃され、1932年3月には三井合名専務理事・團琢磨が暗殺された（血盟団事件[*4]）。この事変では、井上準之助も凶弾に倒れた。

日本企業は、国内外の社会情勢の混沌化、急激な需要減を原因としたデフレの進行にさらされ、企業生存のために経営者はシビアな判断が求められた。

3　企業合併の諸相①：日本製鉄

本節では、この局面の企業合併の具体的なイメージを得るため、業界独占型（日本製鉄所、王子製紙）とグループ再編型（三菱重工業、住友金属工業）の合併の実態について、検討していきたい。

(1) 資産水膨れか、圧縮か

日本製鉄は、いわずと知れた官営八幡製鉄所を中心に、三菱製鉄など財閥資本を含む8社が参加して1934年1月に設立された半官半民の国内最大級の企業である。[*5] この巨大独占体設立の目的は、銑鋼一貫方式による生産効率の上昇、安価な鋼材の安定供給であり、まさに産業のインフラにならんとするものであった。政府が8割の株式を所有するとともに、監理官を置いて日常業務を監督した。さらに、役員選任、資金調達、事業譲渡について許可事項とし、前述の「公共性」を貫徹するための強い政府統制を敷いた。

ではなぜ、財閥資本など民間企業は、「身売り」ともいえるこの合同に参加したのであろうか。それについては見方が分かれている（表5－3）。従来から主張されてきたのは、いわゆる「財閥

表5－3　製鉄合同への参加企業の資産査定をめぐる評価（財閥資本を救済したか否か）

奈倉（1984）	橋本（1984）	醍醐（1990）	岡崎（1993a）
財閥資本救済説	産業合理化説	財閥資本救済説	中立説
●資産査定方法として「稼高式評価額」の比重を低めにおく一方で、いったん算出された暫定的な評価額の圧縮率を緩和することで、全体の評価額を上げる方向で査定。 ●これは固定資産が多い財閥系企業とって有利。	●1933年2月案では、全体評価額は2億6000万円であるのに対し、1934年1月の決定額では、全体で3億6000万円となっており、評価額は増加。 ●ただし、1933年2月案の方法で1934年1月の決定額を試算し直すと、3億9000万円に達することから、資産の水膨れが抑制されたと主張。	●民間各社のうち、財閥系の釜石鉱山と三菱製鉄の現物出資は過大評価の傾向。 ●三菱本社にとっては不採算事業であった製鉄株を、高い投資価値を持った日鉄株式に交換する機会となる。 ●財閥系製鉄会社に交付された日鉄株は合同成立後、短期間のうちにプレミアム付きで売却処分。	●①財閥の内部資本市場では鉄鋼業の投資を賄えなかった。②評価額は圧縮気味であった。 ●それとは別途、各参加資本にはプレミアムが付与され、それが合同参加へのインセンティブになった。 ●そのため合同への参加は、財閥資本にとって有利・不利とは一概に判断できない。

資本救済説」であり、特に財閥系企業に有利な資産査定であったためであるというものである（奈倉 1984；醍醐 1990）。このときに使用された資産査定方法としては、「複成式評価法」と「稼高式評価法」とがあるが、[*6]後者の比重が高いほど、製鋼会社にとっては有利であった。実際には、後者の比重を低めにおく一方で、いったん算出された暫定的な評価額の圧縮率を緩和することで、総じて全体の評価額を上げる方向で査定が行われた。これは固定

資産が多い、財閥系企業とって有利であった。

それに対し、製鉄合同の資産評価は、財閥資本の圧縮をもたらしたとする論者もいる。橋本（1984）では、合同直前に経済は好転しており、本合同を財閥資本救済と捉えるのには、そもそも無理があると指摘する。そのうえで、1933年2月案では、全体評価額は2億6000万円であるのに対し、1934年1月の決定額では、全体で3億6000万円となっており、確かに評価額は増加している。ただし、1933年2月案の方法で1934年1月の決定額を試算しなおすと、3億9000万円に達することから[*7]、資産の水膨れが抑制されたと主張している。

そのように考えると、そもそも財閥資本がこの合同に参加する動機は何だったのかということが論点となるが、それについて橋本（1984）は、財閥資本は他の重化学工業子会社の投資に追われており、製鉄業という巨大資本を単独で維持・強化するための資本を持ち合わせていなかったという点を指摘している。

これら見解の中間的な立場をとるものとしては、岡崎（1993）がある。同研究によると、①財閥の内部資本市場では鉄鋼業の投資を賄えなかった、②評価額は圧縮気味であったという点で、前述の橋本説を追認する一方で、それとは別途、各参加資本にはプレミアムが付与され、それが合同参加へのインセンティブになったとしている。そのため合同への参加は、財閥資本にとって有利・不利とは一概に判断できないとの結論を下している[*8]。

表5－4　製鉄業の市場集中度（1937年）

（単位：トン）

順位	企業名	生産実績	企業別集中度	累積集中度
1	日本製鉄	1,931,559	83.9	83.9
2	日本鋼管	235,415	10.1	94.0
3	鶴見製鉄造船	85,262	3.8	97.8
	その他	56,175	—	2.2
	全国合計	2,308,451	100.0	100.0

注：企業数は約20。
出所：公正取引委員会調査部編（1951）、60頁。

（2）独占と公共性

ともかく、1934年1月に日本製鉄は設立をみた。製鉄生産において、8割超に達する独占体が誕生したのである（表5－4）。では、独占力は行使されたのであろうか。パフォーマンス指標をROEでみてみると、統合後は12％から16％台の範囲をとっており、これは同業他社の中位といったところである（図5－1）。ただ、この利益の源泉を独占力の行使とみるには、あまりに話を単純化しすぎであろう。統合後における「日鉄の成績向上は、各製鉄所相互の連関による作業能率の向上と、八幡製鉄所の技術的指導による生産技術上の改善が、合同による合理化において漸次実現されたことを物語っている」（日本製鉄1959、83頁）と述べられているように、作業所間でノウハウの移転がなされたからである。

また、設立後数年、原価の低下も著しいが（図5－2）、輪西作業所では「コークス比の低下と、副産物控除の増大によるコークス原価の低下によるところ」（同上）が大きかったとい

図5－1　製鉄各社のROEの推移

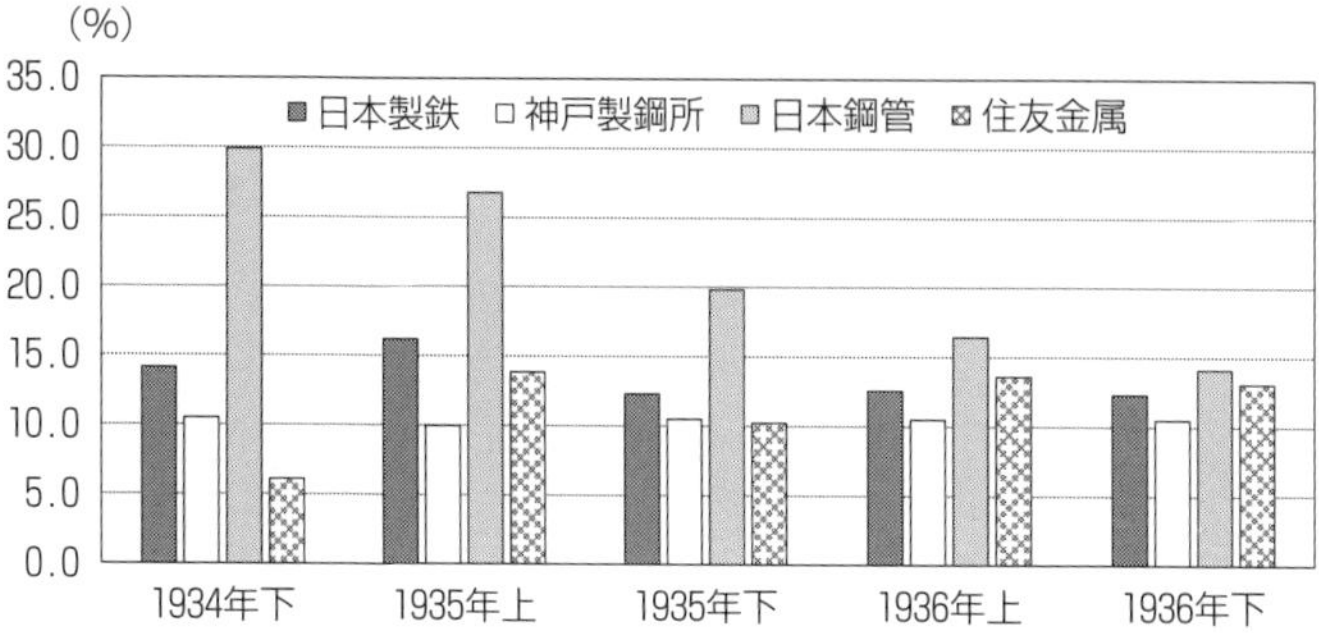

出所：東洋経済新報社『株式会社年間』各年版より作成。

図5－2　日鉄各作業所別銑鉄原価の推移

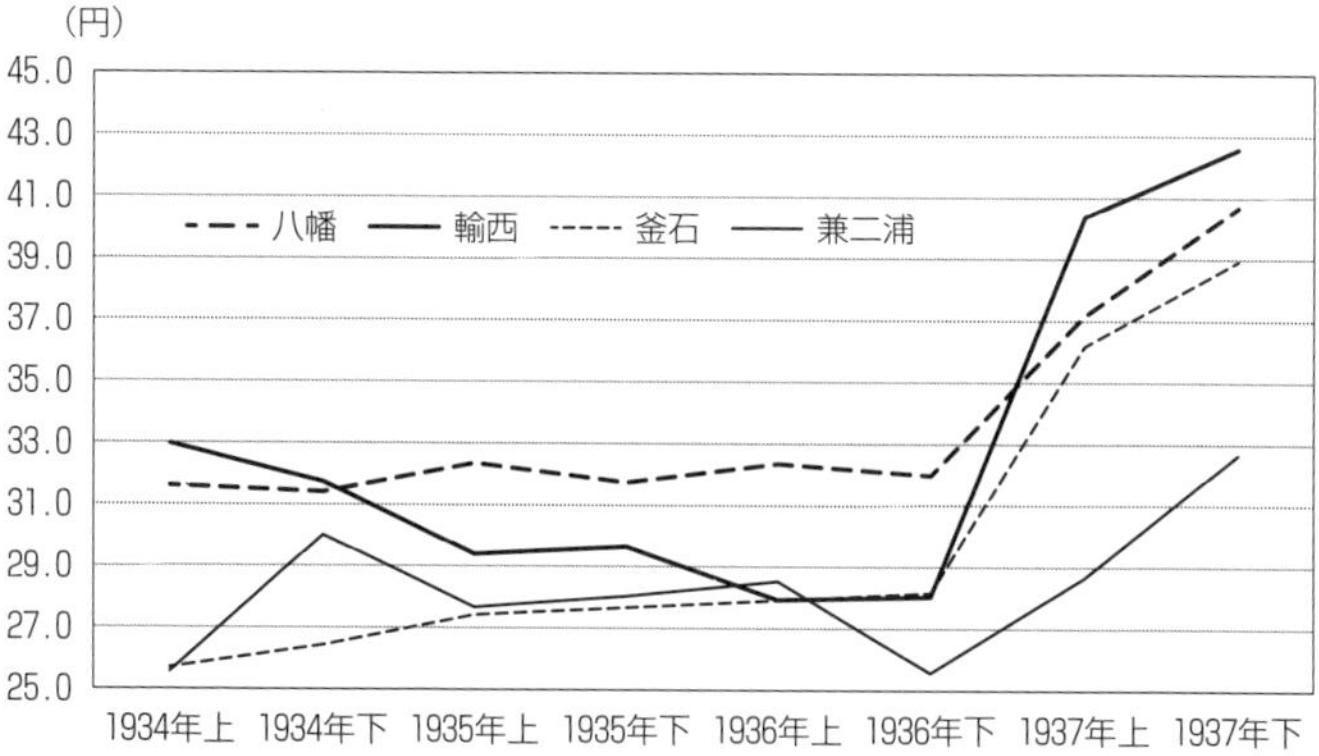

出所：日本製鉄（1959）、345頁より作成。

う。そして何よりも銑鉄価格の安定、上昇抑制に注意が払われたことも重要である。日本製鉄と銑鉄共同販売の間では、前者の外販銑鉄を後者が委託販売することになっていたが、共同販売側が販売価格の値上げ価格を申し出た際、商工省の介入により、日鉄側の負担において値上げ幅は大幅に縮減されたという（橋本 1984）。銑鉄は産業用資材のため、「低廉」な価格で安定供給に注意が払われたのであり、半官半民企業であるが故に「公共性」が何よりも重視されたのである。

4 企業合併の諸相②：王子製紙

(1) 主導権の明確化

1930年代にはまた、製紙業界トップスリー（王子製紙、富士製紙、樺太工業）が合同し、巨大独占企業が誕生した。ただ、そのプロセスは、徹頭徹尾、王子製紙主導によるものであった。

王子製紙は、大蔵大丞《だいじょう》であった渋沢栄一の呼びかけによって抄紙会社として設立（1873）されて以来、同社はつねに同業界のリーダー、パイオニアであった。創業時は、洋紙との競争に苦しみながら、地券の大量受注の特需で基盤を固め、着実に新聞用紙、雑誌、出版用紙、官公庁用紙の分野を開拓していった。1893年に王子製紙に社名変更してからは、三井系資本のバックアップを受け、「東洋一の製紙工場」ともいわれる、最新鋭の機械と技術を備えた工場を北海道苫小牧村に建設（1906年）した。これにより新聞用紙分野で自給体制が整い、国内紙パルプの地位を揺るぎないものにした。三井物産から経営者として藤原銀次郎を招聘してからは、専門経営者の登用、工場の新増設、買収合併、満州、朝鮮、樺太への進出などを矢継ぎ早に行い、健全経営、業容の拡大に努めた。

一方、富士製紙は、1887年に鷹岡村（静岡県富士郡）で操業を開始した、王子製紙のライバル企業であった。新聞用紙を中心に事業を拡大し、第一次世界大戦後、工場の新増設、カルテル活動に取り組んだ。1920年代には、紙生産高、販売高で業界首位に立つこともあった。1919年には、王子製紙を退社した大川平三郎が社長に就任し、王子製紙をライバル視し、激しい競争を仕掛けていった。

樺太工業は、この大川主導によって設立された洋紙メーカーであった（1912年12月設立）。同社の名が示すとおり、樺太に強い営業基盤を有していたが、1920年代に主力工場であった泊居、真岡工場が相次いで焼失すると、その再建のために巨額の費用を要し、以降、過剰債務体質に苦しむことになった。

これら3社の合同への動きは、富士製紙の大株主であった穴水要七の大川平三郎への不信感があった。大川が資金繰りの悪化する樺太工業と富士製紙の合併を模索しているのではないかと危惧し、穴水はその遺言で保有株式を王子製紙に譲渡し、同社に富士製紙の経営を託すよう図った。結果、

表5－5　統合後の王子製紙の役員構成

役職	氏名
取締役社長	藤原銀次郎（王子）
取締役副社長	高嶋菊次郎（王子）
専務取締役	松本弘造（樺工）、田中地朗（王子）、井上憲一（王子）、足立正（王子）、栖原啓蔵（富士）
取締役	大橋新太郎（王子）、阿部房次郎（樺工）、田中栄八郎（富士）、井上周（王子）、大川鉄雄（樺工）、高田直屹（王子）、一柳貞吉（王子）、真島幸次郎（富士）
監査役	益田信世（王子）、小池厚之助（富士）、小西喜兵衛（樺工）、岸田杢（王子）
相談役	大川平三郎（樺太工業）

出所：王子製紙（2001）、61頁。

王子が富士の筆頭株主となり、一挙に王子主導による3社統合の気運が高まった。大川としても、支援者であった叔父の渋沢栄一、井上準之助が相次ぎ死去し、また本丸の樺太工業は会社存亡の危機にあったため、この合同案を承認せざるを得なかった。

結果、1935年5月、王子製紙主導によって3社合同が成立をみた。当事者間で論争となったのは、①株式の交換比率、②大川の処遇であった。前者については、富士製紙140株、樺太工業245株に対し、王子100株が割り当てられた。後者については、大川は技術顧問的な相談役に祭り上げられ、富士系、樺太系の役員も新王子製紙の主要ポストからは排除された（表5－5）。ここに、洋紙国内総生産高8割超の独占企業が誕生したのである（表5－6）。

表５－６　1933年度品種別紙生産量

（単位：千ポンド）

品種	全国	連合会	王子	対全国比
洋紙	1,376,180	1,330,754	1,154,318	83.9
板紙類	408,400	76,716	57,631	14.1
和紙類	230,058	26,635	13,493	5.9
合計	2,014,438	1,444,105	1,225,442	60.8

注：「連合」は日本製紙連合会加入会社。
出所：王子製紙（2001）、60頁。

（２）統合後のパフォーマンス

合併前後の合併傘下企業の財務諸表を確認すると、まず樺太工業の資産内容の悪さが目立つ（表５－７）。総資産回転率は０・26回に過ぎず、過剰資産に陥っていたことがわかる。また、負債依存度も高く、特に支払手形のウェイトが顕著である。短期的な企業間信用に頼り、運転資金を賄っていたと推察される。結果、ＲＯＥも２・83％と低水準である。それが統合後、パフォーマンスは飛躍的に上昇した。合併前の株主資本で加重平均した三社平均のＲＯＥは７％弱であったものが、合併後11％超に引き上げられている。特に目覚ましいのは、売上高利益率であり、５・81％から11・89％へと上昇している。

これについて王子製紙（２００１）では、①工場ごとの能率的操業、②製造技術の事業所間の移転、③販売網の整理・統制、それに伴う在庫の解消、④経費削減と負債返済、⑤従業員の融和などの、合理化、債務整理を挙げている。特に金利負担の軽減は同社にとって「急務」であったが、そのほとんどが内部留保で賄わ

表5－7　王子・富士・樺太工業の経営指標

（単位：%、回）

年度	1932				1933	1934	1935
企業名	富士	樺太	王子	計	王子	王子	王子
株主資本	72,901	43,262	45,000	161,163	147,063	173,044	181,953
社債	56,000	43,262	45,000	144,262	105,275	84,424	57,256
借入	17,172	3,360	10,000	30,532	50,500	36,000	46,000
支払手形	1,321	5,320	4,596	11,237	894	1,128	1,498
総資産	150,590	103,473	130,941	385,004	326,357	321,476	328,941
固定資産	80,457	66,970	58,765	206,192	173,317	151,373	141,618
収入	85,918	26,717	70,194	182,829	137,761	190,945	221,076
当期利益	4,074	1,223	5,331	10,628	16,386	19,968	12,963
配当	3,241	1,073	4,381	8,695	11,624	11,633	13,096
償却	2,000	146	2,000	4,146	6,000	10,000	10,000
ROE	5.59	2.83	11.85	6.59	11.14	11.54	7.12
負債比率	49.47	50.20	45.51	48.32	48.01	37.81	31.85
売上高利益率	4.74	4.58	7.59	5.81	11.89	10.46	5.86
総資産回転率	0.57	0.26	0.54	0.47	0.42	0.59	0.67
配当性向	79.6	87.7	82.2	81.8	70.9	58.3	101.0

注：負債比率＝（社債＋借入＋支払手形）/総資産×100。
出所：三菱経済研究所『本邦事業会社成績分析』各年版より作成。

れている。その源泉は、工場間の有機的連携での在庫解消であり、「三社合同の結果生ずる1つの利益は、製品、原料、貯蔵品、その他の棚卸資産を必要以上に持たぬことである。たとえば三社合同の結果原材料林と工場の最短距離を計ることができるようになった」[*9]という。前述のように、実質的に王子製紙による2社救済合併であり、かつ有力関係者の排除など、統合後の主導権が明確化されたことが、PMIを円滑に進めさせたものと推察される。

5　企業合併の諸相③：グループ再編

(1) 三菱造船と三菱航空機の合併（三菱重工業）

この時期のもう一方の企業合併のタイプとして、財閥内における傘下企業間の技術提携の深化や重複投資の解消を目的とし、関連分野の傘下企業同士を合併させるケースが相次いだ。まず1934年6月に、三菱造船（払込資本金3000万円）と三菱航空機（同1000万円）が合併して設立された三菱重工業のケースを紹介しよう。

航空機はもともと、造船所からスピンオフした内燃機製造の子会社であった（図5－3）。この案件の合併比率は1対1であり、資産の承継にあたっては持分プーリング（資産を簿価のまま、自己資本を合併前の構成のまま承継）が採用されたという（醍醐 1990）。その目的として、岩崎小彌太社長は次のように説明する。「両者は其の事業の性質極めて相近似し殆ど不可離の関係に在」るものの、「設備の重複、作業の繁閑等の参差扞格より生ずる不利も亦決して尠少にあらず」、よって「経営の合理化」を図ることが「両者の合併を行う積極的理由」であると（三菱重工業 1956、65頁）。

ただし、その合併の内実は、新会社の株式公開による三菱合資のプレミアム稼ぎにあった。この

図5－3　三菱重工業の系譜図

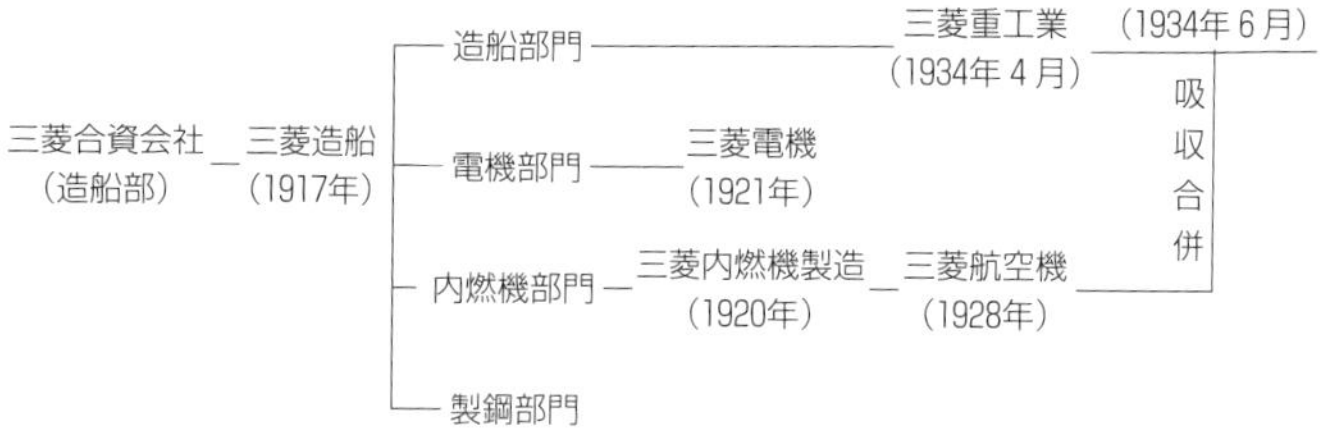

出所：醍醐（1990）、243頁。

局面において、三菱財閥では鉱業、化学、鉄鋼部門で資金需要が拡大しており、その手当に本社は追われていた（第4章、第7章）。ただし、造船単独の株式公開は、船不況下における同社も経営低迷もあって、旨味が少なかった。そこで業績好調な航空機と合併させることで、マーケットに刷新したイメージを与えようとしたのである（表5－8）。

新会社設立後の1934年7月、同社株が1株65円で売り出され、合資は40万株を処分した。およそ本社は600万円のプレミアムを獲得したことになる。同資金は、前述の傘下企業の資金需要、あるいは当時の財閥批判をかわすための社会的事業（学校法人への寄付、農村救済など）に充てられたという。

（2）住友伸銅鋼管と住友製鋼所の合併（住友金属工業）

また、住友金属工業の設立についても、前述の三菱重工業設立のケースと同様の事情があてはまる。住友伸銅鋼管（払込資本金2500万円）と住友製鋼所（同1500万円）は1935年9月に合

表５－８　三菱造船と三菱航空機の業績の推移

期間	三菱造船・三菱重工業			三菱内燃機製造・三菱飛行機		
	当期利益金（円）	１株あたり利益（円）	配当率（割）	当期利益金（円）	１株あたり利益（円）	配当率（割）
1927年４月期	1,590,727	1.6	0.8	329,784	3.3	1.0
1927年10月期	1,744,924	1.7	0.8	323,847	3.2	1.0
1928年４月期	1,909,358	1.9	0.8	307,474	3.1	1.0
1928年10月期	1,865,185	1.9	0.8	305,068	3.1	1.0
1929年４月期	1,704,837	1.7	0.8	306,157	3.0	1.0
1929年10月期	1,794,250	1.8	0.8	304,352	3.1	1.0
1930年４月期	1,202,525	1.2	0.6	305,056	3.1	1.0
1930年10月期	368,228	0.4	0.5	306,905	3.0	1.0
1931年４月期	221,440	0.2	0.0	304,618	2.5	0.8
1931年10月期	73,844	0.1	0.0	250,900	2.5	0.8
1932年４月期	-259,086	—	0.0	280,127	2.8	0.8
1932年10月期	284,440	0.3	0.0	381,308	3.8	0.8
1933年４月期	349,739	0.3	0.0	599,170	6.0	0.8
1933年10月期	883,683	0.9	0.5	849,832	4.3	0.7
1934年４月期	1,937,707	1.9	0.7	765,633	3.8	0.7
1934年６月期	1,030,019	0.9	0.7			
1934年12月期	2,828,182	2.9	0.7			
1935年６月期	3,142,872	2.9	0.7			
1935年６月期	3,861,557	3.2	0.7			

出所：醍醐（1990）、244頁。原資料は三菱社誌刊行会『三菱社誌』各年分。

併比率１対１で統合し、[*10] 資本金４０００万円の住友金属として再出発した。この合併の理由について、住友金属工業（１９５９）は次のようにいう。「伸銅鋼管と製鋼所の事業はともに金属工業の分野に属し、ことに伸銅鋼管の尼崎工業と製鋼所とは同じく平炉を備える製鋼工場で、製造品種においても設備内容においても互いに重複するものがあった。そのほか製品の販売、原材料の購入、研究、技術等において、両社間には共通するものが少なくなく、時としては顧客においていずれの会社に発注すべきか迷うような場合さえあった。両社の合併は、これらの点を調整して経営上の合理化を図り、また技術上の改善にも資しようとするものであった」（115－116頁）。つまり、2社の重複投資の整理がその目的であったといえる。

ただ、実際には、営業、総務、技術に関する本社部門の整理統合にとどまり、現場部門の再構築には手がつけられることはなかった（麻島 1983）。では、なぜこの時期に、両者の合併が実行されたのであろうか。それは三菱と同様、本社のプレミアム稼ぎを目的としていたからである。1935年10月に、新会社の旧株が1株78円で縁故者（従業員、取引先）に分譲されることが発表された。[*11] グループ会社の相次ぐ設立（機械、満州鋼管）、あるいは増資（炭鉱、化学、板硝子）など、時局の波に乗って傘下企業の資金需要が急増したことから、これらへの手当てが本社には求められていた。この時期の財閥は、傘下企業の資金需要の拡大と、グループ経営の一体化の維持の間で、ジレンマに陥っていたのである。

6　合併と株主の富

最後に、1930年代の大型合併が株主の富にいかなる影響を与えたのかについて、加藤（20

07）を参考に、「収益還元法」、「純資産簿価法」、そしてそれらを平均した「平均法」から求めた合併比率と、実際の合併比率を比較することで検証していこう。[*12] 第1章のコラム1でも解説したように、「収益還元法」とは、株主価値を求める際、将来の予想利益を資本還元率で割って株主価値を出し、それをさらに発行株式数で割ることで、1株あたり株式評価額を出すことによって求められる。なお、以下の計算では、将来の予想利益の代替指標として合併前3期の償却前利益を、資本還元率として合併当該年の預金金利（全国・平均）を用いている。

将来の予想利益／資本還元率＝収益還元価値　（1）

収益還元価値／発行株式数＝1株あたり株式評価額　（2）

一方、「純資産簿価法」とは、貸借対照表上における資産と負債の差額である純資産額をもって株主価値として、これを発行株式数で割ることで、1株あたり純資産額を求め、それを株式評価額とすることによって算出される。

結果は表5－9である。ここでは本章で取り上げた王子製紙の合同を含む1930年代の大型合併4ケースで、理論上の株主価値から求めた合併比率と実際の合併比率を比較することで、当該案件が買い手株主と売り手株主の富にいかに影響したかを検証する。その結果によると、一部の案件（大日本麦酒－日本麦酒鉱泉）を除き、概ね実際の合併比率と平均法による合併比率が近似してい

表５－９　1930年代大型合併の株式価値と合併比率

発生年月	業種	合併企業	被合併企業	実際(a)	平均法(a)	収益還元法			純資産法		
						(a)	(b)円	(c)円	(a)	(d)円	(e)円
1931年3月	綿糸紡績	東洋紡績	大阪合同紡績	0.70	0.73	0.33	124.40	40.98	1.14	93.65	106.40
1933年5月	紙・パルプ	王子製紙	富士製紙	0.71	0.36	0.57	54.83	31.36	0.14	333.16	46.91
1933年5月	紙・パルプ	王子製紙	樺太工業	0.41	0.24	0.35	54.83	19.12	0.12	333.16	40.61
1933年7月	麦酒	大日本麦酒	日本麦酒鉱泉	0.70	0.90	0.84	53.75	45.29	0.96	47.25	45.30
1935年4月	製糖	大日本製糖	新高製糖	0.90	0.51	0.53	120.00	63.37	0.49	66.75	32.84

注１：(a) 欄は、合併企業を１とする場合の合併比率、「実際」は実際の合併条件を示す。
注２：(b) 欄は、合併企業、(c) 欄は被合併企業の１株あたりの株式価値を示す。
注３：(d) 欄は、合併企業、(e) 欄は被合併企業の１株あたりの純資産を示す。
注４：収益還元法の利益額は償却前利益（合併前３期平均）、純資産法における純資産は合併１期前の値を用いた。
注５：資本還元比率は、『金融事項参考書』掲載の合併当該年の定期預金利率（全国・平均）を用いた。

るか、あるいは上回っていることがわかる。すなわち、売り手側株主にとって有利な状況となっている。特に、王子製紙－富士製紙・樺太工業のケースで、平均法に基づく合併比率がそれぞれ０・36、０・24であるのに対し、実際の合併比率は０・71、０・41と、売り手側の富士製紙、樺太工業側株主にとって有利な条件といえる。前述のように、これら案件では新会社から被合併企業の経営者が排除され、買い手主導のＰＭＩが貫徹された。売り手側は合併後の経営参加で大幅に譲歩する代わりに、買い手から合併比率の算定で有利な条件を引き出したものとみられる。[*13]

7　おわりに：発生しなかった独占の弊害

金解禁に伴う緊縮財政と、世界恐慌による外需の縮減は、需要削減という負の経済ショックを与えることで、鉄鋼、紡績、製紙業などの業界において合併行動が発生するトリガーとなった。まさに、Ｍ＆Ａやファイナンスのテキストで指摘されてきた、「Ｍ＆Ａの波動」が働いたのである。

もっとも、各業界の生産集中度は著しく高まったが、過少生産・高価格化などの、いわゆる「独占の弊害」が生じることはなかった。それは、設立された日本製鉄が安価で安定した銑鉄の供給などの産業のインフラ化を目指し、国の強い統制下に置かれていたことや、買い手（王子製紙）の主導権が明確にされ、負債削減という経営目標達成のため、徹底したＰＭＩが行われたからであった。国家的な要請、あるいは事後的な経営効率の上昇が、安易に独占による果実を得ようという誘惑を断ち切ったのである。また、これら大型合併は、売り手側の株主の富を棄損することはなく、売り手側経営陣は合併後の経営参加で大幅に譲歩する代わりに、買い手側から有利な条件の合併比率を引き出していたことがわかった。売り手側経営陣は自社の株主のエージェントとして、ある意味自身の利害よりも株主のそれを優先したとも理解できる。

ただ、この期間一貫していたのは、「財閥の論理」であった。財閥の一体性と拡大を両立させるために、内部資本市場を通して、傘下企業より余剰資金が吸い上げられ、それは成長分野に再投資された。その投資の源泉が、１９３０年代においては「傘下企業間の再編↓株式公開・売り出しによるプレミアム獲得」であったのである。ただ同時に、こうした資金獲得方法は、傘下企業に対する本社の支配権を徐々に後退させていき、そのグループの一体性を弱体化させていった。それが一挙に進展するのが戦時期であり、1930年代における財閥グループ再編の動きは、その端緒であったと捉えることができよう。

注

＊1　また、1930年代の半ばには好況局面に入り、株高を背景にした株式交換でグループを形成する企業群が登場した。この事例である日産コンツェルンの活動については、第4章を参照のこと。

＊2　これらのメカニズムの具体例については、竹森（2002）が詳しい。

＊3　井上財政は、緊縮財政による軍縮、金解禁による国際貿易の安定化を含んでいたため、幣原外交に象徴されるように、対英米協調路線を標榜する濱口内閣のポリシーミックスとも整合的であった。

＊4　金本位離脱を見越した（すなわち、円安・ドル高予想）ドル買い・円売りを行い、投機的利益の獲得を三井が狙っているのではないかとの社会的憶測から、暗殺のターゲットとなった。実際に、三井がドル買い・円売りを行っていたかについては、武田（2020b）が詳しい。

＊5　東洋製鉄、大阪製鉄は上場している関係上、後に新会社に買収されるという形で合同に参加した。一方、日本鋼管、浅野造船、小倉製鋼などの浅野系は、評価額の案に同意せず、参加しなかった。

＊6　日本製鉄（1959、46頁）によると、「複成式評価法」は、各事業設備を出資の際においてそのまま複成するものとして、いくらを要するかを計算したうえ、操業後の経過年数および設備の種類に応じ適当に逓減する方法とされている。すなわち、保有資産の価値測定に重点を置いた評価方法といえる。一方、「稼高式評価法」は、各製鉄事業が合同成立後、一統御の下に活躍して一定の利益をあげるのに対し、それら各製鉄事業の

現在設備をもってその総利益をいくらずつ稼ぐかを予想算出し、その稼高を基本として資本を還元算定する方法とされている。つまり、新会社の将来的なキャッシュフローの総和に軸を置いた評価方法とみなせる。

＊7　これは、実際の評価額を8・9％上回るものであった。

＊8　なお、醍醐（1990）でも、財閥資本のいくつかは、1930年代の好況時に日本製鉄株を部分売却し、多額のプレミアムを得たことに言及している。

＊9　「王子製紙の業績は予想以上の好況」『東洋経済新報』1934年1月20日。

＊10　実質、対等合併であったが、前者が後者を吸収合併するという形がとられた。

＊11　プレミアムは28円であった（志村1969）。

＊12　以下の説明の株式価値評価の算出方法に関する説明は、若杉（1989）に依拠している。

＊13　片岡（2006）でも、明治中期の鉄道業の合併を取り上げ、売り手側株主の利害を意識した合併比率の算定がなされていたことを明らかにしている。

コラム3　戦前期の敵対的買収

戦前期といえども、M＆Aの多くは今日と同様、友好的に実施されることが多かった。ただし、時には経営陣の同意を得ない敵対的買収が行われることもあった（コラム表3－1）。

その嚆矢となったのは、本書第2章でも紹介した、20世紀初頭の鈴木久五郎による鐘紡株の買い占めであった。このとき、買い占め派は過半数の株式を取得し、臨時株主総会で既存経営陣を更迭する

コラム表３－１　主な株式買い占め一覧

発生時期	ターゲット	仕手	過半数の株式取得
1879	東京米商会所	田中平八、中村道太	
1895	参宮鉄道	石田卯兵衛、松谷元三郎	
1898	北海道炭砿鉄道	田中平八、雨宮敬次郎など	
1899	豊川鉄道	横山源太郎、松谷元三郎	
1906	鐘淵紡績	鈴木久五郎	○
1910	堂島米穀取引所株	高倉藤平	
1911	東京株式取引所	松下軍治	
1912	内国通運	松谷元三郎	
1912	日本郵船	小島文次郎	
1919	東京板紙	大川平三郎、穴水要七	○
1920	横濱倉庫	蔵内治郎作	
1921	鐘淵紡績	石井定七	
1922	天津取引所	静藤治郎	

出所：南波（1930）より作成。

ことに成功した（もっともその後、経営混乱を招き、鈴木一派は経営から身を引くことになったが）。

また、第一次世界大戦の最中の１９１７年には穴水要七、大川平三郎がタッグを組み、東京板紙に買い浴びせを行い、１９１７年には株式の過半数取得に成功し、大川が同社の社長に就任したという事例も知られている（南波１９３０）。

そして、経営権の取得のために、もっともアグレッシブにＭ＆Ａを通用したのは、東急グループの創始者の五島慶太であろう。五島の戦略は、経営陣に同意を得るのではなく、ターゲット企業の大株主と交渉し、経営を乗っ取るというものであった。五島は経営権取得のために、誰と交渉すべきであるかを熟知していたのである。この手法で、武蔵電鉄（後に、東京横浜電鉄に改称）、目黒蒲田電鉄を出城に、次々に買収を仕掛けていった。それは鉄道院からヘッドハンティングされて常務の任にあった武蔵電鉄、池上電鉄、玉川電鉄などに及び、わずか十数年の間に一大電鉄グループを作り上げたのである。その強引な手法から「強盗慶太」とも畏怖された（岡崎　1994）。

これらの敵対的買収の試みは、業績不振にあった企業を傘下に収め、新たな経営陣と株主の下で事業再構築に取り組む「顕在的な経営規律づけ」機能をはたした。その一方、敵対的買収にあわぬよう、株価水準を維持するような自助努力を周囲の経営者に促す「潜在的な経営規律づけ」機能も発揮した（第1章）。まさに戦前期においては、「会社支配権市場」がワークし、株主価値が維持されるような環境が整っていたのである。

第6章　戦時経済とM&A

〔本章のまとめ〕

戦時期に入っても、それまでのM&Aの勢いが衰えることはなかった（国家干渉の下、むしろますます加速していった）。本章ではまず、この局面における紡績業、財閥系企業のM&Aの動向について確認する。次いで、戦時源流論の観点から、戦時期に形成が目指された金融系列（メインバンクシステムの萌芽）、生産系列（下請制の萌芽）の内容、実態について検討していく。

〔本章のキーワード〕

戦時源流論、10大紡、系列化、メインバンク、下請制

1　はじめに：戦時源流論とM&A

前章までは、主に戦前期のM&Aについて観察し、戦間期にピークを迎えたことを確認した。そして、そうしたM&Aの勢いは、戦時期において国家干渉の下で、より一層加速していくこととなった。本章では、戦前期のリーディングインダストリーであった紡績業と、リーディングカンパニーであった財閥系企業の動向から、戦時期におけるM&Aの動向に迫ることを1つの目的としている。

また第2に、日本型企業システムと戦時期のM&Aの関連について検証する。しばしば日本型企業システムの特徴として、従業員、資金提供者、取引先、政府などステークホルダーとの間で長期継続的な関係を構築してきたことが指摘されている。こうしたシステムはいつ頃形成されたのであろうか。それは戦時経済統制期にあるという見方がある。いわゆる岡崎哲二氏らによって唱えられた「戦時源流論」である。こうした見解の内容、妥当性はどのようなものなのであろうか。本書では、生産面と金融面の系列化もM&Aの一形態と捉え、戦後の連続性という観点を持ちながら、戦時期におけるこれら系列化の実態についてアプローチする。

本章の構成は以下のとおりである。第2節では紡績業の再編について検討する。第3節では財閥系企業のM&Aについて、いくつかのケースを紹介しながら、この局面における財閥系企業のガバナンスの変容について迫る。第4節と第5節では、戦時期における金融系列化や生産系列化の進展について、戦後のメインバンク制と下請制の特徴・共通点を意識しながら、それら状況について確認する。第6節は、結論にあてられる。

2　10大紡の成立

(1) 企業整備

戦局の進展は民需産業を圧迫したが、それはリーディングインダストリーであった紡績業でも例外でなかった。日中戦争の勃発後に施行された「臨時資金調整法」(1937年9月)では、各事業を軍需産業との関連性で甲乙丙に分け、紡績産業は、銀行融資、会社設立に関する資金的流れの統制がなされる丙(平和的不急部門)に位置づけられた。続いで、1938年2月の商工省令「繊維工業設備に関する件」では、繊維工業設備の新設、増設が許可制となった。

このように紡績業界の設備拡張に規制がかかるなか、同業界の整理統合に決定的な影響を与えたのは、いわゆる「企業整備」であった。これは、企業集中により、紡績業の生産効率の改善を図るとともに、遊休設備の軍需転用を目指したものであり、政府、業界関係者で検討がなされていた。そこで1940年11月の聯合協議会において「企業統合要綱」が可決され、紡聯加盟77社を整理して14のブロックに統合することが決められた(第1次企業整備)。50万錘という生産規模を満たすために、中小紡績資本は大紡績会社が中心となるいずれかのブロックに属することが求められた。

もっとも、この段階では協同組合的性質が強く、依然各ブロック内において企業は独立した存在

図6－1　10大紡績の生産規模（1943年下期）

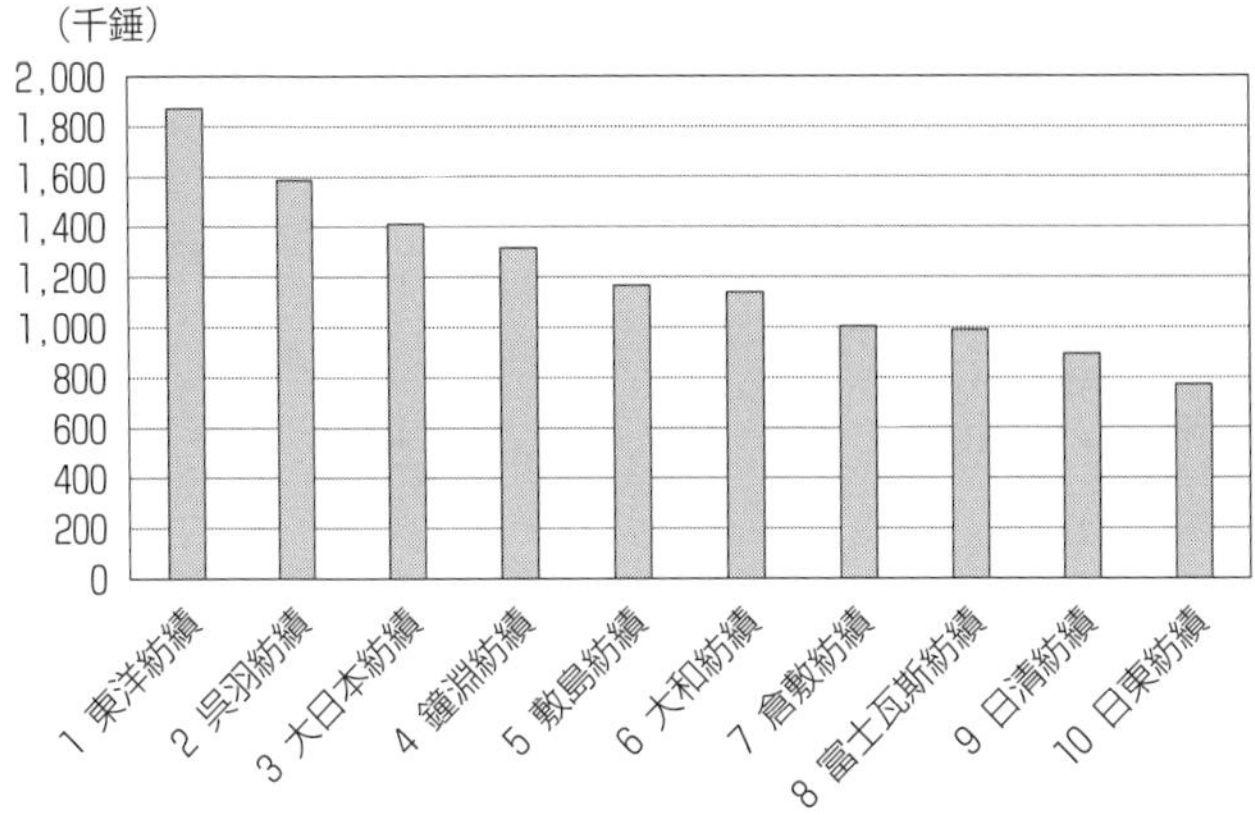

出所：日本紡績協会監修『日本紡績月報』第4号、38頁より作成。

として運営されており、統合の効果が十分ではなかった。そこで1943年からの第3次企業整備では、各ブロックの生産水準を100万錘規模に引き上げたうえで、中小紡績会社のさらなる集約、ブロック内での整理統合を強く要請した。結果、紡績業界は東洋紡績、鐘紡、大日本紡績、呉羽紡績、倉敷紡績をはじめとする、10のブロックに集約されることになった（図6－1）。ここに、いわゆる戦後の「10大紡」の原型をみることができる。

(2) M&Aによる多角化

このように、戦時下の紡績業は生産設備の整理集約が求められたが、その一方で大資本においては、積極的なM&Aを通じ、関連・非関連分野へ進出していった。たとえば、倉敷紡績は、綿布事業、染色事業を営む中小企業を相次いで買収し、このとき紡績、織布、染色加工の一貫体制を確立したという（倉敷紡績 1988）。また、東洋紡績は、それまで日本毛織や大東紡織など専門業者の厚い壁に阻まれ、マイナーな位置に甘んじていた羊毛産業への進出を加速し、1940年以降、10を超える毛織企業を傘下に収め、1943年には同業界において第2位の生産規模を実現するに至った。そのほか、ゴムや機械工業などの非繊維分野への進出もM&Aを通じてなされた。一例として、1942年に東洋紡績は軍の斡旋を受け、東京製綱を買収することになり、鋼索（ワイヤーロープ）の部門に進出することになった（東京製綱 1957）。原材料不足、資金へのアクセスが困難となるなか、中小企業にとっては大資本への傘下入りはやむを得ない判断であった。

では、これら整理統合は大紡績資本のパフォーマンスにいかなる影響を与えたのであろうか。渡辺（2010）によると、少なくとも日中戦争期には繊維関連の事業は高いパフォーマンスを挙げていたことが示されている。一方、紡績以外の繊維事業や機械などの非繊維事業については、慣れないこともあり、不採算事業も多く、なかには撤退を強いられたケースもあったという。そして、太平洋戦争末期になると、本業の紡績業のパフォーマンスも資本過剰のために悪化することになった。また、余裕資金もなくなり、支払手形などの短期性の外部資金への依存度が高まっていったという。大紡績資本は、戦後の「総合繊維企業」という礎を築く見返りとして、戦時期に先行投資を行ったとも捉えられる。[*1]

３　財閥系企業の動向

（１）系列化の進展

戦時期に入り、財閥はますます膨張していった。それは前掲の表３－１の資本金集中度をみても明らかであり、４大財閥で１９３７年には10・４％であったものが、１９４５年には24・１％にまで上昇している。そして、こうした財閥系企業の拡張は、もちろん重化学分野への投資額によって支えられていた。いま三井財閥の投資分野の構成比をみてみると、重化学部門は１９３７年には22・１％であったのに対し、指定時には56・６％へと高まっている（表６－１）。

このような財閥の規模拡大は、内部投資に加えて、M＆Aによっても進行した点が重要である。沢井（１９９２）によると、戦時期（１９３７～１９４５）において、三井系主要企業で31件、三菱系で23件、住友系で13件の合併・買収を実行している（表６－２）。この局面における財閥のプレゼンス拡大にとって、M＆Aは欠かせないツールだったのである。

以下では、こうした戦時期における財閥のM＆Aを特徴づける４つのケースについて紹介しよう。

表6－1　各財閥の重化学工業投資

（単位：％）

財閥・部門別		分野別構成比			増加分の寄与率	
		1937	1941	指定時	1937～1941	1941～1946
三井	金融	11.5	5.4	5.5	—	5.6
	鉱業	26.5	25.1	15.8	23.8	8.9
	重化学	22.1	39.9	56.6	55.9	68.9
	軽工業	13.8	12.2	8.9	10.7	6.6
	その他	26.0	17.4	13.2	9.8	10.1
三菱	金融	22.1	10.6	6.2	—	2.4
	鉱業	18.6	20.3	10.6	21.9	2.3
	重化学	27.1	36.5	57.5	45.2	75.4
	軽工業	11.5	7.7	2.5	4.1	-1.9
	その他	20.7	24.9	23.3	28.8	21.9
住友	金融	15.1	10.3	4.1	—	0.7
	鉱業	8.8	6.1	7.2	—	7.8
	重化学	35.2	65.5	80.5	131.4	88.7
	軽工業	9.4	1.4	1.8	-16.0	2.0
	その他	31.4	16.7	6.4	-15.3	0.8

出所：武田（2020b）、185頁。

（2）4ケース：象徴的なディール

1 強制的な合併：旭硝子と日本化成工業（三菱化成工業）

このケースは、経済統制の一環として合併が方向づけられたものである。旭硝子は2代総帥・岩崎弥之助の次男・俊弥が1907年に個人事業としてスタートさせたものであり、三菱財閥では傍系に位置づけられていた。一方、日本化成工業は、三菱鉱業と旭硝子の折半出資によって設立され（1934年）、染料メーカーとしてスタートしている（創業当社は日本タール工業、1936年6月に改称）。旭硝子からみて子会社であった。

表6－2　戦時期における三大財閥の主な合併

財閥	時期	業種	当事者1	当事者2	新会社名
三井	1943	金融	三井銀行	第一銀行	帝国銀行
	1941	金属	東洋アルミニウム	西鮮化学	東洋軽金属
	1940	機械・造船	東洋精機	三井工作	三井精機工業
	1939	機械・造船	芝浦製作所	東京電気	東京芝浦製作所
	1944	化学	三池石油合成	北海道人造石油、尼崎人造石油	日本人造石油
三菱	1944	金融	東京海上火災保険	三菱海上火災保険、明治火災海上保険	東京海上火災保険
	1942	金属	三菱鋼材	三菱製鋼	三菱製鋼
	1944	化学	日本化成工業	旭硝子	三菱化成工業
	1943	商事・海運	三菱商事商船部	岡崎汽船	三菱汽船
住友	1940	金融	住友海上火災保険	大阪海上火災保険	大阪住友海上火災保険
	1944	土地・建物・倉庫	大阪北港	住友ビルディング	住友土地工務

出所：沢井（1992）より作成。

両社合併の背景には、化学工業にとっての基礎原料であるソーダ工業の生産低下があった。すなわち、企業集中による合理化によって、生産力の改善が目指されたのである。その際、この両社の組み合わせになった理由に関しては、①それまでの資本関係や、②経営陣の兼任関係があったことに加え、③製品競合（有機ガラス）が生じていたことが挙げられている（三島 1987）。いずれにせよ1944年4月、三菱の直系会社になっていた日本化成工業が旭硝子を吸収合併し、三菱化成工業が成立した。国策によりグループ内再編が決定されたケースといえる。*2

2 経済統制による買収：住友財閥と日本電気

このケースは、経済統制により外資系企業が財閥に編入された事例である。もともと日本電気は、WE（ウェスタン・エレクトリック）社と国内資本（工部省出身・岩垂邦彦ら）の合弁企業として、1899年に電気通信機器の製造・販売を目的として設立された（岡崎 1999）。経営は順調に推移したが、1920年代に入ると、景気悪化、国産品奨励策が同社に不利に作用し、1932年にそれまで資本参加していた住友に経営が委託された。*3 ただ、この時点で役員人事は住友側が握るものの、持株比率はグループの分を足しても14％に過ぎず、依然外資が50％弱を保有していた。

そして、1930年代後半以降、日米関係が悪化してくると、外資は同社の増資に応じず、持株比率を後退させていった（表6－3）。さらに、太平洋戦争が勃発すると、外資側の保有株は「敵

表6－3　I.S.E. 社と住友の持株数、比率の推移

	1937.6	1938.6	1941.12	1944.9
I.S.E. 社持株 （比率%）	124,995 (49.998)	221,495 (36.9)	196,775 (19.7)	0 0.0
住友合資（住友本社）	23,551	121,609	303,509	330,517
住友電線（住友電工）	1,710	39,330	124,383	283,386
住友吉左衛門	5,000	11,500	19,166	45,930
住友生命	—	9,200	14,416	58,472
住友信託	—	—	—	26,150
住友銀行	—	—	—	10,000
住友系持株 （比率%）	50,975 (20.3)	186,999 (31.3)	461,474 (46.1)	754,455 (25.1)

出所：日本電気（1972）、190頁。

産」として凍結され、１９４３年２月には名称も住友通信工業に改称された（日本電気　１９７２）。経済統制によって、合弁企業の経営権は住友の手中に落ちたのである。

③ 系列の枠を超えた合併：三井銀行と第一銀行（帝国銀行）*4

バブル崩壊後には、系列や企業集団の枠組みを超えた合併はよくみられる風景となったが、その先例が戦時期にあった。三井銀行と第一銀行の合併である。この合併の背景には、三井銀行（１９７６）によると、①規模を拡大して、国家に対する交渉力を強化するため、②急成長する三井系企業への資金需要に応えるため、③都市銀行のなかでも預金額が低迷していたこと、などが挙げられている。そこで非財閥の有力銀行である第一銀行へ合併を申し入れ、１９４２年12月に預金額50億円規模の大

銀行が設立をみたという。

ただし、三井・第一の両行に固有の組織文化、人事制度があり、事務機構、規定の整備は有事のなかで先送りにされた。さらに、1944年8月には十五銀行も新銀行に加わり、組織融合の複雑さは増していった。もっとも、こうした組織融合の問題は解決されることはなかった。なぜなら戦後、第一銀行の分離と、新帝国銀行の設立をもって合併は解消されたからである(1948年10月)。「敗戦という現実によって戦時中の合併を推進した事情もなくなり」、「三井・第一両行の人的構成の差異(年齢層の不均衡)などにより人事問題があり、これが融和をはばむ難関の一つとなっていた」(三井銀行1976、216‐217頁)ということがその決断の背景にあったという。

このケースは、系列を超えた経営統合となっただけではなく、ポストM&Aの組織融合の難しさをまざまざとみせつけた案件と捉えられよう。

4 税金対策のための親子合併:三井本社と三井物産

このケースは、財閥本社が子会社に吸収合併される、トリッキーな案件である。1930年代に入ると、法人と個人に対する所得税増徴と、各家当主の相次ぐ死去による相続税の発生に三井家は苦慮していた。この事態に対し、①三井合名の解散による各家への資産の分与、②合名会社保有株式の売却益の捻出という手段が検討されたが、前者は清算所得に対する課税、後者は売却利益に対する課税によって、十分な原資が捻出される見込みが立たなかった。

そこで、清算所得が発生しないよう、三井物産が三井合名を吸収合併し（1940年8月）、三井各家は物産株を保有する形が取られたという（武田 2020a：武田 2020b）。これで三井各家は、同社保有株の売却、あるいは担保入れによる借入によって、税払いが可能となったわけである。これが前代未聞の子会社による本社の吸収合併の顛末である。その後、三井物産の株式が公開され（1942年）、商事部門を切り離すことで、三井本社との同居は解消されることとなった。長らく財閥がフィロソフィーとして堅持してきた「総有制」（第3章）の理念は、ここに破られたのである。

(3) ガバナンスの弛緩

戦時期に入り重化学部門への投資が拡大したことで、各財閥はそれまでの配当収入だけでは子会社群からの資金需要に対応できなくなっていった。そこで傘下企業、さらには本社自体の株式公開によって外部資金を取り込むことが試みられた。結果、財閥本社の子会社に対する持株比率は低下することになった（表6－4）[*5]。それに加え、外部資金への依存は負債でも進み、資金面での財閥本社の役割は低下していった（表6－5）。

三菱の「査業委員会」や住友の「総力戦会議」のように、子会社の人事や予算のコントロールを

表6－4　財閥本社（グループ）による傘下企業の持株比率（鉱工業、戦時期）

（単位：%）

財閥	会社名	属性	1937		1943	
			本社	グループ	本社	グループ
三井	三井鉱山	直系	100.0	100.0	83.5	84.9
	北海道炭砿汽船	傍系	12.1	34.0	16.9	33.1
	芝浦製作所	傍系	29.7	35.9	13.8	15.1
	大日本セルロイド	傍系	12.5	15.3	12.6	17.7
三菱	三菱鉱業	直系	45.5	48.6	42.8	43.6
	三菱石油	直系	60.0	69.3	—	—
	三菱重工業	直系	49.8	60.9	23.2	34.3
	三菱電機	直系	43.3	43.3	43.8	44.0
	日本化成	直系	0.0	—	16.8	57.3
	旭硝子	傍系	0.0	53.0	0.0	39.2
	三菱製紙	傍系	0.0	—	0.0	38.3
住友	住友別子鉱山	直系	98.6	100.0	—	—
	住友炭坑	直系	98.6	97.2	—	—
	住友アルミニウム精錬	直系	35.0	75.0	41.3	95.8
	住友金属工業	直系	36.7	49.2	25.5	42.3
	住友電線製造所	直系	29.1	73.8	—	—
	住友機械	直系	50.0	50.0	—	—
	住友化学	直系	32.1	38.0	22.8	37.9
	日本電気	傍系	—	19.9	22.4	42.0
	日本板硝子	傍系	25.6	35.0	18.8	26.6
	倉敷絹織	傍系	2.9	7.9	2.9	7.9

注1：10大株主（あるいは12大株主）の集計。
注2：1943年の三井本社の値は三井物産、あるいは三井高公の数値。
出所：1937年は岡崎（1999）より、1943年は東洋経済新報社『企業統計総覧』より作成。

表６－５　財閥の使用総資本の外部資本依存度

（単位：百万円、％）

	使用総資本			外部資本依存度			増加額の外部資本比率	
	1937	1941	1945	1937	1941	1945	1937～41	1941～45
三井	1,570	3,374	6,299	47.2	62.0	75.9	74.8	92.0
三菱	1,211	3,093	14,522	53.9	61.4	84.9	66.2	91.3
住友	444	1,280	2,875	26.9	54.1	64.9	68.6	73.6
古河	91	312	857	44.1	59.3	68.8	65.6	74.0
総計	3,316	8,069	24,553	46.8	63.7	79.3	75.9	87.0

出所：武田（2020a）、193頁より抜粋。

目指す会議体の設置によって、財閥内のガバナンスを強化しようという試みもなされたが、その多くは子会社の行動の追認機関に過ぎず、形式上の存在にとどまったという（沢井１９９２）。しばしば日本経営史のテキストで述べられるように、その膨張とは裏腹に、財閥のガバナンスは戦後を待たずして、着実に崩壊に向かっていたのである。

４　メインバンクシステムの萌芽

しばしば、戦後のＭ＆Ａが低調であった理由として、メインバンクをはじめとする金融系列が頑健であったことが指摘されてきたが、同枠組みの萌芽ができたのが戦時期であった。

(1) 軍需会社指定金融機関制度

１９４０年12月に近衛文麿内閣は、株主の利益追求の姿勢が増産インセンティブを阻害要因になっているという理解から、

「経済新体制確立要綱」を閣議決定し、企業は「資本、経営、労務の有機的一体」であるという観念を打ち出した。結果、「会社利益配当及資金融通令」（1939年4月）や「会社経理統制令」（1940年10月）によって配当制限がなされるとともに、「排他的代表権」を持つ「生産責任者」の任命を政府の許認可制にする「軍需会社法」（1943年10月）の制定をみた。形式上、トップマネジメントの選任権が株主から取り上げられたのである。こうした利益追求の否定、株主権限の制約を嫌って、戦時期には直接金融市場が低迷することとなった。

代わって、軍需会社に政府が提供したのが間接金融市場であった。産業資金供給の推移を確認した場合、戦前期には3割程度の過ぎなかったものが、戦時期には9割超と急上昇している（図6－2）。こうした間接金融市場の台頭の要因として、まず同上「会社利益配当及資金融通令」において、大蔵省を通じて特定企業への日本興業銀行の融資（興銀融資）を命令可能となったことが挙げられる。次いで、1940年10月には「銀行等資金運用令」が制定され、興銀以外の銀行による貸出をも管理の対象となった。さらに、1930年代末以降、銀行融資団によるシンジケートローンが活発化し、1941年8月には興銀主導による「時局共同融資団」の共同融資が始められ、その機能は1942年5月結成の「全国金融統制会」より広範な銀行を網羅することで吸収されることとなった。これら一連の施策によって、間接金融市場確立の道筋が定められた。

そして、戦時期の企業・銀行間関係で決定的な意味を持ったのは、1944年8月に制定された

図6－2　産業資金供給（増減、構成比）

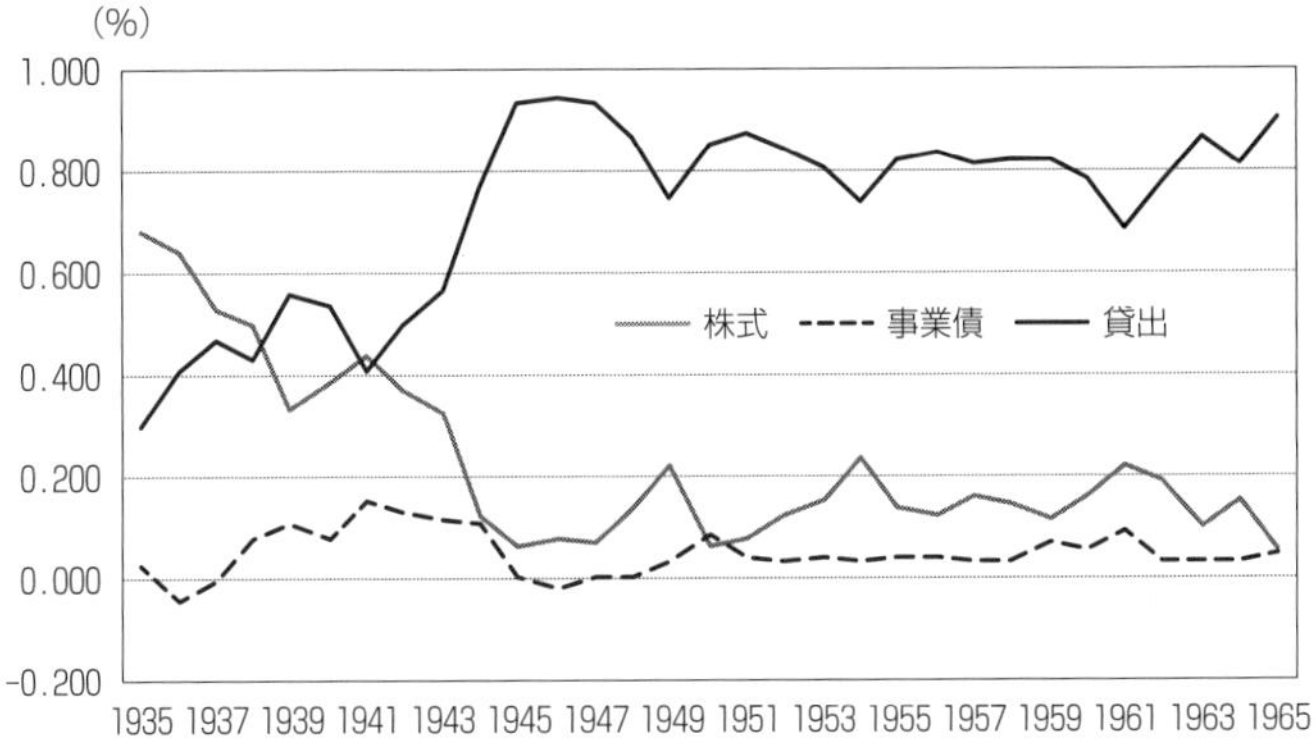

出所：日本銀行統計局『明治以降本邦主要経済統計』1966年より作成。

「軍需会社指定金融機関制度」であった。同制度の下で、企業の資金調達に応えるため、各軍需会社の指定金融機関に主要銀行が割り当てられた。これの事後的な影響・網羅性について調査したHoshi and Kashyap（2001）は、主要企業111社を調査し、98社（88％）が1962年の段階でも指定金融機関制度と同一銀行との取引関係を継続したことを明らかにしている（表6－6）。まさに指定金融機関制度は戦後のメインバンクシステムの土壌になったのである。

(2) モニタリングの限界

もっとも、この時期の指定金融機関制度が戦後のメインバンクと同一の機能を担っていたかというと、そうではなかった。メインバンクが融資先企業に提供する機能として、投資プロジェクトについて事前・期中・事後のチェック、あるいはモニタリングが挙げら

表6－6　軍需会社指定金融機関と戦後のメインバンク関係

パネルA：全サンプル

	1962年	1974年	カテゴリー
	111	112	メインバンク関係が確認できた企業数
A	70	61	指定金融機関が最大の貸し手であり、10大株主
B	11	21	指定金融機関と同じ系列に属する金融機関が最大の貸し手であり、10大株主
C	13	5	指定金融機関が最大の貸し手であるが、10大株主ではない
D	4	1	指定金融機関と同じ系列に属する金融機関が最大の貸し手であるが、10大株主ではない
計	98 (88.3%)	88 (78.6%)	A+B+C+D

パネルB：4大財閥

	1962年	1974年	カテゴリー
	27	27	4大財閥に属する企業数
E	17	14	指定金融機関が最大の貸し手であり、10大株主
F	5	7	指定金融機関と同じ系列に属する金融機関が最大の貸し手であり、10大株主
G	4	1	指定金融機関が最大の貸し手であるが、10大株主ではない
H	0	1	指定金融機関と同じ系列に属する金融機関が最大の貸し手であるが、10大株主ではない
計	26 (96.3%)	23 (85.2%)	E+F+G+H

出所：星・カシャップ（2006）、107頁。

れる。すなわち、融資先企業の業績が良好な時は、メインバンクはサイレント・パートナーであるのに対し、業績が悪化すると、役員派遣などによるモニタリングを強化し、倒産危機など経営が深刻化すると、銀行が経営権を乗っ取り、経営再建に取り組む。Aoki（1994）によって定式化された「状態依存型ガバナンス」である。

それに対し、戦時期の銀行融資は事実上、政府保証されており、銀行には融資先企業の私的情報を蓄積し、モニタリングするインセンティブに欠いており、基本「ソフトな予算制約（soft budget constraint)」に陥っていた。つまり、最大の貸し手だからといって、モニタリングの実効的な役割は果たしていなかったのである。主取引銀行が、こうしたソフトな予算制約から脱却し、メインバンクとして実態を備えるためには、戦後の企業の再建整備に特別管理人として関与するまで待たねばならなかった。

5　下請制の展開[*6]

日米企業の生産体制を比較すると、日本企業に関しては、外注率が高く（＝中小企業の活用）、（スポット的ではなく）中小企業との間で長期的な取引関係が形成されていることがわかる。こうした中小企業との「長期継続的な取引関係」は下請制と呼ばれる。[*7]

このような「生産系列」形成の萌芽も戦時期に形成されたという見解がある。そして、下請制形成の方向性が明確になったのは、1940年12月に「機械鉄鋼製品工業整備要綱」が出されてからだと指摘されている。同要綱の下では、親企業と下請企業の関係を「国家の承認による義務関係」となり、親会社には、下請工場への、①指導・援助、②一定量の発注、③下請工場以外のへの発注の禁止、④原材料の支給などが、一方、下請企業には、親企業以外のとの取引禁止、専属化が義務づけられた。

ただし、取引関係を国家の干渉により固定化してしまうことには、親企業、下請企業の双方から不満・不安があったという。親会社としては、生産の急増に対応するために下請先を増やしたいというニーズがある一方で、下請企業としてもそもそも特定企業の専属と化してしまうという不安(代替先を確保しておきたいというニーズ)や、受注量を増やし、自ら成長したいというニーズがあったためである。そのため、親会社は、原材料を指定された下請企業以外に割り振ることもあり、子会社も特定の発注企業以外から提供された原材料を用いて生産に従事することも多かったという。つまり、親子双方に機会主義的な行動が蔓延しており、政府の理念どおりとはならなかったのである。こうした現状にあわせ、「機械鉄鋼製品工業整備要綱」もその後、固定化を緩和する方向で修正されていった。

以上のように、戦時期の下請政策は、我々がイメージするような「長期継続的な取引関係」をすぐさま形成させたわけではなかった。もっとも、①戦後にこの時期形成された取引関係が継続したことや、②下請制に関するイメージを親子双方で共有させたという点で、戦後の下請制の一般化に対し、無視しがたい契機を提供したとも考えられる。

6　おわりに：戦時源流論の妥当性

本章では、紡績業、財閥系企業のM&A、およびメインバンク制の萌芽と目される金融系列化、下請制につながると捉えられる生産系列化の動向について検証してきた。

まず、この局面における重化学工業化の進展に対応するため、財閥系企業は内部投資と並行して、外部企業の取り込みをM&Aによって活発に行った。戦時経済が深まるなか、企業整理が求められたが、それを逆手にとってグループの発展を志向したのである。ただ、傘下企業の投資活動の活発化に対して、本社は子会社からの資金需要に十分に対応できなかった。そのため子会社群は株式公開や政府斡旋による借入を行い、自己金融化を進めた。財閥のガバナンスは、戦後の解体を前にして弛緩していたのである。また、紡績業においては、生産効率の上昇と軍需転用を目的として企業集中が図られ、戦後の10大紡績につながる体制が形づくられた。また、この局面に紡績業は柔軟に対応し、染色、毛織、加工分野などにM&Aを通じて進出し、総合繊維企業としての土台を築くに至った。

一方、戦時源流論が唱えるように、この期間、メインバンクシステムの萌芽とも捉えられる金融系列化の動きが進展した。特に1944年の軍需会社指定金融機関制度以降において、軍需会社に指定金融機関が割り当てられ、その取引関係は戦後に持ち越されることもあった。また、下請制の萌芽も観察され、1940年の機械鉄鋼製品工業整備要綱では、親会社と下請企業の固定化、協力関係の構築が目指された。もっとも、指定金融機関は、融資の政府保証の下、融資先企業に対して、積極的なモニタリングの役割は果たしていなかった。同様に、親会社と下請企業の取引関係に関しても、生産が拡大する局面において、親会社、下請企業の双方が取引関係の固定化を嫌い、機会主義的な行動を取ることも多かった。

このように、10大紡体制、財閥系企業の独立化、メインバンク制、下請制など、戦時期のM&Aは戦後の企業システムが形成されるうえで、程度の強弱はあれども、大きなエポックになったといえる。ただし、金融系列化、生産系列化の動きのところでも確認したように、過度にその「形成」部分を強調しすぎることは、「戦後への継続」の部分を軽視することにつながる。つまり、戦時源流論の妥当性を適切に捉えるためには、戦時の「形成」と戦後の「継続」とを区分することを意識して検討する、というスタンスが必要となるのであろう。

注

＊1　渡辺（2010）では、戦時期における大紡績会社のM&Aについて「被合併・買収企業となる中小企業の経営資源を大企業のなかに取り込み、戦時の需要に適合した繊維製品の生産を維持することにつながった」（97頁）と評価している。

＊2　なお、敗戦後の1949年の再建整備計画に従い、同社は旭硝子、日本化成工業、新光レイヨンの3社に分割された（旭硝子 1967）。

＊3　この経緯については、岡崎（1999）でも検討されている。

＊4　以下の記述は、特に断りがない限り、三井銀行（1976）に依拠している。

＊5　M&A関連でいえば、1939年7月に芝浦製作所と東京電気が合併して東京芝浦電気が設立された際、三井財閥にとってはそれまで40%超にまで高めた芝浦製作所の持株比率が、合併の結果大きく希薄化したことが、同財閥の重化学工業戦略にとって痛手になったと指摘されている（沢井 1992）。

＊6　本節は、植田（1987）、植田（2004a）、植田（2004b）に依拠している。

＊7　橋本ほか（2019、198頁）では、下請制を「親企業が当該企業に直接注文し、その際に規格、品質、性能、形状、デザインなどを指定する」取引と定義している。

第Ⅱ部　戦後のM&A

第7章　財閥解体：安定株主の喪失と買い占め

〔本章のまとめ〕

今日、大企業の事業再構築が進んでいるが、戦後改革期における財閥解体はそれに新たな知見を与えうる壮大な実験であった。①そもそも財閥解体はどのように進められたのか。②それはどのような成果を持ち、いかなる限界があったのか。③戦後の日本経済、企業システムにどのような影響を与えたのか。本章では、大企業の分割というM＆Aの観点から、財閥解体というイベントの機能、効果、影響を再検討していくことにする。

〔本章のキーワード〕

財閥解体、ＧＨＱ、持株会社整理委員会、買い占め、株式持ち合い

1 はじめに：なぜ財閥は解体されたのか

近年、大企業を分割するスピンオフが注目を集めている。スピンオフとは、企業本体から事業を切り離し、当該事業の株式を本体の株主に交付することで、本体とは資本関係のない（ただし、株主は共通とする）兄弟会社とするM＆Aをいう。ダウンサイジングを図ることでスピーディーな意思決定を実現することや、事業を株主からみえやすくし、コングロマリット・ディスカウントを解

消する手法として、海外ではダウ・デュポン、ヒューレットパッカードが活用して紙面を賑わせた。日本でも、2017年の税制改正で企業分割時の課税繰り延べが認められ、活用が広がるのではないかと期待されている。直近では、経営不振に苦しむ東芝がスピンオフを利用するのではないかと報道された[*1]。

ところで、歴史的に振り返れば、東芝が分割のターゲットになったのは、これがはじめてではない。いわゆる敗戦後の「財閥解体」の過程で、東芝も解体の対象となり、工場の売却等を強いられた。占領後、東芝に限らず、財閥等の大企業は、すぐさま解体のターゲットになった。1945年9月に公表された「降伏後における米国の初期対日方針」では、「経済上の非軍事化措置」の1つとして、財閥を指す「産業上・金融上のコンビネーション」の解体を指示する項目が含まれた（武田 2019）。強制的にリフォーカスの「ピストン」が作用したのである。

では、なぜ財閥はこのようにGHQによって目の敵にされたのであろうか。それは端的にいうと、財閥が戦争・海外侵略の「潜在的衝動・能力」と認識されたからである。1946年1月に「日本財閥に関する調査団」団長として来日したコーウィン・エドワーズは、「財閥支配は、政治的な面では、軍国主義に対抗する勢力としての中産階級の勃興を抑えてしまったし、経済的な面では、労働者に低賃金を強制して国内市場を狭隘にし、輸出の重要性を高めて帝国主義的衝動を強めた」との見解を述べている。そのため、賠償計画を策したエドウィン・ポーレーの案では当初、日本の工業化水準を1937年水準に戻すことを目的として、徹底した重工業生産設備の撤去が含まれていた。もっとも、以上のようないわゆる「ハード・ピース路線」は、アメリカとソ連の冷戦の深刻化によって、大きく転換していくことになる（いわゆる「逆コース」）。[*2]

では、①財閥解体はどのように進められたのか。それはどのような成果を持ち、いかなる限界があったのか。②戦後の日本経済、企業システムにどのような影響を与えたのか。本章の目的は、大企業の分割というM&Aの観点から、財閥解体というイベントの機能、効果、影響を再検討していくことにある。

2　財閥解体の手順

GHQによる日本の統治は、「間接統治」の形態をとり、形式的には日本政府の手によって改革が進められることが目指された。そのため、財閥も自主的な解散が日本政府によって指示された。これを受けて、1945年10月に安田保善社が解散の声明を出し、それに三井・三菱が続いた。三菱財閥総帥の岩崎小弥太は当初、「国策に尽くして行動しただけだ」と解体に反発したが、その国家の指示ならやむなしと、解体に同意した。では、財閥はどのように解体されたのか。本節ではそのプロセスについて確認していきたい。

（１）資本的・人的支配の排除

財閥解体の要諦を示すと、同族家族・本社による、①資本的支配、②人的支配の排除に集約される。まず、①の措置については、財閥家族と傘下会社の結合点になっているのは財閥本社なので、その解散に最初に手がつけられた。この際、（三井、三菱などの財閥本社だけではなく）、その傘下の日立製作所や東芝のような、子会社群を自社で擁する企業グループも含まれ、83社が持株会社として指定された（表７−１）。

その具体的なステップは、財閥本社・同族家族が保有する傘下企業群の株式を、外部に作られた持株会社整理委員会（ＨＣＬＣ）に強制譲渡する。そして、ＨＣＬＣが市場よりも安価な価格で株式を処分していった。その売却対象は個人中心（従業員、地域住民、一般公衆）であった（図７−１）[*3]。そのため、戦後の株式所有構造においては、個人株主が急増することになり、企業は流動性が高い株主層に直面することとなった（表７−２）。特に旧財閥系企業にとっては、安定株主であった財閥本社が消失したため、それまでになかった事態が発生したことを意味した。これが後々、戦後の企業システム形成にとって重要な意味を持ってくる。

一方、②の措置に関しては、財閥本社は子会社に役員を派遣して人的側面からもコントロールしていたので、１９４７年１月から「財界追放」が進められ、戦争責任追及の一環として、旧経営陣の退陣が指示された。最終的に、主要財界人２０００人がその地位を追われた。さらに、１９４８

表7－1　持株会社の指定

第1次指定	三井本社、三菱本社、住友本社、（名）安田保善社、富士産業	第3次指定	三井鉱山、北海道炭礦汽船、三井化学工業、三井物産、三井船舶、三菱重工業、三菱鉱業、三菱電機、三菱化成工業、三菱商事、扶桑金属工業、日本電気、日新化学工業、住友電気工業、井華鉱業、日本鋼管、古河電気工業、日本鉱業、浅野物産、内外通商
第2次指定	川崎重工業、日産、浅野本社、古河鉱業、渋沢同族、大倉鉱業、野村合名、理研工業、日本曹達、日本窒素肥料、日立製作所、日電興業、王子製紙、東京芝浦電気、日本無線、沖電気、沖電気証券、松下電気産業、日本製鉄、昭和電工、日産化学工業、帝国鉱業開発、日本郵船、大阪商船、山下汽船、東洋紡績、大建産業、鐘淵紡績、大日本紡績、片倉工業、郡是工業、内外綿、富士瓦斯紡績、敷島紡績、帝国人造絹糸、日清紡績、倉敷紡績、日本毛織、大和紡績、神戸製鋼所	第4次指定	国際電気通信、日本電信電話工事
		第5次指定	大倉合資、（名）片倉組、若狭興業、豊田産業、林兼商店、鈴木三栄、山下、寺田合名、石原合名、岡崎本店、大和殖産、辰馬本家商店、服部合資、定徳会、関東興業、共同興業

出所：持株会社整理委員会（1973）、188-189頁。

年１月には「財閥同族支配力排除法」が出され、財閥同籍者42名、財閥関係役員１４５名の追放が追加された。

大企業から旧経営陣が一掃された後、工場長、部長クラスの現場出身の取締役経験を有しない内部の者が昇進することとなった。表７－３は、１９２１年以降に設立され、２０００年まで一貫して存在した鉱工業企業43社の取締役の出自を集計、追跡したものである。[*4] １９５５年に取締役会（常

図7－1　財閥解体のイメージ

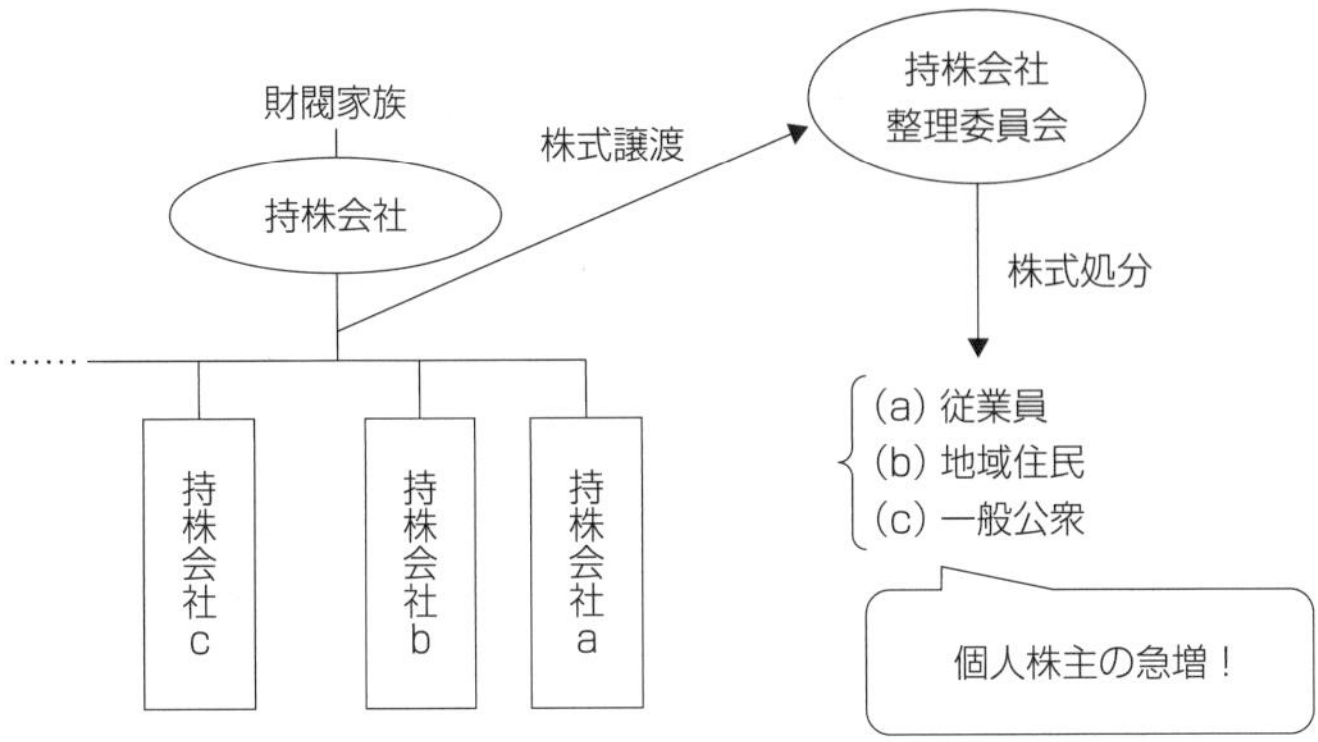

表7－2　株式分布状況（持株比率）

	1945年	1949年	1950年	1951年	1952年	1953年
政府・公共団体	8.3	2.8	3.2	1.8	1.0	0.7
金融機関	11.2	9.9	126.0	18.2	21.8	23.0
うち投資信託	—	—	—	5.2	6.0	6.7
証券業者	2.8	12.6	11.9	9.2	8.4	7.3
その他法人	24.6	5.6	11.0	13.8	11.8	13.5
外国人	—	—	—	—	1.2	1.7
個人その他	53.1	69.1	61.3	57.0	55.8	53.8
発行株数（100万株）	444	2,000	2,581	3,547	5,365	7,472

出所：大蔵省理財局経済課編『株式分布調査』昭和28年度（1955年）、9頁。

務以上）に占める内部昇進の比率がジャンプアップ（1937年46・6％→1955年74・8％）しており、財閥解体の効果が明確に読み取れる。

（2）大企業分割

さらに以上のような独占体解体の措置をより徹底する措置、あるいはその状態を持続的なものとする措置として、③1947年12月には「過度経済力集中

表7－3　取締役会構成の長期推移

年	所有者	派遣	内部昇進者	外部招聘	同系企業からの異動	その他・不明	総計
1921	32	15	29	20	6	9	111
	(28.8)	(13.5)	(26.1)	(18.0)	(5.4)	(8.1)	(100.0)
1928	28	22	40	24	7	11	132
	(21.2)	(16.7)	(30.3)	(18.2)	(5.3)	(8.3)	(100.0)
1937	23	19	69	23	9	5	148
	(15.5)	(12.8)	(46.6)	(15.5)	(6.1)	(3.4)	(100.0)
1955	4	21	184	13	9	15	246
	(1.6)	(8.5)	(74.8)	(5.3)	(3.7)	(6.1)	(100.0)
1970	2	14	334	16	2	11	379
	(0.5)	(3.7)	(88.1)	(4.2)	(0.5)	(2.9)	(100.0)
1985	2	24	429	14	1	7	477
	(0.4)	(5.0)	(89.9)	(2.9)	(0.2)	(1.5)	(100.0)
2000	2	18	319	11	2	9	361
	(0.6)	(5.0)	(88.4)	(3.0)	(0.6)	(2.5)	(100.0)

注：各年上段は人数、下段括弧内はパーセント。
出所：川本（2022c)、表5－1。

排除法」が、④1947年4月には「独占禁止法」が制定された。

③については、既存独占体を分割することを目的としていて、当初325社もの企業が指定された徹底的な内容であった。ただ、1950年前から、米ソ冷戦が激化していき、対日占領政策が転換したことにより、対象は18社にまで後退した。結果、実際の集中排除は、日本製鉄、三菱重工業、王子製紙など各業界の独占体が2から3社に分割されるにとどまった（表7－4）[*5]。

これら集排政策は、対象企業が限定されたことから、その効果は限界があったことがしばしば指摘されている。また、三井鉱山、三菱鉱業などは鉱山と炭鉱企

表7－4　集中排除法の適用

指定企業	再編成後の企業	その後の動き
日本製鉄	八幡製鉄、富士製鉄、ほか2社	1970年3月合併、新日本製鉄
三菱重工業	東日本重工業、中日本重工業、西日本重工業	1964年6月合併、三菱重工業
王子製紙	苫小牧製紙（のち王子製紙）、十条製紙、本州製紙	1968年10月王子製紙・本州製紙合併、王子製紙/十条製紙は現日本製紙
大日本麦酒	日本麦酒、朝日麦酒	現サッポロビール、アサヒビール
北海道酪農協同	北海道バター、雪印乳業	1958年11月合併、雪印乳業
帝国繊維	帝国製麻、中央繊維、東邦レーヨン	1951年11月帝国・中央合併、帝国繊維/東邦レーヨンは現東邦テナックス
東洋製罐	東洋製罐、北海道製罐	両社現存
三菱鉱工業	三菱鉱業、太平洋鉱業	1990年12月合併、三菱マテリアル
三井鉱山	三井鉱山、神岡鉱業	現三菱鉱山、三井金属
井華鉱業	井華鉱業、別子鉱業、ほか2社	現住友石炭鉱業、住友金属鉱山
大成産業	呉羽紡績、伊藤忠商事、丸紅、尼崎製釘所	呉羽紡績は1966年4月に東洋紡績に合併/商社2社現存
工場・株式などの処分	日立製作所（19工場処分）、東京芝浦電気（27工場、1研究所処分）、日本通運（施設・株式処分）、日本化薬（株式処分）、東宝（株式処分）、松竹（株式処分）、帝国石油（株式処分）	

出所：三和・原（2010）、表6－14。原資料は大蔵省財政史室編『昭和財政史：終戦から講和まで　第2巻 独占禁止』、東洋経済新報社編『会社履歴総覧 '92』。

表７－５　戦後において累積集中度が上昇・低下した業種数

上位企業数	上昇	低下	保合	不明	合計
1	12	29	4	0	45
3	12	26	3	3	44
5	10	20	2	6	38
10	9	12	1	9	31

注１：保合は、集中度の上昇あるいは低下が１％以内のものをいう。
注２：合計が上位企業数によって異なるのは、企業数10社以下で100％になっている業種があることによる。
出所：公正取引委員会調査部編（1951）、表３。

業に分割されたが、こうした業種ごとの分割は、産業の構造に変更を加えるものではなく、企業間競争に影響を与えなかったともいわれている（Hadley 1970）。実際、１９３７年から１９５０年の間、鉄や造船などで大きく累積集中度が低下した業種がある一方で、原油採掘、写真フィルム、板ガラスなど、上昇あるいは変化がみられなかった業種も存在した（表７－５）。

また、これに関連して、多くの企業は戦時期に企業規模の過剰を解消するため、工場閉鎖・売却など、自発的にダウンサイズに取り組んだとする説も示されている（宮崎ほか１９８２）。実際、東芝（当時は、東京芝浦電気）と日立製作所の総資産の推移を追ってみると、戦時期において膨張し、戦後復興期において縮減していることがわかる（図７－２）。一時的とはいえども、集排法の指定が大企業の自発的なリストラクチャリングを促していたものと理解できる。

また、この枠組みとは別に、三井物産と三菱商事が徹底的に解体された。前者は１８０から２２０社、後者は１４０社に分

図７－２　電機３社の総資産推移

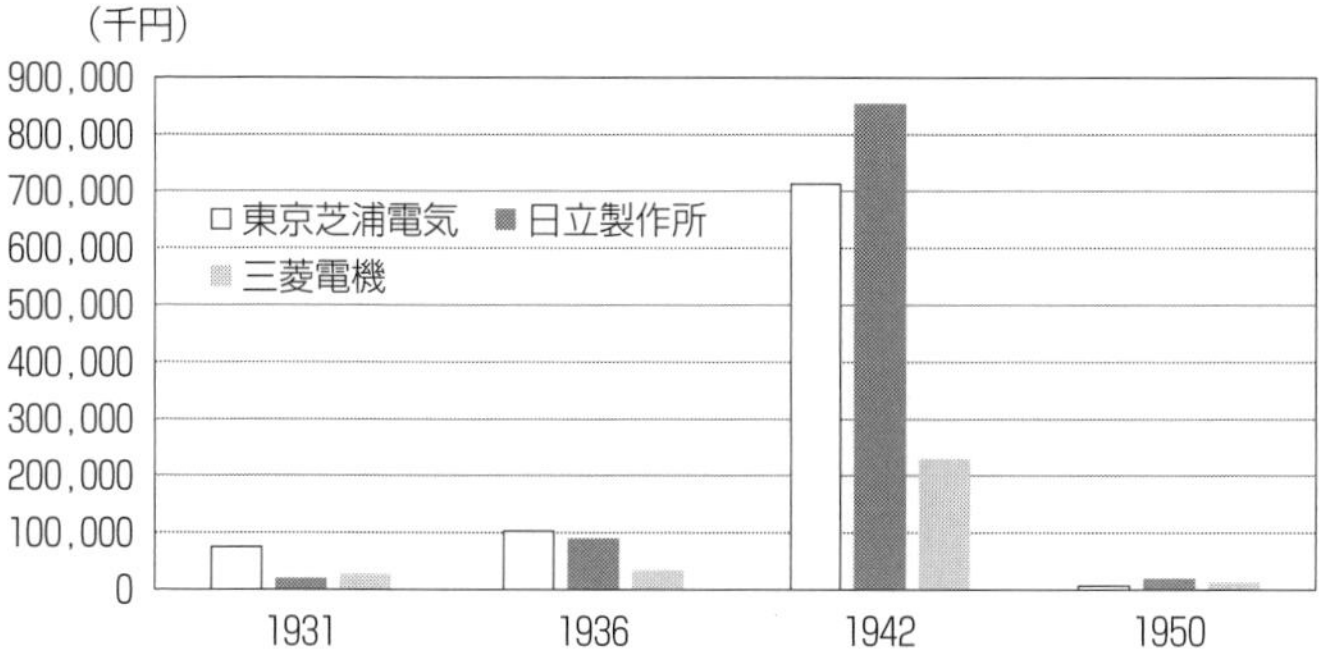

出所：東洋経済新報社『株式会社年鑑』、東京証券取引所『上場会社総覧』より作成。

割されたという（栂井　１９７６）。これら二大商社が徹底的なターゲットになった理由は、それが海外活動をしていたことで占領軍にとっては名前が知られていたこともあり、その経済力が認識されていたからだとも説明されている（武田　２０２０b）。

なお、上記④に関しては、１９４７年４月に独占禁止法が制定され、純粋持株会社の設立が禁止された。これは財閥の復活を阻止し、一連の大企業解体の効果を継続的なものにするための措置であった（持株会社の解禁と経済機能については、第10章で扱う）。

（3）温存された銀行業

ところで、鉱工業以外の金融業、とりわけ銀行業はどのような措置が下されたのであろうか。結論からいうと、銀行業は集中排除を免れ、何ら措置がなされなかった。同業種で分割がみられたのは、戦時企業集中で三井銀行と第一銀行が統合してできた帝国銀行から、第一銀行が分離した程度にとどまった。

銀行業に手がつけられず温存された理由として、まず、①日本政府内において経済復興のためには銀行の経済力を温存した方がスムーズだという見解が存在したことが指摘されている。また、②GHQにもその立場に同調する勢力が存在したこともあった。占領軍の経済科学局には、反トラスト・カルテル課と金融課が存在し、大企業解体行政をめぐって縄張り争いがあったが、最後は銀行解体に消極的な金融課の意見に押し切られたという（Hoshi and Kashyap 2001）。さらに、③前述のように冷戦が深刻化し、対共産主義の防波堤としての日本の経済力を利用した方が望ましいという判断に、占領軍が傾いていったことも指摘されている（野口 2010）。

結局、銀行業にとっての制約は、1950年1月に持株会社整理員会から財閥商号と商標禁止の指示を受け、三菱のスリー・ダイヤモンド、三井の井桁三、住友の井桁の商標は使用が禁止になったぐらいであった。それも講和後には商号および商標禁止の政令が廃止、続々と各社は旧財閥商号に復帰していった。

むしろ銀行については、戦時期の旧指定金融機関が「特別管理人」として旧軍需会社の再建整備に関与し、取引先企業に対する影響力を増した。この過程で、銀行は取引先企業の情報について精査し、審査能力を向上させていった。この時期において、銀行はメインバンクとしての素地を整えていったのである（宮島 1992；Hoshi and Kashyap 2001）。

３　財閥解体の意義

限界があったとはいえ、財閥解体は戦後日本の企業システムの形成にとって、決定的な意味を持った。たとえば、三和（２０１２）では、①財閥解体により、財閥本社の株式・人的支配から解放され、旧傘下企業が自立的な経済活動を開始したこと、②財界追放により、経営者層が若返り、積極的な企業活動を開始したことが指摘されている。前述したように、それら経営者はそれまで取締役経験を有しない、工場長、部長クラスの人材であり、その多くは長期政権を保ち、戦後の高度経済成長をリードした。さらに、③集中排除政策により、ビジネスチャンスが生まれ、自動車、家電分野においてソニー、ホンダなどの新興企業が台頭した。また、産業によっては集中度が低下し、寡占的な産業構造が形成された。それは戦前とは異なり競争的な構造であった。なぜなら、メインバンクが各業界の有力企業を融資系列に置いたことで、各業界でメインバンクの代理競争が繰り広げられたからである。こうした、メインバンクが各業種の有力企業を融資系列下していく慣行は、「ワンセット主義」と呼ばれた（宮崎　１９６６）。

4　買い占めと株式持ち合い

前述のように、財閥解体は広範に分散した株式市場を生成した。そのため、占領期には、アウトサイダーが市場から株式を買い集め、上場企業に敵対的行動をする事例が多発した。特にそのインパクトは、解体のターゲットとなり、安定株主を失った旧財閥系企業にとって大きかった。ここでは、戦後復興期の主な買い占め案件の概要について紹介した後、それらに各企業がいかに対応したのかについて解説していく。

(1) 買い占めの諸相

1 陽和不動産

1937年に設立された三菱地所は、財閥解体措置に関連して、三菱地所から陽和不動産と関東不動産が分割されたうえで、三菱本社が実質保有していた丸の内のビル群の土地管理をこれら3社で引き継いだ。この状態に目をつけたのが、相場師の藤綱久二郎であった。1952年、彼は銀座の商店オーナーを金主として、陽和不動産の株式を買い占め、最も高いときで35%の保有比率に達した。

旧三菱系企業の本社土地がアウトサイダーに乗っ取られるという危機感から、旧三菱系企業の長老たちが騒動し、藤綱から株式を高値で買い取り、それを三菱系グループで保有することとなった。１９５３年に三菱地所が陽和不動産、関東不動産を吸収合併し、新たに三菱地所が誕生することとなった。買い占めがグループ再編の引き金になった事例である。

２ 白木屋

白木屋は江戸時代の材木店、呉服店を起源とする日本橋にあるデパートであった。この老舗を若き経営者・横井英樹は、日活オーナーの堀久作と共同して株式を買い集め、経営権の奪取を狙った。一時期、買い占めグループは、過半数の株式を取得し、乗っ取りは成功したかにみられたが、横井が信用取引で株式を買い集めていたため、資金ショートを起こした。そのため横井は、支持勢力でもあり、財界のフィクサーとしても名高い東急グループ総帥の五島慶太に肩代わりを依頼し、白木屋は東急百貨店日本橋店として編入されるに至った。

３ 東洋精糖[*6]

白木屋と同様の経緯をたどったのが東洋精糖である。１９５７年に横井は同社に敵対的買収を仕掛けたが、案の定、資金ショートを起こし、やはり肩代わりを五島に依頼した。ここでも五島が経営権を取得するかにみえたが、株式を取得する直前に急死し、後継者の五島昇は経営権を放棄、精糖側が株式を引き取ることとなった。横井には経営する意思があったが、結果として白木屋、東洋精糖から受け入れられず、「グリーンメーラー」に落ち着いた。

4 大阪製鎖造機

これは乗っ取りが成功した事例である。同社は、第一次世界大戦中の1916年に大阪製鎖所として設立された。この企業に対し1951年、乗っ取りグループが過半数の株式を取得し、買収に成功した。そして、会長、社長以下、経営陣を更迭したうえで、自らその座を襲った。ただし、買い占めグループは会社経営ノウハウがあるわけではなく、会社は経営不振に陥り、工場売却益によって損失を糊塗するありさまであった。やがて同グループは経営権を放棄し、株式は神戸製鋼所の手に渡り、同社はその傘下に入ることになった。

(2) 株式持ち合いの発生

こうした多発する買い占め行為に対応するため、取引銀行、商社を中心に友好企業間で株式の持ち合いを図り、企業防衛を図った。特に戦前に組織の土台があった、三井(二木会)、三菱(金融会)、住友(白水会)の旧財閥系企業では講和前後から社長会を結成し、企業集団のメンバー企業

表７－６　各企業集団内の株式持ち合い比率

（単位：％）

年次（上期末）	1953年	1958年	1963年	1968年
住友	11.2	17.1	27.6	24.5
三菱	(10.6)	14.1	19.2	18.0
三井	(5.2)	(6.7)	12.5	13.7
富士	(4.4)	(6.4)	(9.7)	13.6
三和	(2.1)	(4.3)	(6.5)	8.7

注：(　) 内は、その時点で社長会が結成されておらず、企業集団として未成立であったことを示す。
出所：橘川 (2016)、表３－２。

間で持ち合いを始めた。[*7]

これら先発3集団の持ち合い比率を確認すると、１９５８年時点では住友で17・１％、三菱で14・１％、三井で６・７％に達した（表７－６）。また、三菱商事、三井物産の再結集も段階的に進み、前者は１９５４年、後者は１９５９年に大合同した。

一方、富士、第一、日本勧業、三和といった、戦後に取引企業を拡大した戦後初の企業集団は、持ち合いの形成網は限界があった。主にメインバンクから取引企業への片持ちが中心であり、本格的な持ち合いの形成は、社長会が結成される１９６０年代にずれ込んだ。

5　労働改革と日本型雇用システム

また、財閥解体に関連する措置として、労働改革の内容についても確認しておこう。ここで形成された、①長期雇用、②年功賃金、③企業別組合を特徴とする日本型雇用システムの原型は、戦後のM&Aのあり方に大きな影響を及ぼすこととなった。

(1) 日本型雇用システム形成の前提

占領期から戦後復興期(1945年から1950年代半ば)にかけて、日本型雇用システムが成立した前提として、GHQが民主主義推進の一環として、労働運動を支持したことが挙げられる。1945年から労働者保護法制が整備され、1945年12月には「労働組合法」が制定された。これに基づいて労働組合数、労働組合組織率が急上昇し、労働運動が過熱していった。

前提の2つ目は、1950年前後のドッジラインである。戦後のインフレ根絶のために、1949年3月から開始されたジョセフ・ドッジ公使による経済安定化政策であり、①各種産業への補助金撤廃、②復興金融金庫による融資停止、③超均衡予算、などを内容としていた。これらはインフレの収束、日本経済の世界市場への復帰をアシストしたが、デフレ効果による不況が到来し、企業経営は低迷、企業は雇用削減に着手せざるを得ない状況に追い込まれた。

(2) 長期雇用

このようななかで、長期雇用(いわゆる終身雇用)が生まれた。ドッジライン後のデフレ不況によって経営側は整理解雇を断行し、労働側はストライキによって抵抗した。その攻防は激しく、たとえば、日本製鋼所室蘭製作所の争議は、1954年8月から同年12月まで争われ、合理化費用は10億5300万円（同社の資本金は1953年3月時点で8億4000万円）に達した（日本製鋼所 2008）。こうしたスト対応の不手際による多大な経営損失の発生は、しばしば外部者（取引銀行）の介入を招き、経営陣の責任追及につながった。そのため、以降、経営側は解雇を避け、従業員の熟練を長期的に高めていくという政策を志向するようになった。解雇にともなうコストを学習したのである。

(3) 年功賃金

一方、賃金体系については、当初、年齢や家族数で賃金が主に決定される生活給的賃金体系が採用されていた。*8 これは、労働者の発言力は高まる一方、ストライキの発生によって、生産力が落ち、労働側の責任が伴わないという矛盾が発生する状況をもたらした。ドッジデフレ後の経営環境の悪化によって、非合理的な賃金体系の見直しの気運が高まった。また、1949年5月には労働組合法が改正され、人事に対する組合規制が後退し、経営権が回復するに至った。これにより、生活給と能力給をミックスさせたいわゆる「年功賃金」が定着するに至った。

（4）企業別組合

さらに、組合形態に関しては、占領後、そのヘゲモニーをめぐって、占領軍が推奨した「産業別組合」と、戦時期の産業報国会を土台とする「企業別労働組合」が争っていた。ただ、レッドパージの実施（共産党員によって占められていた産業別組合の指導層の排除）や、同じくドッジデフレ下において、前者が支援した労働争議が相次いで敗北することになり（1952年の電産・炭労争議、1954年の全日本自動車産業労働組合の解散など）、やがて企業別組合が主流となってくるようになった。いわば「敵失」によって、同形態が根付いたといえよう。

以上のような過程を経て、ドッジライン後の人員整理後に、①長期雇用、②年功賃金、③企業別組合という日本型雇用システムが形成された。そして、こうして各企業で独特に形成された企業文化、人事制度は、その後の日本のM&Aのあり方に決定的な影響を与えるようになった。

6　おわりに：日本型企業システム成立のエポック

占領政策は、逆コースもあり、当初プラント（ハード・ピース路線）から大きく修正、後退を余儀なくされた。ただ、繰り返しになるが、その後の日本企業システムのあり方に大きな影響を与えたことも事実である。安定的な株式所有構造（＝株式持ち合い）、企業・銀行間の継続的取引関係

（メインバンクシステム）、内部昇進者からなる取締役会、日本型雇用システム（長期雇用、年功序列、企業別組合）、競争的な寡占構造（系列）、新興企業の躍進（トヨタ、ホンダ、ソニー）などは、この占領期に決定的に想定されたものである。

もっとも、その形成はあくまで過渡期であった。株式所有構造は依然流動的であり、この復興期において投資信託は高い売買高を記録した（第９章：橋本ほか２０１９）。そして、前述したように、戦後初の銀行中心の企業集団はまだ未形成であった。

では、その後、株式持ち合いは、どのようにして確立に向かったのか。独占禁止法の制約の下に強く置かれた高度経済成長期のＭ＆Ａはいかに行われ、どのような形態があったのか。次章では、高度経済成長期から１９８０年代に至る企業合併、系列化、企業集団の形成の状況について検討していく。

注

＊１　「苦渋の東芝分割『最後の案』」『日本経済新聞』２０２１年11月14日。

＊２　このほか、アメリカは多民族国家であり、それら多様な国民の成果の評価にあたっては明確な方が望ましいので、競争が重視され、逆にそれを阻害する大企業体（独占）の解体は民主主義化に沿うという見解も提示されている（武田２０２０ｂ）。

＊3　同図は、宮島英昭教授（早稲田大学）の許可を得て、同氏の作成した図を筆者が加筆修正して掲載するものである。

＊4　同データセット構築の詳細については、川本（2009）、川本（2022c）を参照されたい。

＊5　冒頭で挙げた東芝も、工場分割を指示されるにとどまった。

＊6　これらの経緯については、「買占め対抗増資の東洋精糖」『東洋経済新報』1958年1月11日号、「東洋精糖は自己募集で一段と紛糾か」『東洋経済新報』1958年4月26日号、「解決した東洋精糖事件」『東洋経済新報』1959年9月19日号。

＊7　企業集団とは、「多様な業界の有力企業が相互に株式を持ち合うことによって、成立した集団で、大株主会としての社長会をもつ」と定義される（橘川 1992、259頁）。

＊8　日本電気産業労働組合協議会が経営側に要求した、生活給的色彩の濃い賃金体系であり、その要求が多くの企業で受け入れられたことから、「電算型賃金」と呼ばれた。

第8章　資本自由化と大型合併、系列化

〔本章のまとめ〕

高度経済成長期においては、資本自由化に対応するための「産業再編成」の名の下で、各業界において M&A の必要性が強く叫ばれた時代であった。ただ、実現した大型合併の多くは、かつての戦後改革において解体された企業の再結集に過ぎず、戦略性に乏しいものであった。ただし、その反面、外部企業の部分買収（＝資本参加）は活発に行われ、いわゆる「系列化」が進展した局面でもあった。本章では、これら大型合併、そして系列下の動機、あるいは背景について解説していく。

〔本章のキーワード〕

資本自由化、第二の黒船襲来、企業集団、産業再編成、系列

1 はじめに：M&Aは低調であったのか

高度経済成長期から1990年代に入るまで、M&Aは低調であったといわれている。その理由として、宮島（2007）では、以下の理由が挙げられている。

①持続的な成長過程にあったため、M&Aの供給を生み出す負の経済ショックが発生しにくかった。

②メインバンクシステムが健在であったため、経営再建は株主（＝M&A）ではなく債権者（＝銀行）の手に委ねられることが多かった。

③長期雇用など企業ごとに形成された独特の雇用慣行があったため、組織の融合による摩擦を回避して、もっぱら企業成長は内部投資を中心に行われた。

④系列や企業集団という枠組みや、厳格な独占禁止法の運用に阻害されて、水平的な合併が抑制されていた。

確かに、高度経済成長期における上場企業の合併による企業退出は、年数件程度にとどまった。規制によって、M&Aの「ピストン」が作動するのが抑制されたのである。しかしながら、戦後改革の集中排除で解体された日本製鉄（八幡製鉄と富士製鉄に分割）、三菱三重工の再結集など、今日のビッグビジネスの起源がこの時期にあることも事実である（表８－１）。また、この時期は企業集団や系列が厳格であるがゆえに、集団内の株式持ち合いの強化、外部企業の系列化、企業子会社の株式買い増しが盛んに行われ、日本企業特有の株式の部分取得（partial acquisition）が観察された。すなわち、日本企業の起源やM&Aの特徴を理解するうえでも、この時期のM&Aも看過することはできないといえる。

そこで本章では第1に、戦後のM&Aを抑制していたといわれる、企業集団の形成過程について

表8－1　高度経済成長期の大型合併

受理年月	会社名	合併前		合併後	
		資本金	総資産	資本金	総資産
1963年12月	新三菱重工業	306.2	2,454.6	790～800	5,615.9
	三菱日本重工業	229.5	1,273.4		
	三菱造船	224.0	1,537.9		
1965年6月	日産自動車	350.0	2,771.4	398.0	3,341.4
	プリンス自動車工業	120.2	569.9		
1967年6月	富士製鉄	820.1	3,760.1	1,020.0	5,087.3
	東海製鉄	200.0	1,327.2		
1968年7月	日商	70.0	2,194.9	117.7	3,731.3
	岩井産業	62.8	1,536.4		
1969年3月	八幡製鉄	1,273.6	7,191.9	2,294.6	12,586.9
	富士製鉄	1,020.0	5,395.0		
1969年5月	住友機械工業	54.0	506.3	71.6	1,195.0
	浦賀工業	32.0	688.7		
1969年8月	ニチボー	100.0	341.2	223.2	—
	日本レイヨン	128.3			
1971年7月	日本勧業銀行	270.0	27,361.1	540.0	55,690.6
	第一銀行	240.0	28,329.5		

出所：公正取引委員会事務総局編（1997）、下巻。

みていき、日本企業のM&Aに対する従来的スタンスを理解する。第2に、戦後の大型合併である八幡製鉄と富士製鉄（＝新日鉄の成立）、三菱三重工（＝三菱重工業の成立）、そして成立に至らなかった旧王子製紙系3社の合併案件のプロセスについて、独占禁止法の運用（公正取引委員会や世論の反応）の関連から紹介する。第3に、この時期におけるM&Aの効果を観察するため、新日鉄成立の事例を対象として、その成立が株主、従業員の富や企業パフォーマンスに与えた影響について検証する。最後に、大型合併とは別に、この時期のM&Aの特徴を表すもう1つのパターンとして、自動車産業を取り上げ、系列化の動向について確認していく。

2　企業集団の形成と機能

(1) 企業集団の形成

企業集団は、いくつかの段階を踏んで形成されていった。具体的には、①発端：戦後改革（財閥解体）、②進展：高度経済成長期前半（1950年代半ばから1960年代半ば）、③確立：高度経済成長期後半（1960年代半ばから1970年代初頭）の3局面である。順にみていこう。

1 発端（戦後改革期）

前章で確認したように、企業集団の形成にとって財閥解体は外すことができないイベントであった。1946年から実施されたその手順を簡単に振り返ると、まず、①財閥本社を解体した後、次いで、②財閥本社・家族が保有する傘下企業株式を持株会社整理員会（HCLC）に強制譲渡し、最後に、③HCLCによる株式処分というステップを踏んだ。この際、株式は安価な価格で、①従業員、②地域住民、③一般公衆に散布された。これにより、流動的な個人株主が急増し、大企業は急激な敵対的買収リスクに直面することとなった。

2 進展（高度経済成長期前半）

前述のように、流動化した株式所有構造下において、実際、買い占め事件が相次いだ。よく知られているのが、横井英樹による白木屋の買い占め（1949年）、藤綱久二郎による陽和不動産の買い占め（1952年）などである（第7章）。これを受け、まずは旧財閥系企業が安定株主化に着手した。主に1950年代に結成された社長会を母体として、企業集団のメンバー企業間で株式の持ち合いを行うようになった（前掲表7－6）。

一方、非旧財閥系企業でもメインバンクを中心に安定化が図られた。もっとも、1950年代後半には、安定化は鈍化していった。投資信託による売買率が高く、こうした浮動的株主が株式市場において相当の地位を占めたのである（図8－1）。すなわち、この局面において、株主の安定化はまだまだ過渡期であったといえる。

3 確立（高度経済成長期後半）

1964年のOECD加盟による資本自由化は、企業集団の形成にとって決定的な意味を持った。1968年から直接投資の段階的自由化が実施されることになるとともに、それに歩調を合わせ、

図８－１　株式所有構造の推移（単元数ベース）

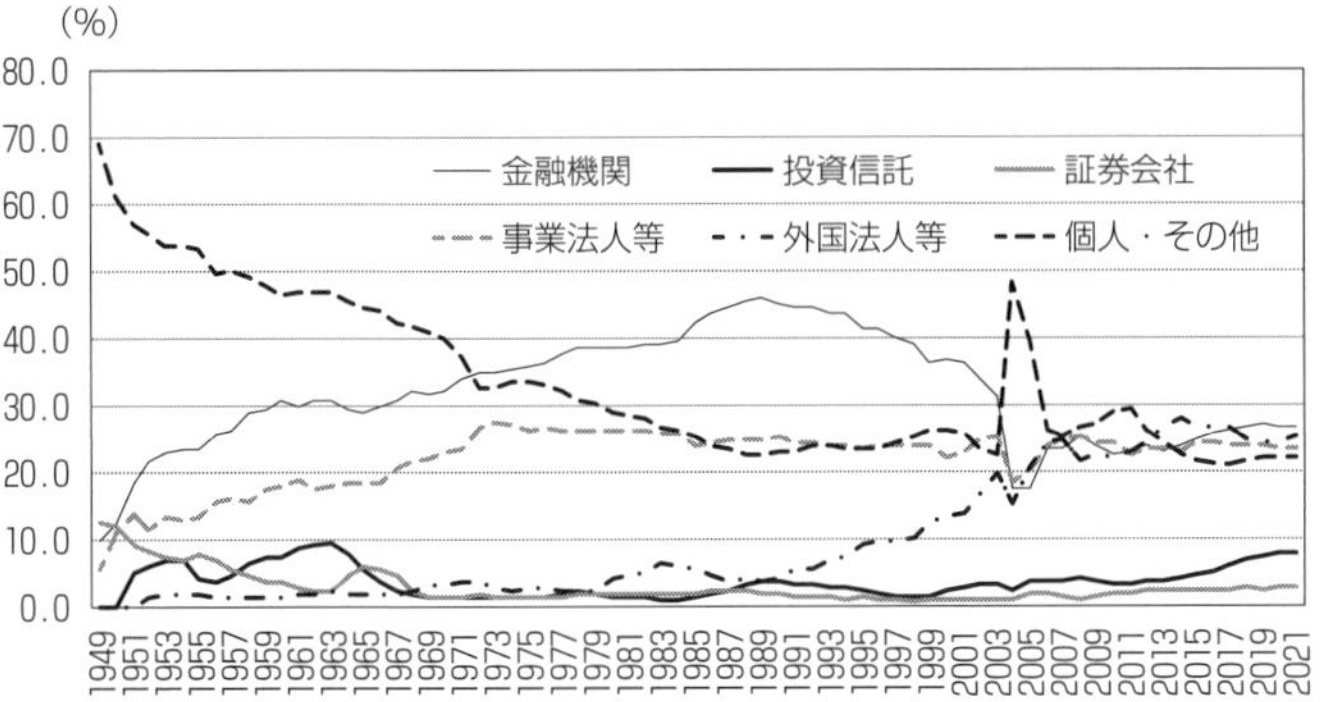

注１：1985年度以前の信託銀行は、都銀・地銀等に含まれる。
注２：2004年度から2009年度まではJASDAQ証券取引所上場会社分を含み、2010年度以降は、大阪証券取引所または東京証券取引所におけるJASDAQ市場分として含む。
出所：東京証券取引所「株式保有主体別分布」。

１９７１年には株式公開買付制度も導入されることとなり、日本企業のトップにとっては海外資本からの買収リスクが現実のものとなった。いわゆる「第二の黒船襲来」である。このため、日本企業は経営権防衛を目的として、株主安定化の充実化を志向していくこととなった。

また、１９６１年から１９６５年までの「証券不況」も、株主安定化を進める契機となった。不況下において証券業、金融業によって株価維持機関が相次いで設立され（１９６４年の日本共同証券、１９６５年の日本証券保有組合）、市場から株式を取得し、株価の下支えを図った。両機関で上場企業時価総額の５％あまりを購入したという（川北　１９９５）。そして１９６６年からの景気回復局面において、両機関が保有株を売却する際、発行企業の関連会社や金融機関への「はめ込み」

を行った。これが持ち合い株式と企業集団の地盤を強化することとなった。

さらに、額面発行から公募増資への転換も、この局面の株主安定化のキーファクターであった。それまでの増資の主な慣行は、既存株主への額面発行であり、それを用いると資金調達の旨味には欠けるものの、増資前後で所有構造は変わらず、企業経営者にとって都合がよかった。一方、この時期に採用され始めた公募増資は、資金力のある法人有利（つまり、個人不利）であった。ただし、非友好的な株主が大量購入するリスクも増加することになるため、多くの大企業は「親引け」（発行会社からの希望先申出分）という仕組みを利用して、これに対応した。「親引け」とは、「発行企業が希望する分売先に優先して新規発行株式を割り当てる方法」を意味し、これが友好的法人をターゲットとした安定株主化の有力手段となったのである（川北 1995；橋本ほか 2019）。

この結果、1960年代後半において、企業集団のメンバー企業間の株式持ち合いは最高潮を迎えることになり、たとえば住友グループのメンバー企業で、およそ25%もの株式を保有しあうまでに高まることとなった（前掲表7－6）。

(2) 企業集団の機能

では、以上のようなプロセスで形成された企業集団は、いかなる機能を有したのであろうか。その第1は、「経営安定化」である。浮動株主を減らすことにより、①敵対的買収の発生を抑制すると同時に、②株式市場からの圧力の緩和し、短期的な株価の動向から経営者を解放し、自由度の高い経営を実現した。これは「株主の封じ込め」と呼ばれた（橘川 １９９６b）。結果、企業は安定配当政策の採用と内部留保（財務基盤）の充実化が可能になるとともに、②長期視野的経営が実現され、成長志向的な投資活動の背景となった。

第2に、「取引関係の安定化」が挙げられる。株式の持ち合いが取引先の機会主義的行動を抑制し、株式保有による発言（voice）と売却（exit）によって取引先企業の行動を規律づけた。[*1] これは長期取引関係の維持をもたらすとともに、取引費用の削減、メンバー企業間での情報共有・蓄積によって共同事業の立ち上げを容易にした。後者としては、１９６０年代に各企業集団が共同出資によって進出した、石油化学工業や原子力工業などを指摘することができよう。

第3は、「リスク・シェアリング」である。具体的には、持ち合い株式が、①財務危機時のバッファーとなり、株式売却による利益捻出を通じて、収益の安定化が図られることもあった。これは１９７０年代の石油ショック後の不況業種（鉄鋼、繊維、商社）で採用されることがあった。また、株式持ち合いは、企業集団の収益安定化機能にも寄与した。つまり、企業集団に属することで、メンバー企業間で業績悪化時の支援を保証され、メンバー企業の収益を安定化することとなった。実際、２０００年と２００４年に相次いだリコール隠しで業績悪化に陥った三菱自動車に対し、御三家（重工、商事、銀行）は５０００億円の増資に応じ、経営再建にグループで乗り出した。それらの行動の背景には、グループのブランドイメージの保持が働いていたと考えられる。[*2]

3　産業再編成と大型合併

（1）合併の経緯

前述のような1960年代における貿易自由化、資本自由化の段階的実施を控え、産業再編成が官民双方の大きな課題となった。[*3] その背景には、日本企業は規模が小さく、かつ「過当競争」に陥っているため、資本蓄積や投資水準、あるいは生産効率で劣り、海外資本に飲み込まれてしまうのではないかという危機感があった。そこで合併によって企業規模を拡大し、財務体質を強化するとともに、重複投資の解消や成長分野への投資水準を引き上げ、生産効率の向上と産業構造の高度化を実現することが各業界で検討されたのである。

この期間に行われた大型合併をめぐっては、日本人が巨大資本であった「財閥の呪縛」からいまだ解き放たれていなかったためか、政府、産業界、学界のさまざまな分野で激しい論争が繰り広げられた。ある案件は独占禁止法の壁の前に合併を断念し、ある案件は公正取引委員会からの激しい攻撃を受けながらも、合併を成就させた。この時期の合併のタイプには、大きく分けて、①同業種間の水平合併、②集中排除による分割企業の再結集、③親会社による子会社の吸収合併があった。

①と②についての多くは案件を共通としている。以下では、そのなかでも合併による独占の進展が特に懸念された、旧三菱重工業、旧王子製紙、旧日本製鉄の各企業の再結集の経緯について簡単に紹介しておこう。

（２）三菱三重工の合併

三菱三重工は、戦後の集中排除法で旧三菱重工業が、新三菱重工業（旧中日本重工業）、三菱日本重工業（旧東日本重工業）、三菱造船（旧西日本重工業）に分割されることによって成立した。合併前において、新三菱（資本金３０６億円）は船舶の造船、各種産業機械、鉄道車両、航空機、自動車等の製造販売を、三菱日本重工業（資本金２２９億円）は船舶、各種産業機械、特車、自動車等の製造販売を、三菱造船（資本金２２４億円）は、船舶、各種産業機械等の製造販売を手掛けていた。

これら三重工が合併に踏み切った動機は、同根企業であったという要因もあったが、それよりも分割されてから時代が経過するにつれ、製造分野が重複する程度が大きくなり、競合の程度が増してきたからであった。そこで同根企業で融合することを通じて、３社間の重複投資を回避し、経営の合理化と競争力の強化を図ろうとしたのである。

この合併によって、船舶関係で30％弱、産業用機械で20％から60％、特車関係で20％代半ばと高い市場シェアに達することから、公正取引委員会において「競争を実質的に制限しないか」否かが審査されることとなった（表8－2）。その結果、①造船においては石川島播磨重工業、川崎重工業など有力な競争業者が存在すること、また、②電力向けタービン、ボイラー分野も同様に東芝、日立などの大手が存在すること、さらに、③トラックおよびバスについても、トヨタ、日産などの既存業者が存在することから、競争を実施的に制限することにはならないと判断された。これを受け三重工は合併し、1964年9月に新生三菱重工業が発足することとなった。

（3）王子系三社の合併検討と撤回

旧王子製紙は、分割前、資本金3億円、従業員数1万1440人、グランド・パルプ58・9％、洋紙77・2％、新聞用紙94・1％、板紙24・1％の市場シェアを誇る大独占体であった。そのため1949年1月、集排法で王子製紙（旧苫小牧製紙）、十條製紙、本州製紙の3社に分割されることとなった。

1960年代後半にこの旧王子系製紙企業が合併を図ろうとした動機は、スケールメリットの獲得にあった。すなわち、企業規模拡大によって工場拡張の資本力を備えるとともに、技術開発力の強化、生産・販売網の整理統合を図ろうとしたのである。もっとも、この合併には大きなネックがあった。それは合併の結果、市場シェア、企業規模において2位企業と隔絶たる差が生じることで

表８－２　三菱三重工主要製品の生産集中度

	新三菱重工業	三菱日本重工業	三菱造船	計(%)
船舶部門				
国内船	6.6	6.6	14.3	27.5
輸出船	4.5	3.1	20.1	22.7
計	5.6	4.9	17.2	27.7
参考：石川島播磨重工業				14.4
修繕船部門	9.8	7.6	10.0	27.4
参考：日立造船				20.0
タービン部門				
電力会社用	20.7	—	3.4	24.1
産業用	7.9	1.0	32.9	41.8
参考：日立製作所			電力会社用	35.9
			産業用	16.1
ボイラー部門				
電力会社用	28.8	—	16.8	45.6
産業用	9.5	6.5	178.5	34.5
参考：日立製作所			電力会社用	34.7
			産業用	11.7
製紙機械(長網沙紙機)部門	61.1	—	1.9	63.0
参考：富岡機械製作所				17.2
自動車部門				
トラック	18.5	6.6	—	25.1
バス			—	25.5
参考：いすゞ自動車			トラック	33.7
			バス	36.2

注：1960～1962年実績による。
出所：御園生（1987）、表21。原資料は公正取引委員会（1968）。

あった。新会社が成立した場合の資本金は250億円であるのに対し、業界2位の大昭和製紙は56億円に過ぎなかった。また、もし合併が成立すれば、洋紙シェアは37・5%に達し、大昭和製紙の10・9%、パルプでも合併会社は33・3%であるのに対し、大昭和製紙9・8%と3倍以上の差がつくこととなる。

公正取引委員会のスタンスも、新聞紙やパルプ分野において、3社の優れた製品価格、品質、供給能力、安定した需要者との取引関係を誇っており、新規参入は困難で、また有力な競争業者も存在しないため、合併に対しては否定的なものであった。経済学者のグループからも独占化に対する懸念や、合併効果に対して厳しい意見が出され、公正取引委員会の態度もさらに硬化したため、前述の3社合同委員会の事前審査の結論を待たず、申請を取り消すこととなった（戦前の3製紙統合は再現しなかった！）。[*4] 高度経済成長期において独占禁止法が厳格に運用されていた1つのケースとして、指摘することができよう。

（4）八幡・富士製鉄の合併

経済的なイベントで高度経済成長期の終わりを飾ることになったのは、八幡製鉄と富士製鉄の合併であった。これら2社も戦後の集中排除で分割されたものであり、1949年1月に旧日本製鉄から独立した企業であった。

表８－３　鉄鋼会社の生産集中度

	銑鉄（%）	粗鋼（%）
八幡製鉄	22.1	18.5
富士製鉄	22.4	16.9
（両者計）	(44.5)	(345.4)
日本鋼管	16	12.4
住友金属工業	13.3	11.8
川崎製鉄	12.4	11.3
神戸製鋼所	71.1	5.5

出所：御園生（1987）、表22、公正取引委員会事務局編（1977）、191頁。

以降、両社は業界トップツーとして君臨していたが、１９６０年代半ばから政府や業界に働きかけ、合併を模索するようになった。その理由として、先述の2ケースと同様、両社が旧会社に属していたという人的つながりもあったが、統合による生産集約、規模拡張、技術開発力の強化、原材料の選択的調達、輸送コストの低減、資本調達力強化、海外事業の充実など、合併の便益と思われるものが網羅的に挙げられていた（公正取引委員会事務総局編１９９７）。

両社合計のスケール、市場集中度は圧倒的なものであった。八幡製鉄の資本金は１２７３億円、富士製鉄は１０２０億円（１９６8年上期）であるのに対し、3位企業の日本鋼管の資本金は７６3億円（１９６9年3月期）と、隔絶したものであった。市場シェアでも銑鉄で44・5％に達するなど、市場占有度30％を超える品目は20にも渡った（表8－3）。そのため、依然閉じられた市場のなかで競争していた日本にとって、国民経済に与える影響が看過できないものと捉えられたのは自然のことであった。

合併をめぐって、産業再編成の旗振り役である通商産業省と、経済法の番人である公正取引委員会で激しい綱引きがなされた。大手企業は概ね肯定的な雰囲気であったが、中小企業者からは下請企業に対するしわ寄せが強くなるのではないかとの否定的な声が漏れた。産業界でも企業規模によって受け取り方が異なり、必ずしも一枚岩ではなかった。学者グループは、近代経済学者を中心に、激しい反対運動キャンペーンを行った。王子の時と同様、競争制限の要素が強く、合併から得られる便益は顕著ではないとの声明が出された。

公正取引委員会の事前審査でも、会社側と激しい火花が散らされた。同委員会は、鉄道用レール、食缶用ブリキ、鋳物用普通銑では独占禁止法第15条第1項の規定（実質的な競争制限行為）に抵触するおそれがあると、会社側に申し渡した。会社側は施設譲渡などの「対応措置」を取ることを約束したが、委員会はその措置では不十分で、問題が解消されないと突き放し、事前審査が打ち切られるという事態へ発展することとなった。

本審査の過程において、鉄道用レールでは日本鋼管に対する技術指導、食缶用ブリキでは東洋鋼板の株式を、ホットコイル生産能力のある日本鋼管と食缶用ブリキ最大の需要者の東洋製罐に譲渡、鋳物用銑では、神戸製鋼所へ高田第6号高炉を譲渡するなど、生産設備に関するいわゆる「問題解消措置」が取られることとなった。結果、最終判断は公正取引員会に委ねられ、これらの問題解消

表８－４　統合参加企業の経営指標（1969年９月）

	(a) 八幡製鉄	(b) 富士製鉄	(b)/(a)
総資産	857,724	631,732	73.65
負債	701,042	485,402	69.24
売上高	288,337	239,060	82.91
営業利益	36,075	24,289	67.33
当期利益金	16,234	13,130	80.88
従業員数	45,900	34,785	75.78
ROA	4.21	3.84	91.42
売上高利益率	12.51	10.16	81.21
総資産回転率	0.34	0.38	112.57
負債比率	81.73	76.84	94.01

出所：大日本紡績連合会『綿糸紡績事情参考書』各年版より作成。

措置を適当と認め、１９６９年10月、同委員会は合併に同意するに至った。

以降、公正取引委員会のM＆Aに対する対応は、国際競争への対応という名の下に、なし崩し的となった。今日に至るまで大型M＆Aにおいて、同委員会がゲートキーパーとして決定的な役割を果たす機会は訪れていない。

（５）合併の効果：新日本製鉄のケーススタディ

① 合併条件

では、新日鉄の成立は、同社のパフォーマンスや経済厚生にいかなる影響を与えたのであろうか。まず、合併両社の経営指標についてみてみると、規模比で富士が八幡の７割程度と、やや八幡優勢となっている。売上高、利益額、パフォーマンスについても同様である（表８－４）。ただ、合併条件の妥当性について、収益還元法と純資産簿価法による平均法で算出してみると、ちょうど

表8－5　八幡・富士合併の株式価値と合併比率

発生年月	合併企業	被合併企業	実際(a)	平均法(a)	収益還元法			純資産方法		
					(a)	(b)円	(c)円	(a)	(d)円	(e)円
1970年3月	八幡製鉄	富士製鉄	1.00	1.00	0.84	160.76	135.15	1.17	61.51	71.73

注1：(a)欄は、合併企業を1とする場合の合併比率、「実際」は実際の合併条件を示す。
注2：(b)欄は、合併企業、(c)欄は被合併企業の1株あたりの株式価値を示す。
注3：(d)欄は、合併企業、(e)欄は被合併企業の1株あたりの純資産を示す。
注4：収益還元法の利益額は償却前利益（合併前1期）、純資産法における純資産は合併1期前の値を用いた。
注5：資本還元比率は、三菱経済研究所『企業経営の分析』の当該業種の平均ROE（合併前1期）を用いた。

八幡1株に対し富士1株となり、実際の「1対1」の比率に一致する（表8－5）。この合併は、株主価値の側面からみても、対等であり、それが実現されたといえる。さらに、役員人事を確認してみると、見事なまでに八幡と富士の人材を交互に配置する「たすき掛け人事」が達成されている（表8－6）。正確な判断は他のケースの収集を待つことになるが、これまでみてきたように、戦前期においては規模比が接近していてもこのような人事は行われておらず（むしろ、買い手主導で被合併企業の役員は徹底的に排除された）、少なくとも「日本型M＆A」の特徴の1つもいえる「たすき掛け人事」は、高度経済成長期の対等合併（もしくは戦後改革で解体された企業の再結集）の流れで発生したものと推察される。

2 パフォーマンス

次に、新日鉄の誕生が、株主、従業員の富や企業パフォーマンスに与えた影響について観察していく。具体的には、合併に

表８－６　新日鉄設立時の役員構成（1970年３月）

職位	氏名	出身
会長	永野重雄	富士
社長	稲山嘉寛	八幡
副社長	藤井丙午	八幡
副社長	平田龍馬	富士
副社長	平井富三郎	八幡
副社長	田坂輝敬	富士
副社長	金子信男	富士
副社長	藤本俊三	八幡
専務	八幡３名、富士３名	
常務	八幡６名、富士５名	
取締役	八幡６名、富士６名	
監査役	八幡２名、富士２名	

出所：「有価証券報告書」より作成。

対する当時のマーケットの反応、合併前後の雇用の状態、財務指標の推移の観点からみていこう。

まず、合併公表に対する株価の反応についてであるが、もし仮にこの合併がシナジーを生み出すものとマーケットが捉えるならば、マーケットインデックスを超える株価の上昇が観察されるであろう。ここでは、マーケットインデックスとして日経ダウ225種平均を用いて、市場調整モデルで異常リターンを算出したところ（第1章コラム1参照）、総じて八幡製鉄で負のリターン、富士製鉄で正のリターンが生じていることがわかる（図8－2）。イベント日周り1日から3日の累積異常リターン（CAR）に目を向けると、たとえば、CAR（－1，＋1）で八幡製鉄が21・53％のマイナスで、富士製鉄の15・86％のプラスを相殺する形となっている（表8－7）。総じてこの合併は、経営規模の小さな富士製鉄側株主に有利な結果になった

図8－2　八幡・富士製鉄合併アナウンスのCAR

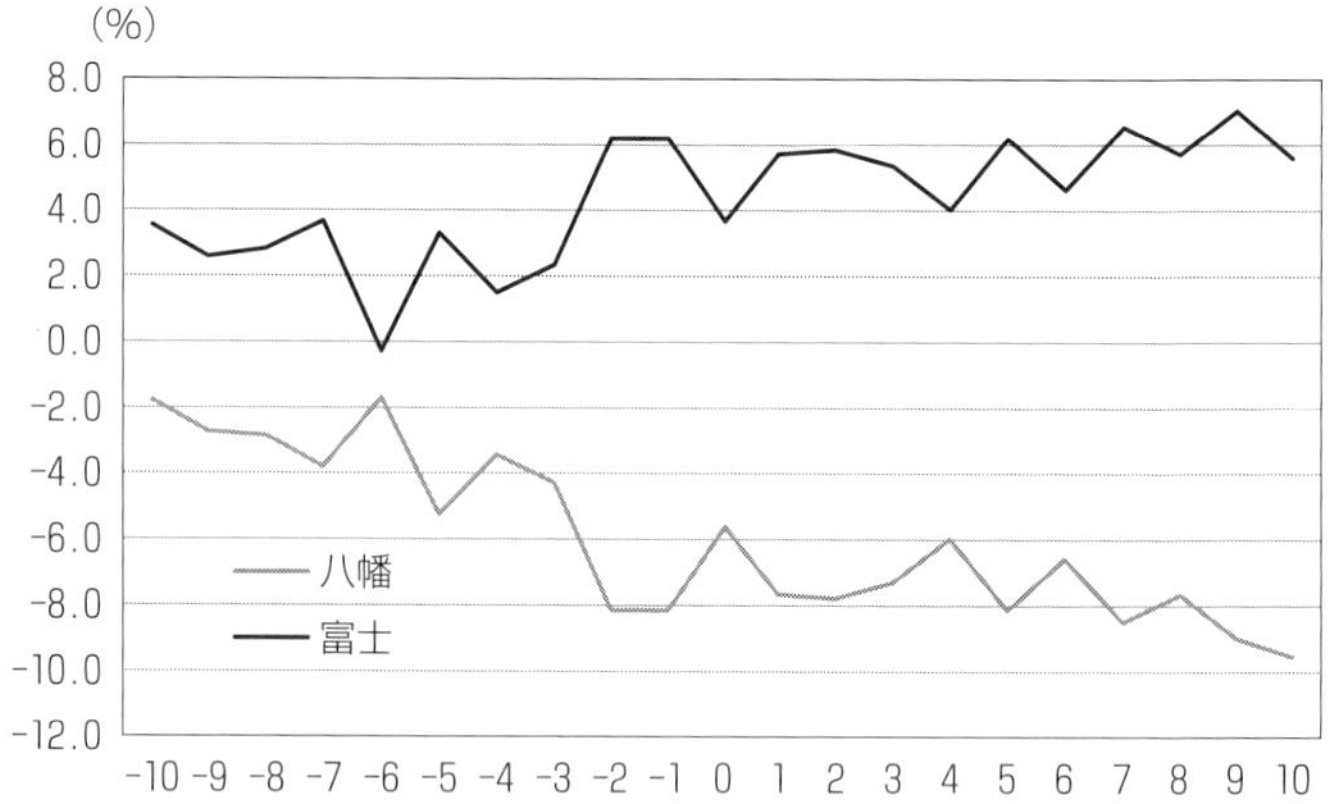

表8－7　イベント日周りのCAR（八幡・富士）

（単位：%）

	八幡製鉄	富士製鉄
CAR（-1, +1）	-21.53	15.86
CAR（-2, +2）	-37.53	28.09
CAR（-3, +3）	-49.05	35.84

といえよう[*5]。

次いで、雇用の状態に関して、従業員数、賃金の側面から確認していきたい。これらについては、両社、新会社それぞれ事務職と技術職、男女別のデータが取得できる。従業員数については、合併後に若干の停滞があるものの（両社計の合併1期前の従業員数：8万84人→合併1期後：7万9638人）、3期後には8万2394人と増加している（表8－8）。合併によって雇用が削減されたという事実はない。一方、平均給与についても、合併1期前に八幡6万8

表８－８　新日鉄成立前後の従業員数推移

パネルＡ：八幡・富士合計

	主務職等社員			技術職等社員			合計		
	男	女	計	男	女	計	男	女	計
1967年３月	15,552	2,695	18,247	55,039	2,227	57,266	70,591	4,922	75,513
1968年３月	17,013	3,078	20,091	56,929	1,492	58,421	73,942	4,570	78,512
1969年３月	17,611	3,318	20,929	57,781	1,374	59,155	75,392	4,692	80,084

パネルＢ：新日本製鉄

	主務職等社員			技術職等社員			合計		
	男	女	計	男	女	計	男	女	計
1970年３月	17,901	3,455	21,356	57,004	1,278	58,282	74,905	4,733	79,638
1971年３月	18,302	3,508	21,810	57,852	1,325	59,177	76,154	4,833	80,987
1972年３月	18,702	3,609	22,311	58,876	1,207	60,083	77,578	4,816	82,394

出所：「有価証券報告書」より作成。

734円、富士7万1237円であったのに対し、合併1期後には8万1667円へと上昇している（表8－9）。以上の結果から、本合併によって、従業員の富は棄損されず、いわゆる「信頼の破壊」が生じていたとは考えにくい。

最後に、合併前後のパフォーマンスについて、表8－10からROAについて確認してみる。合併前において低下傾向（3期前：9・55％→1期前：6・46％）であったのが、合併後においても歯止めがかかっていない（1期後：5・04％→3期後：4・21％）。特に売上高利益率の減退が著しい（3期前：16・42％→3期後：7・26％）。高度経済成長期の終わりの局面で景気が後退していたことに加え、前述のような雇用条件維持による高コスト体質が原因になっているものと推察される。

総じて本案件は、統合相手が決められた予定調和の

表８－９　新日鉄成立前後の平均賃金（月給）推移

パネルA：八幡製鉄　（単位：円）

	主務職等社員			技術職等社員			合計		
	男	女	計	男	女	計	男	女	計
1967年３月	57,973	35,030	53,355	53,898	35,720	53,180	54,519	35,359	53,211
1968年３月	66,189	38,946	60,278	63,362	42,678	62,642	63,792	40,513	62,243
1969年３月	72,345	41,678	65,235	70,183	49,289	69,530	70,513	44,508	68,734

パネルB：富士製鉄

	主務職等社員			技術職等社員			合計		
	男	女	計	男	女	計	男	女	計
1967年３月	56,951	33,324	50,921	57,151	40,815	56,888	57,123	35,013	55,827
1968年３月	70,479	36,119	62,606	64,517	46,143	64,262	65,535	37,988	63,917
1969年３月	77,522	38,974	68,576	72,219	52,358	71,969	73,153	41,183	71,237

パネルC：新日本製鉄

	主務職等社員			技術職等社員			合計		
	男	女	計	男	女	計	男	女	計
1970年３月	87,952	45,794	77,792	83,182	55,098	82,607	83,978	48,174	81,667
1971年３月	93,607	50,889	82,161	90,659	62,676	90,034	91,082	54,083	88,592
1972年３月	100,676	55,313	88,263	97,268	68,419	96,739	97,746	58,361	95,207

出所：「有価証券報告書」より作成。

ものであり、シナジーの創出という意識が欠けていたと考えられる。マーケットもそれを織り込んで、ほとんど反応を示さなかったのであろう。ある意味、従業員の利害に配慮するという点、そしてシナジー創出に関する意識の欠如という点において、巷間指摘される、日本型M&Aの特徴をよく表している案件だといえる。

（6）合併の効果に関する先行研究

では全体として、高度経済成長期から1980年代にかけての合併の成果は、いかなるものであったのであろうか。それはあまり芳しいものではなかった。いくつかの調査を紹

表８－10　新日鉄統合前後のパフォーマンス

パネルA：八幡・富士合計

	ROA	売上高利益率	総資産回転率
1967年３月	9.55	16.42	0.58
1968年３月	7.69	11.20	0.69
1969年３月	6.46	10.19	0.63

パネルB：新日本製鉄

	ROA	売上高利益率	総資産回転率
1970年３月	5.04	12.85	0.39
1971年３月	6.38	9.41	0.68
1972年３月	4.21	7.26	0.58

出所：「有価証券報告書」より作成。

介すると、たとえば、星野（１９８１）では、１９７０年に合併した15社の経営指標を業種平均の値と比較しているが、自己資本比率、負債比率、総資本純利益率で合併企業の方が劣るとしている。また、村松（１９８７）でも、１９６４年から１９８１年までに合併を１回経験した43社と、業種・規模で近似させた被合併企業を比較しているが、収益性、成長性、安定性、効率性にネガティブな効果があったことを報告している。同様に、小田切（１９９２）は、１９８０年代の合併26社から46社を取り上げ、業種、売上高で近似させたペア企業と比較したところ、利益率や成長率を向上させているという効果は観察されないばかりか、水平合併のケースでは、非実施の企業に比べ事後的なパフォーマンスは低迷する傾向があることを確認している。総じて、この局面の合併企業のパフォーマンスは良好とはいえない。

その理由として、これまでみてきたように、①戦後に分割された企業の再結集を目的としており、戦略性に関する意識が弱かった、②合併が国際競争力の強化という産業政策の一環としてプログラム化されていたため、業績改善の意欲や余地が乏しかった（村松 1987）、③大企業同士の水平統合のケースが多く、組織融合にかかわるコストがシナジーによるベネフィットを上回った、などの理由が考えられる。

4 企業グループと系列化

(1) 2つのビジネスグループ

「ビジネスグループ」と一言でいっても、多様な捉え方がある。たとえば、対象としているのが「ヨコ」のグループなのか、「タテ」のグループなのかという点である。「ヨコ」のグループとは、他業種の企業が資本結合によって構成しているグループである。戦後の「企業集団」がそれに該当し、社長会メンバー企業間の株式持ち合い（＝株式の双方的な保有関係）によって結ばれ、銀行、商社、家電など、さまざまな業種の企業から構成されている。

一方、「タテ」のグループとは、親会社とそれを分業・補完する役割を担う子会社群によって構成されるグループである。親会社と子会社の関係は、前者による後者の株式保有（＝株式の一方的保有）によって規定され、業種も親会社の手掛ける分野に限定される。これらグループは「企業グループ」と呼ばれ、ソニーやソフトバンク、三菱商事など1000を超える子会社を保有する企業も存在する。

(2) 進展する系列化

表8－11は、1970年代から2000年までのトヨタと日産の自動車メーカーによる部品メーカーの株式取得の状況をみたものである。それによると、年代を経るにしたがって、株式取先得企業の幅が広がっていることと、個々の企業の持分が段階的に増加していることがわかる。たとえば、トヨタでは日野自動車、ダイハツ、小糸製作所、日産自動車では市光工業、曙ブレーキの株式取得数の伸長に顕著なものがある。

この理由として、まず、前述のような高度経済成長期の資本自由化の局面において、国際競争力の強化を目的とする、通産省の二大系列下構想の下、トヨタ自動車と日産自動車の生産集約が志向されたことが背景としてあった。そして、そのような構想を受け、組立メーカーには部品調達先の確保、一方、部品メーカーには発注確保、技術指導、財務基盤の安定化がニーズとしてあったことが指摘できる。[*6]

それに加え、1979年にトヨタ系列に入った光洋精工のように、業績不振に陥って、組立メーカーに救済を要請するケースも存在した。また興味深いことに、系列化をめぐってトヨタと日産の

表8－11　自動車メーカーの系列化

パネルA：トヨタ自動車

	1970年3月		1981年3月		1991年3月		1999年3月	
	持株数	%	持株数	%	持株数	%	持株数	%
日野自動車	16,850	6.80	29,981	9.83	40,164	11.22	72,764	20.07
トヨタ車体	20,000	40.00	30,512	39.83	36,941	43.02	40,601	47.07
関東自動車工業	12,720	25.20	15,800	24.84	34,005	48.68	34,185	48.94
アイシン精機	15,450	19.30	31,996	21.51	60,352	21.98	70,795	24.47
ダイハツ工業	23,000	7.00	34,926	9.54	62,986	14.79	218,649	51.19
小糸製作所	6,000	10.10	27,120	20.15	—	—	32,158	20.00
東海理化	—	—	10,390	24.62	—	—	22,649	30.93
トピー工業	—	—	1,280	1.11	—	—	2,438	1.08
自動車機器	—	—	6,897	18.61	947	1.46	—	—
日本オイルシール工業	—	—	6,709	4.41	—	—	—	—
フタバ工業	—	—	3,882	13.07	5,448	13.22	8,585	12.27
カヤバ工業	—	—	12,585	9.62	19,449	9.02	19,654	8.70
シロキ工業	—	—	1,217	2.26	11,721	13.78	12,726	14.29
市光工業	—	—	5,590	8.64	—	—	5,689	6.11
大同メタル工業	—	—	485	2.33	509	1.77	509	1.77
尾張精機	—	—	375	5.21	492	5.20	664	5.20
太平洋工業	—	—	872	1.83	—	—	—	—
豊田合成	—	—	7,075	27.97	44,271	41.43	46,064	42.47
極東開発工業	—	—	—	—	461	2.07	558	1.88
東洋ラジエーター	—	—	—	—	3,735	4.99	3,735	4.99
曙ブレーキ工業	—	—	—	—	11,502	14.16	15,195	16.19
愛三工業	—	—	—	—	14,887	30.00	18,095	34.80
トキコ	—	—	—	—	—	—	1,657	1.29
ボッシュブレーキシステム	—	—	—	—	—	—	2,648	3.97
NOK	—	—	—	—	—	—	6,809	4.04

両陣営が火花を散らすケースもあった。具体的事例としては、日産系の市光工業にトヨタが侵食したため、その対抗策として日産は、小糸製作所の株式取得を進めたという事例がある（奥村 1989）。

いずれにせよ、高度経済成長期から1980年代にかけて、自動車産業では組立メーカーによる系列化が積極的に進められ、時には1つの部品メーカーをめぐって組立メーカーによる主導権争いが繰り広げられた。この時期には、水平合併の数は限られたもの

（表８－11のつづき）

パネルＢ：日産自動車

	1970月３月		1981月３月		1991月３月		1999月３月	
	持株数	%	持株数	%	持株数	%	持株数	%
日産ディーゼル工業	63,000	52.50	73,585	43.51	92,137	39.74	94,170	39.82
日産車体	55,982	58.30	63,151	47.84	66,936	42.56	66,936	42.56
トキコ	975	1.80	2,194	2.89	3,034	2.36	1,840	1.43
市光工業	5,017	11.90	14,517	22.45	19,851	20.80	19,851	20.67
愛知機械工業	13,205	30.00	25,078	39.52	30,010	33.10	30,010	33.10
日本エヤーブレーキ			740	1.49				
トピー工業			1,690	1.46				
自動車機器			460	1.73				
曙ブレーキ工業			5,584	15.07	12,887	15.87	13,760	14.66
カヤバ工業			11,685	8.93	18,816	8.73	15,741	6.96
プレス工業			5,811	7.26	3,883	3.78		
日本ラヂエーター			33,872	50.13				
富士鉄工所			400	34.00				
河西工業			5,932	24.52	8,460	23.00	8,460	20.23
自動車電機工業			3,244	20.22	6,114	24.82	6,114	22.73
杼木富士産業			2,128	21.11	6,774	20.49	7,452	20.44
富士機工			7,458	31.08	13,399	37.03	8,613	23.80
厚木自動車部品			28,015	42.40				
小糸製作所			9,543	7.09	9,543	5.95		
大金製作所			12,005	32.98	13,436	33.55		
関東精機			14,504	43.61	15,229	31.43		
橋本フォーミング工業					7,229	24.83	7,229	24.83
タチエス					4,727	20.33	5,623	21.01
カルソニック					43,934	33.39	43,934	33.39
フジユニバンス					5,356	34.00	5,366	31.11
アツギユニシア					35,009	33.16		
池田物産					15,258	42.99	34,498	37.89
ナブコ							632	0.75
ボッシュブレーキシステム							598	0.89
富士重工業							24,932	4.13
ユニシアジェックス							45,293	29.57
エクセディ							12,358	25.47
カンセイ							15,229	28.58
ヨロズ							6,600	30.76

出所：東洋経済新報社「企業系列総覧」より作成。

の、系列化という形態で垂直的な株式取得が進められたのである。株式の部分取得が多用されたという点で、日本型M&Aのスタンスが強調された時期でもあったといえる。

5 おわりに：日本型M&Aの起源

本章では、高度経済成長期から1990年代に入る前での国内M&Aの動向を中心に検討してきた。冒頭でも確認したように、水平合併を抑制する法制度、企業システム、雇用システムが強く作用していたため、この局面の合併は件数自体相対的に少ないものであった。もっとも、公正取引委員会のスタンスは、ある大型合併ではそれを抑止する方向に働いたが、概ね合併成立を支援する政府、産業界の声に押され、多くの場合、守勢に立たされた。以降、国内の大型合併において、グローバル経済への対応というお題目の下、公正取引委員会が合併判断のゲートキーパーとして重要な役割を果たす機会は訪れていない。

また、こうした環境下でも発生したM&Aは、極めて日本的な特徴を有していたことも改めて確認しておく必要がある。すなわち、取締役会構成における「たすき掛け人事」、従業員への配慮、(パワーバランスはそうではないにかかわらず採用された) 対等合併の慣行である。そのため、合併後におけるシナジー創出という意識が欠如し、多くの合併は成立後においてパフォーマンスの低迷に苦しむこととなった。こうしたパフォーマンス向上を抑制する要因の克服が、今日の日本企業のＭ＆Ａ遂行の課題として持ち越されている。

前述のような水平的な合併は抑止される環境要因があった一方で、タテの部分的株式取得（系列化）は、この局面に活発に行われた。高度経済成長期から１９８０年にかけては系列という枠組みが健在であったため、日本企業はグループ化の層を広げ、さらには深化させる時代でもあったのである。

ところで、この局面のＭ＆Ａで看過できない要素がある。株主安定化の隙のある企業を狙って頻発した株式の「買い占め」行為である。従来、こうした買い占め行為は、市場のノイズとしてみなされ、正面から取り上げられることはなかった。はたして、買い占めは当時の企業システムのあり方に何の意味も持たなかったのであろうか。この点については、本章末のコラム４を参照いただきたい。

注

＊１　円環状に少量ずつ持ち合っているので、サークルの和を乱す行動は、他メンバー企業からのペナルティを受ける対象となり、それがモラルハザードの抑制につながった。

＊2　「三菱自2500億円増資」『日本経済新聞』2005年1月19日。

＊3　この点についての1つのターニングポイントは、官民あげての産業再編を目指して1962年に上程された「特定産業振興臨時措置法案」であったが、自主経営を目指す企業やそれらに融資を求められた銀行業界の反対を受け、成立しなかった。

＊4　御園生（1987）では、八幡・富士の合併に情熱を傾ける通産官僚にとって、降ってわいた旧王子系3社の合併は、「やっかいもの」以外の何物でもなかったと、いみじくも語っている。

＊5　ただし、合併公表前後の両社の株価をみてみると、ほとんど変動していないことに注意が必要である。そもそもこうした大型株は公社債に類似するものと捉えられ、安定性に優れる反面、旨味に欠けるという判断をマーケットがしていた可能性も指摘できる。

＊6　「自動車メーカー関連業界にテコ入れ」『朝日新聞』1965年3月21日、「自動車業界　二大系列で再編成」『朝日新聞』1968年5月30日、「自動車産業　二列化構想のゆくえ」『朝日新聞』1968年9月28日、「トヨタ日産　系列化工作　峠越す」『朝日新聞』1972年6月28日。

コラム4　乗っ取りの横行

本論でも述べたように、1970年代から1980年代にかけて盛んに系列化が行われ、企業の安定株主、親会社による支配体制は盤石にも思えた。ただし、その安心感は、安定株主工作が不十分な企業にも蔓延し、乗っ取りの隙を与えたことも事実である。実際、その多くは経営権の取得に失敗したものの、コラム表4－1のような買い占めがこの時期には多発し、世間の注目を集めた。

コラム表４－１　1970年代から1980年代の乗っ取り

発生年	レイダー	ターゲット	成否	
1971	三光汽船	ジャパンライン	否	４割の株式取得に成功。児玉誉士夫の仲介により、取得株式をジライン側に引き渡し。その後、三光汽船は倒産（1985年）。
1988	秀和	いなげや、忠実屋	否	秀和はいなげや、忠実屋の合併を提案。両者は新株発行とその持ち合で防衛を試みるが、東京地裁に棄却。忠実屋はダイエー、いなげやはイオンがホワイトナイトとして吸収、自主路線を歩む。
1985	ミネベア	三協精機	否	20%弱を買い占め、合併を提案。三協側は従業員持株会等を使い安定株主工作。その後、ミネベアは米英ファンドから TOB を仕掛けられ、乗っ取りは頓挫。
1988	高橋産業	宮入バルブ製作所	否	50%の株式を取得。宮入側は大山グループへの第三者割当増資で対抗。その後、宮入は畑崎・広中グループの買い占めに合い、経営権を奪取される（2004年）。
1986	コーリン産業	蛇の目ミシン	否	20%の株式を取得。蛇の目側に買い取らせて終結（グリーンメーラー）。
1988	コーリン産業	国際産業	成	40%の株式を取得。臨時株主総会でコーリン側が経営権を取得。その後、コーリン代表が恐喝事件で逮捕され、国際は大和銀行の管理下に。
1987	コスモポリタン	タクマ	否	32.5%の株式を取得。タクマ側は第三者割当増資で対抗。コスモ側は乗っ取りを断念。
1989	ブーン・ピケンズ	小糸製作所	否	1/3の株式を取得。ただし、筆頭株主にトヨタ自動車が安定株主として存在しており、ピケンズは買収を断念。

出所：佐藤（2005）より作成。

これら試みの多くは、いわゆる「闇の紳士」たちによって行われたため、とかくイメージが悪い。ただ、その経済的な効果はどのようなものであったのだろうか。ここに面白い研究がある。福田（1996）はこうした買い占め行為の実証分析を行い、ターゲット企業の株価、財務状態、買い占め発覚後のパフォーマンス推移を調査している。その結果によると、①ターゲットとなった企業の株価は低迷しており、利益率は低い。②買い占め発覚後、ターゲット企業の株価は上昇する傾向にあり、それは長期的にもマイナスになることはない。③事後的なパフォーマンスは改善しない、ことなどの特徴を見出している。

これらは敵対的買収が諸刃の剣であることを示す好例である。つまり、株主価値を実現していない企業に規律が与えられたという正の側面と、買い占めにより経営に混乱が起こり、経営陣が本業に専念できないという負の側面が同時に発生している。結局のところ、敵対的買収の評価は、このコストとベネフィットの兼ね合いでなされるべきなのであろう。

第9章　持株会社：経営統合と組織再編

〔本章のまとめ〕

1997年に解禁された持株会社の移行形態には、「組織再編型」と「経営統合型」の2つがある。前者の移行動機としては、「戦略策定と事業運営の分離」、「機動的なM&Aの実施」、「パフォーマンス低迷への対応」が、後者の採用動機としては、「合併の代替手段」、「ブランドの維持」、「業界再編への対応」がある。持株会社による経営統合には、傘下企業の法人格が維持されるため、統合参加企業の「対等性」を担保しやすいというメリットがあるものの、成功企業は統合後、早い段階で事業のシャッフル、人事異動を積極的に行っており、組織融合を断行していることがわかった。

〔本章のキーワード〕

組織再編、経営統合、戦略策定と事業運営の分離、合併の代替手段、機動的なM&Aの実施

1　はじめに：持株会社の時代

序章でも論じたように、日本経済が「財閥の復活」の呪縛から解き放たれて、金融再生と国際競争力強化の御旗の下、純粋持株会社[*1]が解禁されたのは1997年のことであった。それは持株会社設立禁止という規制が取り払われ、M&Aの「ピストン」が作動することを意味した。それ以来、数多くの企業が同体制に移行してきた。下谷・川本（2020）の調査によると、2018年末ま

でに568件もの持株会社が設立され、それは上場企業の15％にも相当する（表9－1）。2022年には、事業部制採用の旗手として知られたパナソニックが持株会社体制へと移行し、注目を集めた。いまや効果的なグループ経営を志向するマネジメント層にとって、持株会社体制への移行の検討は、避けて通れない道となっている。

では実際、持株会社化への移行の実態はどのようになっているのであろうか。また、持株会社体制への移行は、いかなる方法・動機によってなされているのだろうか。さらに、同体制への移行後、企業行動やパフォーマンスに変化はあったのであろうか。本章では、持株会社をキーワードとして、日本企業におけるグループ経営の状況について基礎的情報を提供するとともに、その実態、機能、成果について紹介することをねらいとしている。

2　移行方法

前述したように、持株会社への移行方法については2つの方法（組織再編型と経営統合型）が存在する。これらはしばしば明確に区別されずに語られ、議論を混乱させてきた。本節では、後の議論をスムーズに進めるために、これらの移行方法について、いくつかの事例を紹介しながら確認しておきたい。[*2]

表9－1　持株会社の設立件数

年	全体	組織再編型	経営統合型
1999	3	3	0
2000	2	1	1
2001	11	5	6
2002	19	11	8
2003	28	23	5
2004	32	27	5
2005	31	22	9
2006	62	49	13
2007	47	36	11
2008	45	37	8
2009	32	25	7
2010	25	18	7
2011	25	19	6
2012	20	16	4
2013	22	15	7
2014	24	20	4
2015	35	30	5
2016	30	24	6
2017	43	38	5
2018	32	26	6
計	568	445	123

注：調査対象は設立時において上場企業のものである。
出所：レコフデータ「レコフ M&A データベース」より作成。

（1）組織再編型

組織再編型での設立方法としては、会社分割を利用する方法が大勢を占める（表9－2）。同方式は、新設型と吸収型とに分けられ、前者は事業承継のための会社を作ったうえで、そこへ本体から事業を移す方法である。一方、後者は本体から事業を切り離し別会社化することで、事業親会社は持株会社に転じる方法となる。スキー

表９－２　持株会社の設立スキーム

形態	スキーム	件数	%
組織再編型	株式移転	44	14.1
	吸収分割	144	46.3
	新設分割	112	36.0
	吸収・新設併用	11	3.5
	計	311	100.0
経営統合型	共同株式移転	125	83.3
	株式交換（＋会社分割）	25	16.7
	計	150	100.0

注：経営統合型にはグループ内統合も含む。

ムの内訳が判明する３１１件のうち、１４４件（46・３％）が吸収型となっている。

吸収型のスキームとしては、京阪電気鉄道の事例が知られている（２０１６年４月移行）。具体的には、本体内部にあった鉄道事業、不動産事業が分社化（京阪電気鉄道、京阪電鉄不動産）され、新設された親会社（京阪ホールディングス）の下、その他グループ会社と並立する兄弟会社へと姿を変えている（図９－１）。

この吸収型スキームのメリットとしては、複数の子会社を同時に新設可能であることに加え、親会社の上場廃止手続き、および上場手続きが不要であるという点が挙げられる。その一方で、各種契約・労働関係の承継の可否・影響の検討が必要であるというデメリットも指摘されている（三苫ほか２０１５）。

図9－1　組織再編型持株会社の事例（京阪ホールディングス）

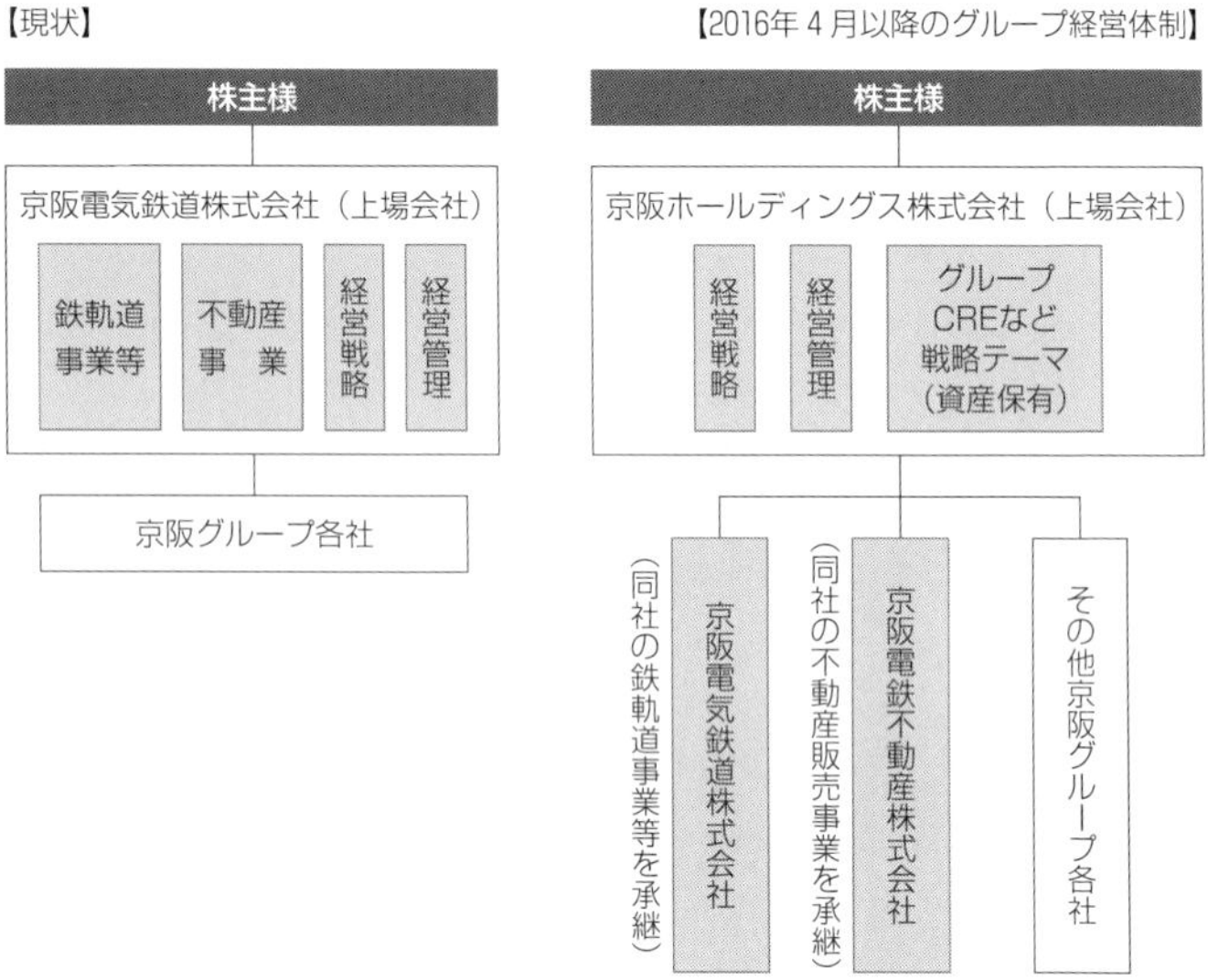

出所：京阪電気鉄道「会社分割による持株会社体制への移行に関するお知らせ」2015年4月30日、を一部修正。

（2）経営統合型

経営統合型に関しては、株式移転を用いるスキームが中心となっている。スキームが判明するもので、150件中125件（83・3％）となっている（前掲表9－2）。この方式は、事業会社の株主と持株会社との間で株式移転を行い、株主は持株会社の株主に、持株会社は事業会社の株主になるものである。経営統合型の場合、この手続きを2社以上が共同して行うこととなる。

このスキームの事例として、日本航空と日本エアシステムの経営統合（2002年10月）のケースを紹介したい。図示すると、新設された持

図９－２　経営統合型持株会社の事例（日本航空＋日本エアシステム）

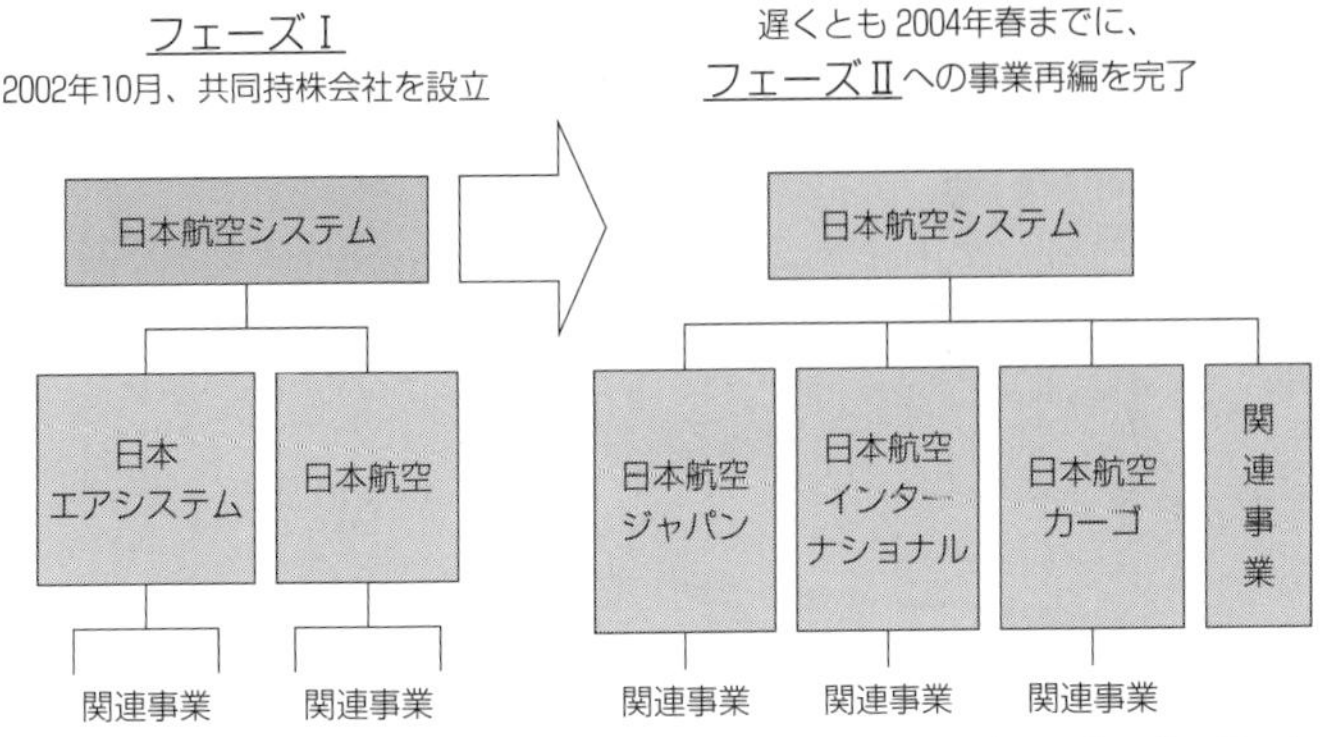

出所：日本航空「日本エアシステムとの統合の具体的内容について」2002年１月29日、を一部修正。

株会社（日本航空システム）と両社の株主が株式移転を行い、それら株主は新設持株会社の株主になるとともに、持株会社は傘下会社の株主となっている。そして、これら2社は第2フェーズにおいてシャッフルされ、国内旅客事業会社（日本航空ジャパン）、国際旅客事業会社（日本航空インターナショナル）、貨物事業会社（日本航空カーゴ）へと再編されている（図9－2）。

このスキームには、事業主体に変更がないため、各種契約関係の承継が発生しないというメリットがある反面、事業会社の上場廃止手続きおよび新設持株会社の上場手続きが必要というデメリットがあるという（三苫ほか 2015）[*3]。

3　移行実態

では、以上のようなプロセスを経て設立された2つのタイプの持株会社は、日本企業においていかなる位置を占めるのであろうか。以下では、上場企業[*4]における持株会社の設立件数について、それぞれの設立タイプ別（組織再編型、経営統合型）、業種別、そして上場場部別の順にみていくことにしよう。使用データはレコフデータ「レコフM&Aデータベース」である。同データベースには、持株会社の設立時期、設立形態、取引金額（経営統合型の場合）、上場場部などが収録されている。以下の検討ではこれに各社有価証券報告書、ホームページ、報道記事等によって情報を追加、加工したものを用いている。

（1）設立形態の内訳

まず、持株会社設立の2つの形態の内訳について確認していこう。前掲表9－1によって2018年末までに設立された568件となっており、これは2018年度末の全上場企業数（3808社[*5]）に対し14・92％となっている。その内訳をみてみると、組織再編型が445件（78・3％）、経営統合型は123件（21・7％）となっている。戦後日本の持株会社の設立第1号は、大和証券による大和証券グループ本社（１９９９年）であったが、組織再編型の持株会社が、企業グループ再編のツールとしてさかんに利用されてきたのである。時期的には、２００６年に組織再編型、経営統合型ともに最高値を示している（組織再編型が49件、経営統合型が13件）。この年には、組織再編型では富士写真フイルム、同和鉱業、ＡＯＫＩなどが持株会社体制に移行した一方で、経営統合型では国際石油開発と帝国石油の統合（国際石油開発帝石ホールディングスの設立）や、山口銀行ともみじホールディングスの統合（山口フィナンシャルグループの設立）などが相次いで注目を集めた。

（2）M&Aマーケットに対するインパクト

このように、件数ベースでは組織再編型のウェイトが圧倒的に高くなっているが、Ｍ＆Ａマーケットに対するプレゼンスでは、経営統合型の方が大きい。図９－３は、２０００年以降のＭ＆Ａの取引金額における持株会社による経営統合の割合をみたものである。期間全体では１６９兆円の取引となっているが、そのうち経営統合型は10・7％を占め、件数に比して大きなウェイトとなっている。特に、２０００年（42・3％）、２００１年（38・9％）、２００５年（21・8％）と割合が大きい。これは、いうまでもなくメガバンクの設立、すなわち２０００年には富士銀行、第一勧業銀行、日本興業銀行の統合によるみずほフィナンシャルグループの設立（公表金額４兆９１５０億

図９－３　M&A 市場に占める経営統合型持株会社のシェア

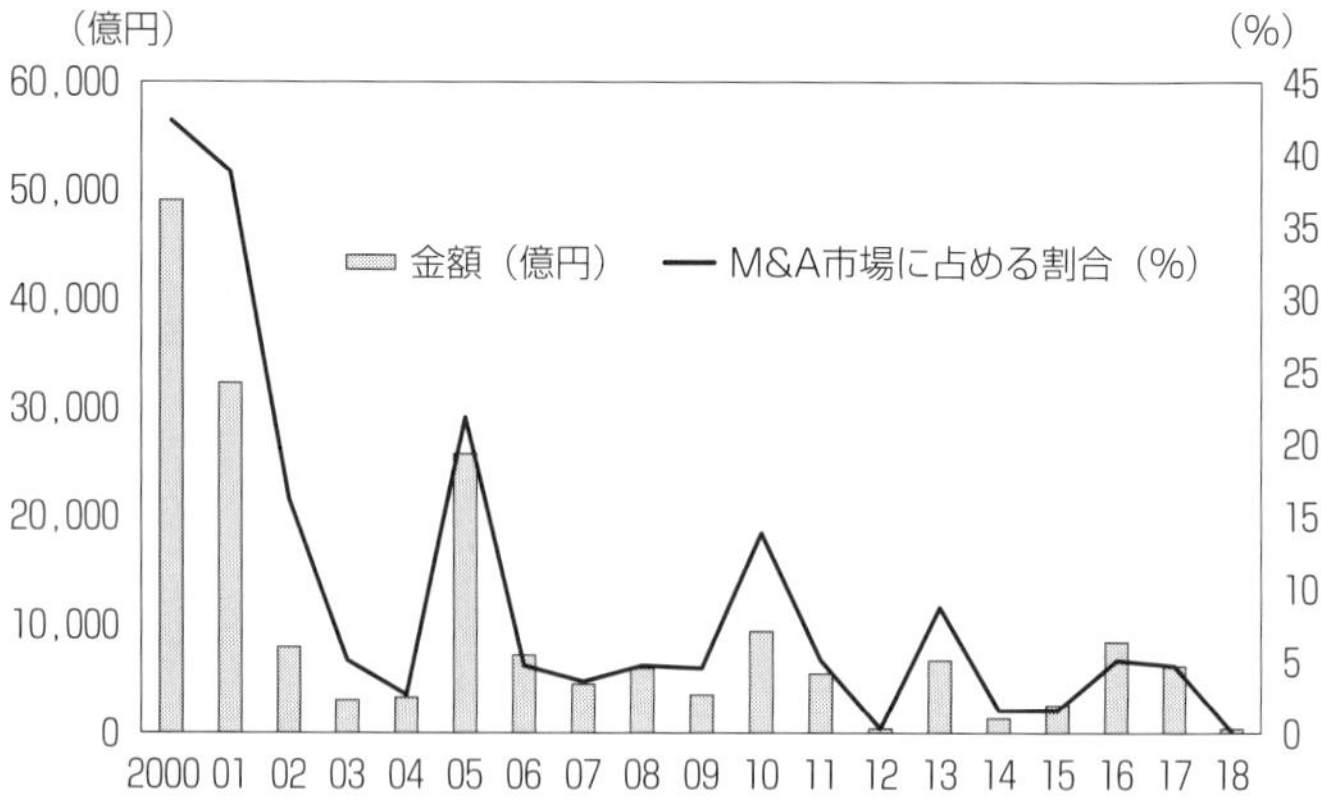

出所：レコフデータ「レコフ M&A データベース」より作成。

円）、２００１年には三和銀行と東海銀行の統合によるＵＦＪホールディングスの設立（同１兆７９２８億円）、２００５年は三菱東京フィナンシャルグループとＵＦＪホールディングスの統合による三菱ＵＦＪフィナンシャルグループの設立（同３兆９５５億円）があったためである。

　また、経営統合型の持株会社は業界再編に与えるインパクトも大きい。図９－４は、１９９１年以降の上場企業同士の経営統合の件数と、そのうち持株会社方式による割合を示したものである。同図によると、上場企業同士の経営統合は２０１８年末までに３２８件行われ、そのうち合併方式が２１９件（66・８％）、持株会社方式が１０９件（33・２％）となっている。株式移転制度、株式分割制度の導入により、経営統合型の持株会社設立が登場し始めた２０００年以降に限ってみてみると、43・１％（２

図９－４　上場企業同士の経営統合件数の推移

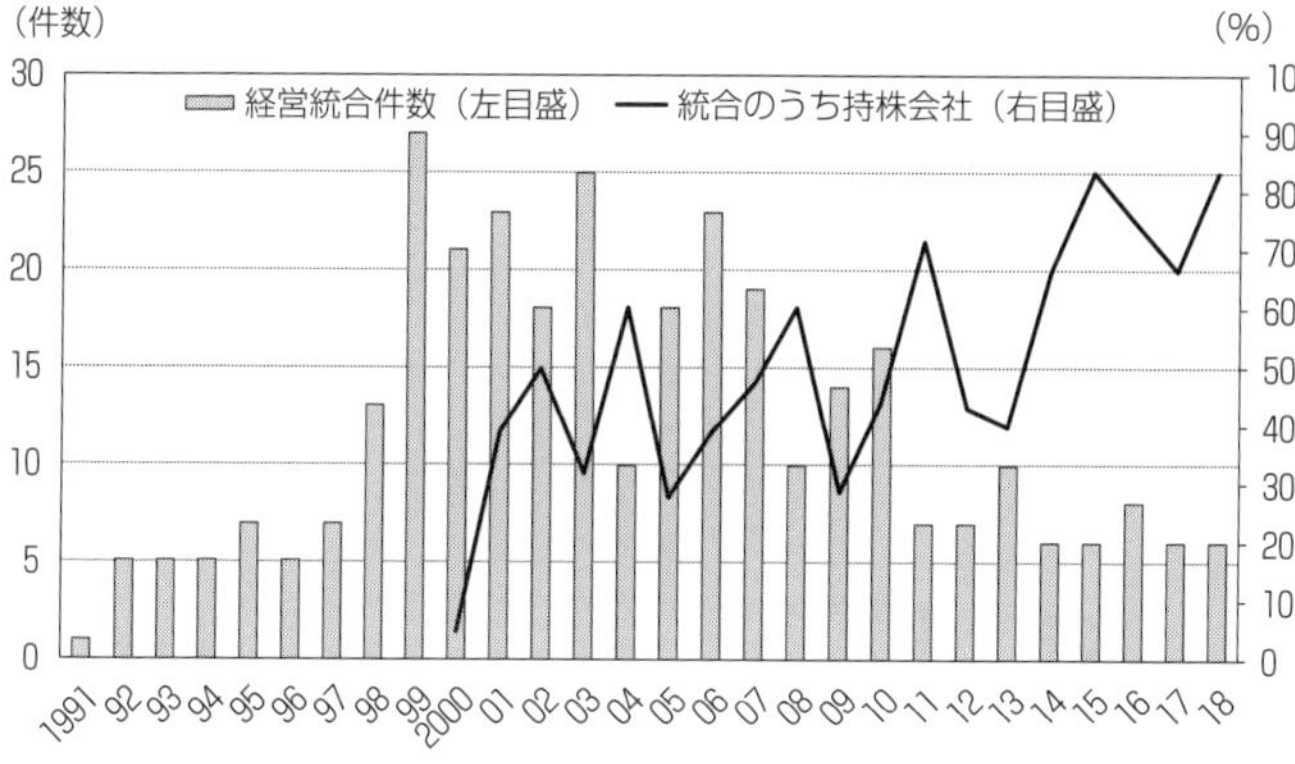

注：本表における経営統合とは、上場企業同士の合併と共同持株会社の設立を合計したもの指す。

出所：レコフデータ「レコフ M&A データベース」、東洋経済新報社『会社四季報』等より作成。

53件中109件）と、比率は上昇する。特にここ数年は、経営統合の件数の７割から８割が持株会社方式で占められており、持株会社が業界再編の触媒となっていることが確認できる。なお、経営統合の取引金額ランキングを確認してみると、首位はみずほホールディングス設立の４兆9150億円であり、トップ30のうち持株会社形態の採用が20件を占める（表９－３）。

（３）業種別の設立件数

表９－４は、業種別の純粋持株会社の設立件数をみたものである。同表によると、非製造業の設立件数が大きく（428件）、全体のおよそ75%を占めている。詳細な業種別ではサービス（178件）が最大であり、商社

表9－3　経営統合の取引金額上位30件

（単位：億円）

公表年月	買収企業		被買収企業		新会社			
	企業名	業種	企業名	業種	企業名	業種	金額	形態
1999年8月	富士銀行	銀行(4)	第一勧業銀行、日本興業銀行	銀行(2)	みずほホールディングス	銀行(1)	49,150	持株会社
1999年10月	住友銀行	銀行(3)	さくら銀行	銀行(6)	三井住友銀行	銀行(2)	34,962	合併
2004年7月	三菱東京フィナンシャル・グループ	銀行(3)	UFJ ホールディングス	銀行(4)	三菱 UFJ フィナシャル・グループ	銀行(1)	30,995	合併
1999年12月	DDI	情報通信(3)	KDD、日本移動通信	情報通信(5)	KDDI	情報通信(3)	18,834	合併
2000年7月	三和銀行	銀行(5)	東海銀行、東洋信託銀行	銀行(8)	UFJ ホールディングス	銀行(4)	17,928	持株会社
2005年4月	イトーヨーカ堂	小売(2)	セブン-イレブン・ジャパン、デニーズジャパン	小売(11)	セブン＆アイ・ホールディングス	小売(2)	13,523	持株会社
2000年4月	東京三菱銀行	銀行(1)	三菱信託銀行、日本信託銀行	銀行(11)	三菱東京フィナンシャル・グループ	銀行(3)	11,484	持株会社
2004年2月	山之内製薬	医薬品(3)	藤沢薬品工業	医薬品(7)	アステラス製薬	医薬品(3)	8,401	合併
2005年2月	三共	医薬品(2)	第一製薬	医薬品(7)	第一三共	医薬品(2)	7,968	持株会社
2011年2月	新日本製鉄	鉄鋼(1)	住友金属工業	鉄鋼(4)	新日鐵住金	鉄鋼(1)	7,489	合併
2009年11月	住友信託銀行	銀行(5)	中央三井トラスト・ホールディングス	銀行(7)	三井住友トラスト・ホールディングス	銀行(4)	5,133	持株会社
2000年2月	三井海上火災保険	保険(3)	住友海上火災保険	保険(4)	三井住友海上保険	保険(1)	4,812	合併
2009年3月	損害保険ジャパン	保険(4)	日本興亜損害保険	保険(6)	NKSJ ホールディングス	保険(4)	4,579	持株会社
1999年1月	中央信託銀行	銀行(19)	三井信託銀行	銀行(13)	中央三井信託銀行	銀行(5)	3,870	合併
2008年12月	新日本石油	石油(1)	新日鉱ホールディングス	石油(2)	JX ホールディングス	石油(1)	3,859	持株会社
2001年4月	川崎製鉄	鉄鋼(5)	NKK	鉄鋼(2)	JFE ホールディングス	鉄鋼(2)	3,833	持株会社
2005年11月	国際石油開発	鉱業(1)	帝国石油	鉱業(3)	国際石油開発帝石ホールディングス	鉱業(1)	3,606	持株会社
2015年12月	JX ホールディングス	石油(1)	東燃ゼネラル石油	石油·石炭(4)	JXTG ホールディングス	石油(1)	3,516	持株会社
2012年12月	一建設	不動産(8)	飯田産業、東栄住宅ほか	不動産(15)	飯田グループホールディングス	不動産(4)	3,345	持株会社
2007年8月	伊勢丹	小売(10)	三越	小売(8)	三越伊勢丹ホールディングス	小売(4)	2,923	持株会社
2000年2月	ゼネラル石油	石油(6)	東燃	石油(5)	東燃ゼネラル	石油(5)	2,835	合併
2000年9月	東京海上火災保険	保険(1)	日動火災海上保険	保険(7)	ミレアホールディングス	保険(1)	2,812	持株会社
2016年4月	コカ・コーラウエスト	食料品(17)	コカ・コーライーストジャパン	食料品(11)	コカ・コーラボトラーズジャパン	食料品(9)	2,689	持株会社
2011年12月	昭栄	不動産(64)	ヒューリック	不動産(21)	ヒューリック	不動産(20)	2,687	合併
2007年3月	イオンモール	不動産(40)	ダイヤモンドシティ	不動産(42)	イオンモール	不動産(26)	2,090	合併
2013年5月	東急不動産	不動産(4)	東急コミュニティー、東急リバブル	不動産(28)	東急不動産ホールディングス	不動産(5)	2,046	持株会社
2005年4月	三菱化学	化学(2)	三菱ウェルファーマ	医薬品(10)	三菱ケミカルホールディングス	化学(2)	2,003	持株会社
2008年9月	明治乳業	食料品(7)	明治製菓	食料品(15)	明治ホールディングス	食料品(5)	1,976	持株会社
2007年3月	大丸	小売(9)	松坂屋ホールディングス	小売(25)	J. フロントリテイリング	小売(7)	1,898	持株会社
2003年1月	コニカ	化学(12)	ミノルタ	精密機械(2)	コニカミルノタホールディングス	化学(8)	1,860	持株会社

注：カッコ内は、業種内における売上高の順位を指す。
出所：レコフデータ「レコフ M&A データベース」、プロネクサス「eol」より作成。

表９－４　業種別の持株会社設立状況（1999～2018年）

	全体			組織再編			経営統合		
	件数	構成比(%)	HC比(%)	件数	構成比(%)	HC比(%)	件数	構成比(%)	HC比(%)
食品	26	4.6	**20.3**	17	3.8	**13.3**	9	7.3	**7.0**
繊維	8	1.4	**15.7**	8	1.8	**15.7**	0	0.0	0.0
パルプ・紙	4	0.7	**16.7**	2	0.4	8.3	2	1.6	**8.3**
化学	11	1.9	5.2	10	2.2	4.7	1	0.8	0.5
医薬品	2	0.4	2.9	1	0.2	1.4	1	0.8	1.4
石油	3	0.5	**27.3**	1	0.2	9.1	2	1.6	**18.2**
ゴム	1	0.2	5.0	1	0.2	5.0	0	0.0	0.0
窯業	4	0.7	6.8	2	0.4	3.4	2	1.6	**3.4**
鉄鋼	2	0.4	4.3	0	0.0	0.0	2	1.6	**4.3**
非鉄金属	12	2.1	9.4	10	2.2	7.9	2	1.6	1.6
機械	16	2.8	6.8	11	2.5	4.7	5	4.1	2.1
電気機器	28	4.9	11.0	23	5.2	9.0	5	4.1	2.0
造船	1	0.2	**20.0**	1	0.2	**20.0**	0	0.0	0.0
自動車	3	0.5	3.9	2	0.4	2.6	1	0.8	1.3
輸送用機器	2	0.4	**16.7**	2	0.4	**16.7**	0	0.0	0.0
精密機器	7	1.2	13.2	6	1.3	11.3	1	0.8	1.9
その他製造	10	1.8	8.5	9	2.0	7.6	1	0.8	0.8
水産	1	0.2	9.1	1	0.2	9.1	0	0.0	0.0
鉱業	4	0.7	**57.1**	2	0.4	**28.6**	2	1.6	**28.6**
建設	19	3.3	10.0	16	3.6	8.4	3	2.4	1.6
商社	64	11.3	**18.1**	50	11.2	**14.2**	14	11.4	**4.0**
小売業	63	11.1	**23.0**	47	10.6	**17.2**	16	13.0	**5.8**
銀行	28	4.9	**31.5**	5	1.1	5.6	23	18.7	**25.8**
証券・先物	7	1.2	14.0	6	1.3	**12.0**	1	0.8	2.0
保険	3	0.5	**27.3**	1	0.2	9.1	2	1.6	**18.2**
その他金融	15	2.6	**24.2**	15	3.4	**24.2**	0	0.0	0.0
不動産	12	2.1	8.8	10	2.2	7.4	2	1.6	1.5
鉄道・バス	5	0.9	**15.2**	5	1.1	**15.2**	0	0.0	0.0
陸運	9	1.6	**25.0**	7	1.6	**19.4**	2	1.6	**5.6**
海運	0	0.0	0.0	0	0.0	0.0	0	0.0	0.0
空運	2	0.4	**40.0**	1	0.2	**20.0**	1	0.8	**20.0**
倉庫	2	0.4	5.1	2	0.4	5.1	0	0.0	0.0
通信	15	2.6	**39.5**	14	3.1	**36.8**	1	0.8	2.6
電力	1	0.2	7.1	1	0.2	7.1	0	0.0	0.0
ガス	0	0.0	0.0	0	0.0	0.0	0	0.0	0.0
サービス	178	31.3	**17.6**	156	35.1	**15.4**	22	17.9	2.2
製造業	140	24.6	9.3	106	23.8	7.1	34	27.6	2.3
非製造業	428	75.4	18.0	339	76.2	14.2	89	72.4	3.7
合計	568	100.0	14.6	445	100.0	11.4	123	100.0	3.2

注１：HC 比率は、各業種の持株会社設立件数を各業種の2018年度の上場企業数で除した数値を指す。

注２：業種分類は、日経業種分類（中分類）に依拠している。

注３：太字部分は、合計の平均値より高い場合を示す。

出所：レコフデータ「レコフ M&A データベース」、日経「NEEDS FinancialQuest」より作成。

（64件）、小売（63件）と続く。

ただし、これらの件数は各業種に存在する上場企業の数に依存する。そこで、各業種の持株会社数を当該業種の２０１８年度の上場企業数で除して標準化したものが、ＨＣ比率である。同指標によると、鉱業、空運、通信、銀行で割合が高くなっている。特に鉱業では上場企業7社に対して持株会社採用経験社数は4件となっており、その比率は高い。

業種別と形態別とでクロス集計を作成してみると、組織再編型ではサービス、商社、小売が件数的に多い。ＨＣ比率では通信で3割を、鉱業、その他金融で2割を超えている。一方、経営統合型では、金融部門において件数、ＨＣ比率ともに大きくなっている。特に、銀行業は件数において最大（23件）の部門であり、上場企業のうち採用比率も高い（25・8％）。そのほか、鉱業や石油などの素材産業や、保険、空運において持株会社比率が高くなっている。統合の結果、石油はＥＮＥＯＳホールディングス、出光興産の2強に（図9－5）、銀行業は、前述の3メガに集約された（図9－6）。また、銀行業では、地域銀行の統合が進展しているが、１９９８年から２０２２年末までに実施された34件のうち、持株会社による経営統合（あるいは既存の金融持株会社による買収）は24件、70・6％を占める（表9－4）。これら業種は、需要の大きな落ち込みなど負のショックを受けた業種や規制緩和が進んだ業種であり、それら再編を持株会社解禁が強く促したことをよく表している。

図9－5　石油業界の再編

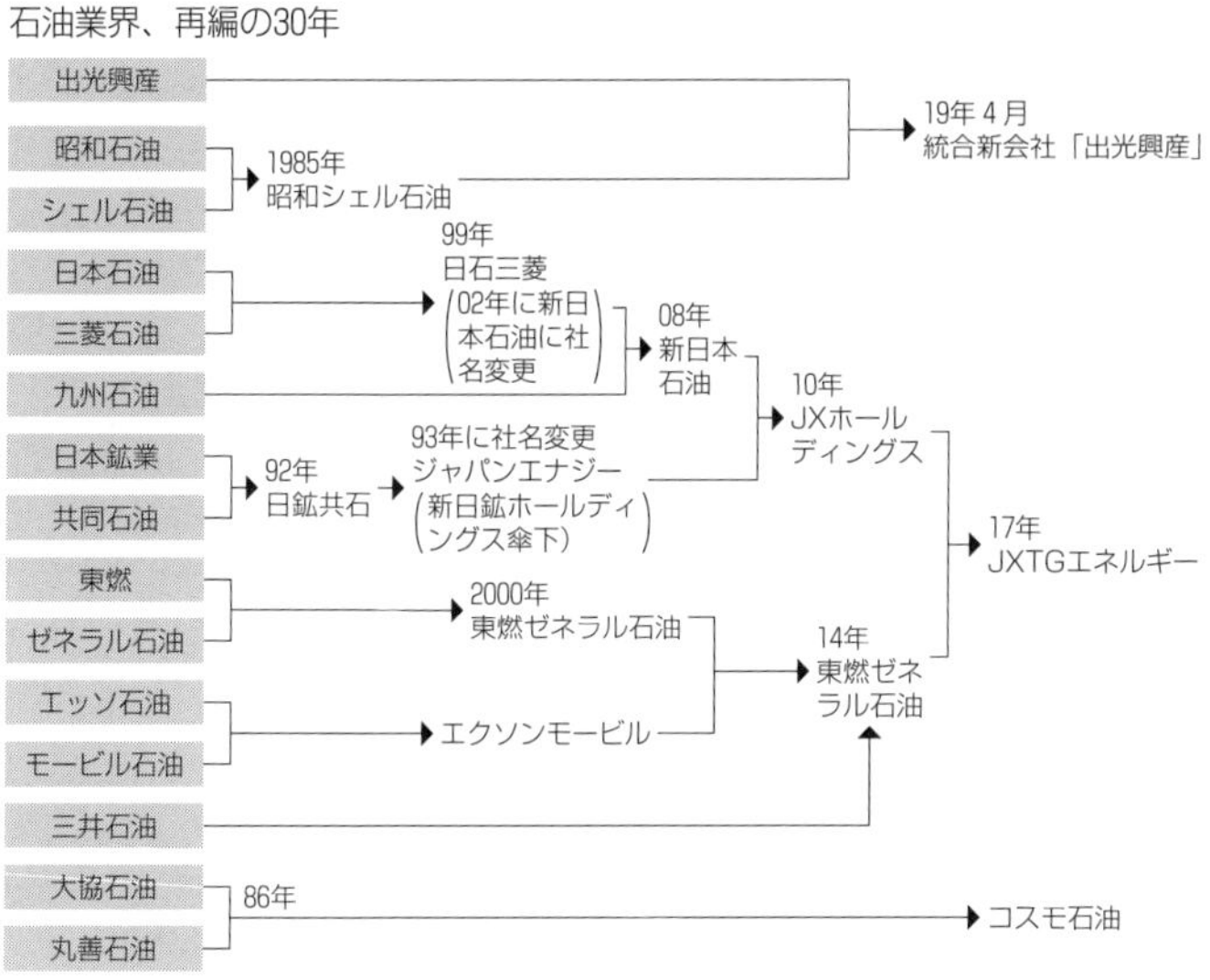

出所：「石油2強時代 出光・昭シェル統合（上）」『日本経済新聞』2018年7月12日、を一部修正。

4　移行動機

では、いかなる動機で企業は持株会社体制へと移行しているのであろうか。また、それは前述の組織再編型と経営統合型とでどのように異なるのであろうか。ここでも再編が活発に行われた運輸業界のケースを織り交ぜながら、実証的な見地から方向性を示すこととしたい。[*6]

(1) 組織再編型

まず、組織再編型に関しては、「戦略策定と事業運営の分離」がしばしば指摘される。これは、親会社

図９－６　大手銀行の再編

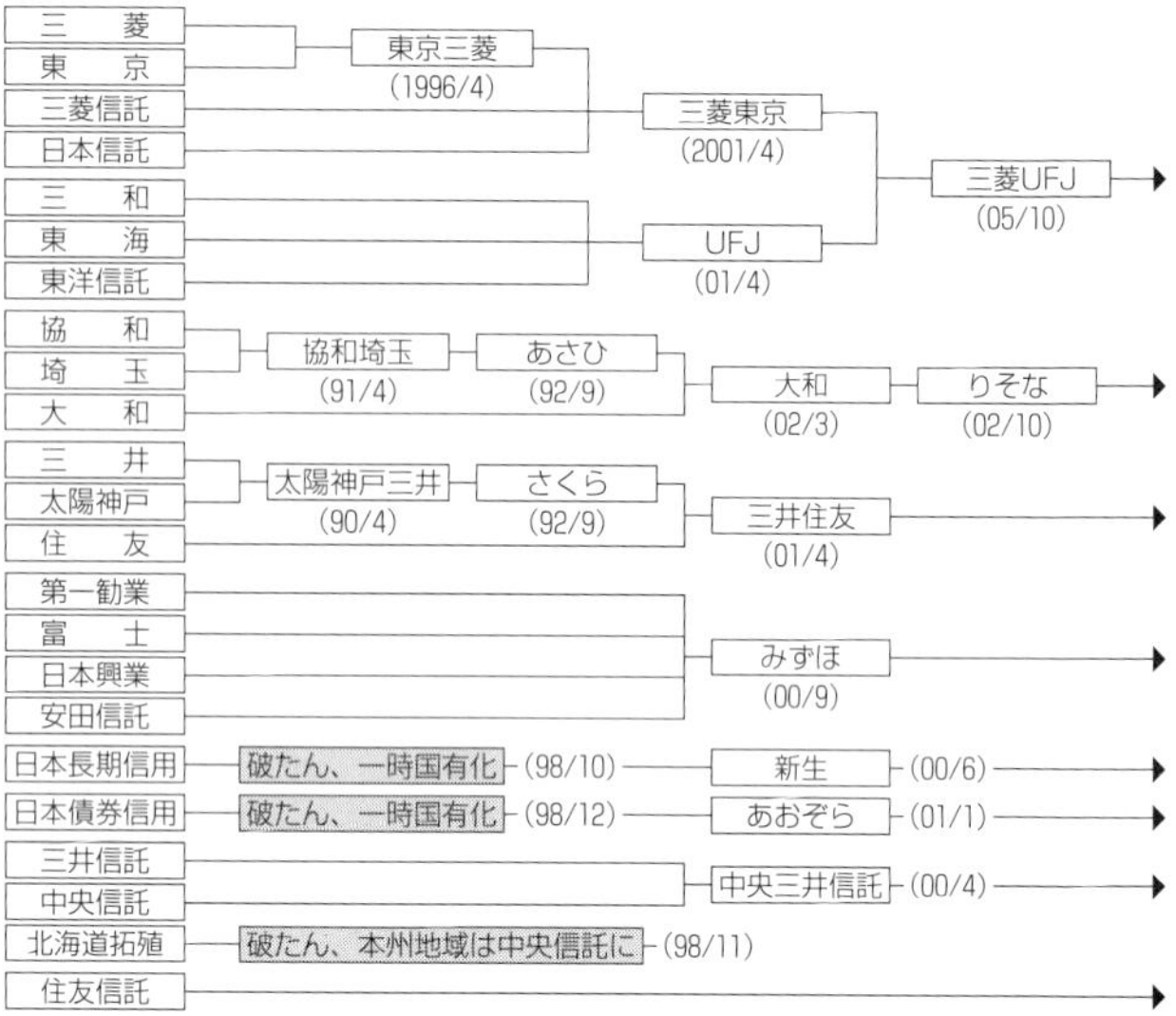

出所：「待ったなし変革、金融再編、次の勝者は、攻めるメガバンク」『日本経済新聞』2006年１月１日、を一部修正。

は傘下会社間の資源配分や監督に徹する一方で、子会社は事業運営に専念し、前者の意思決定効率の上昇と後者の権限と責任の明確化を目指すというものである。こうした組織再編のニーズは、多角化が進み事業構造が複雑であり、傘下企業に権限を委譲する必要性がある企業ほど高いと想定される。実際、近年、不動産事業やレジャーにまで多角的経営を行う鉄道会社の再編時のプレスリリースをみても、「『グループ経営の方針決定』と『各事業の方針決定とその執行』を分離することで、純粋持株会社は近鉄グループとしての経営方針を決定し、最適なグループ経営戦略の立案や、経営資源の配分、各事業会社業務遂行にあたっての連携調整機能」[7]を図る、とあるように、この動機が強調されている。[8]

第2の動機は、「機動的なM&A」である。他企業を傘下に収める際にも、持株会社を作っておけば、その傘下に組み入れるだけでM&Aが実現する。従来の合併方式のような、人事制度、組織文化を融合させるような摩擦が生じない。いわゆる持株会社は際限なく傘下に外部企業を加えられる「エンドレス機構」（下谷 2009）なのである。このように捉えると、M&Aなどの組織再編に積極的な企業ほど（あるいは、これからM&Aに取り組もうとしている企業ほど）、持株会社に移行しやすいと考えられる。同様に鉄道会社は再編目的として、「異業種との提携やM&Aなども活用した新たな事業の創出」や「純粋持株会社体制の確立により、M&A戦略を積極的に展開できる体制を構築」することなどを挙げている。[9]

このほか、「パフォーマンスの低迷」も再編の理由となりうる。なぜなら、持株会社化を行うことで分権化を進め、子会社をプロフィットセンターとして明確に位置づけることで収益の改善が期待できるためである。一例として、佐川急便は2005年に持株会社に移行したが、その理由として「持ち株会社化で収益管理を徹底」という点が述べられている。[10]最後に、受動的に持株会社方式が採用される場合もある。いわゆる「バンドワゴン効果」である。すなわち、先行企業の組織を模倣することで、他企業は情報収集コストと不確実性を減らしながら組織形態を選択することが可能となる。これを淺羽（2020）では、「模倣的同形化」と呼んだ。この仮説が正しいとするならば、ライバル企業の持株会社採用件数が多くなるほど、当該企業の移行確率も高まるであろう。

では、実証的にはどうであろうか。淺羽（2020）によると、持株会社化に対し、グループ企業数やハーフィンダール・ハーシュマン指数は影響を与えていない。つまり、事前の多角化度は持株会社をもたらすとは限らない。その一方で、連単倍率や同業他社の移行が多い企業ほど、持株会社に移行しやすい傾向がある。以上の点から、グループ経営が進展し、持株会社への移行コストが低いケースで、あるいは前述の模倣的同形化行動によって移行しているということであり、日本企業はコスト面を勘案して組織再編を行っていると理解できる。

(2) 経営統合型

一方、経営統合の際に持株会社方式を採用する理由としては、「合併の代替手段」が有力である。先述したように、持株会社方式を利用する場合、その下で統合参加企業は法人格が維持されるため、組織文化や人事制度を融合する際の摩擦が回避できる。これは、複数企業が単一の組織に集約される合併方式ともっとも異なる点である。たとえば、企業規模やパフォーマンスが拮抗しているケースでは、組織融合の摩擦が大きくなるため、持株会社方式が採用されやすくなるであろう。実際、日本航空と日本エアシステムの統合の際には、「統合交渉が持株会社方式を軸に進んでいるのも、賃金体系などに配慮したためだ[*11]」と報道された。

第2の動機は、「ブランドの維持」である。繰り返しになるが、持株会社方式の場合、傘下企業の法人格が維持されるため、それぞれのブランドの独立性が保証される。特にこうしたニーズは、BtoCタイプの企業など、それぞれが築いたブランドに対しエンドユーザーがロイヤルティを形成している場合ほど強くなるであろう。この点については、鉄道だけではなく百貨店やホテル事業などを行う阪急ホールディングスと阪神電鉄が、統合のツールとして持株会社方式を利用した点からも裏付けられよう。

第3の動機は「業界再編への対応」である。持株会社方式を利用すれば、人事制度や組織文化の融合の際に発生する摩擦の回避、あるいはその擦り合わせを先送りすることが可能となる。迅速な経営統合を容易とするため、特に業界再編が進み、潜在的な統合相手が減少していく状況下では、持株会社方式を利用するニーズが高くなる。

これらの点については、齋藤・川本（2020）で検証されている。同分析によると、統合の際、①規模が近似している（＝摩擦の程度が大きい）、②業種が異なる（＝摩擦の程度が大きい）、③広告宣伝費支出が高い（＝ブランド維持の必要性が高い）、③上場企業同士のM＆Aが活発な業種に属している案件（＝業界再編の対応への緊急性が高い）では、（合併方式よりも）持株会社方式が選択される傾向にあることが明らかにされている。

5　事後の行動変化・パフォーマンス

次に、前述のような特徴を持つ持株会社体制の採用は、事後的な企業行動やパフォーマンスにいかなる影響を与えたのかを確認していきたい。淺羽（2020）では、持株会社によって組織替えした後の事業再編の状況について検証している。それによれば、持株会社移行企業は、事業構成や事業数を変動させて活発な事業再編を行っている。また、持株会社体制に移行している企業が子会社数を増加させた場合、収益性が改善する傾向にある。すなわち、組織再編の結果として事業再編が起こり、それがパフォーマンスの向上をもたらしていることが示された。

淺羽（2020）ではグループレベルでの事業再編を論点としていたが、大坪（2020）では特に、親会社の収益性やグループに占めるその事業割合に焦点をあてた分析がなされている。同分析からは、移行前の親会社の収益性が低く、そうした親会社の事業割合や規模の低下をもたらすような事業再編が、持株会社への移行後に事業分離などの方法を通じて実施されている状況が明瞭に確認された。また、そのような手段によって行われた低収益事業の割合低下が、全体のパフォーマンスの改善をもたらすことも明らかにされた。

これら両研究の組織再編型に関する分析結果を照らし合わせると、持株会社移行企業は、事業分離によって低収益であった主要事業の規模・事業割合を縮小させながら、その一方で、Ｍ＆Ａによって非主要事業の子会社数を増加させることを通じて収益性の上昇を実現しているものと推察される。

他方、経営統合型の場合の事後的なパフォーマンスに関しては、齋藤・川本（２０２０）が買い手側企業について検証している。その内容を要約すれば、まず持株会社による経営統合自体はパフォーマンスに負の影響を与えており、持株会社方式による縦割りの弊害が発生している。ただし、統合参加企業の対等性が高い場合に持株会社方式を採用すると、そうした負の影響を緩和できることも示された。同分析では、参加企業の対等性に配慮することで従業員のモチベーションが維持され、ひいては人的資産の保持につながるため、中長期的には統合効果の獲得が可能になると結論づけている。このような意味で、従業員の企業特殊的技能の維持につながる持株会社方式は、日本型の経営統合の手法だとも捉えられる。

さらに、川本ほか（２０２０）では、地銀の経営統合を取り上げて、その後のリストラクチャリングやパフォーマンスの分析を行っている。そこでは、直接的な合併と比較して、必ずしも収益性や合理化効果は観察されずに、むしろ持株会社方式による縦割りの弊害が出ているという結果となっている。ただし、統合に参加した企業を買い手側と売り手側とに分けてより詳細に分析してみると、両者の間で異なる効果が観察される。すなわち、買い手側は利鞘の上昇が観察され独占力が強化され、他方で売り手側は従業員数や店舗数、不良債権比率が低下しており、買い手側主導の下で合理化や財務支援が実施されている結果となっている。また、域内統合と域間統合とに区分した検証も試みた結果、前者では利鞘が上昇し、借り手から貸し手への富の移転が発生する一方で、後者では店舗数や従業員数の合理化がなされていると指摘している。

以上の検討から得られた結果は、ある意味では当然のことであるかもしれない。すなわち、持株会社体制への移行は、単線的にパフォーマンスの向上につながるというわけではないことを示している。むしろ、縦割りの弊害が表面化して十分な合理化効果が得られず、収益性が悪化するという状況も観察されている。ただし、特定の条件下ではパフォーマンスの改善を促すツールとして機能している。たとえば、組織再編型のケースでは、買収や事業売却などの事業再編が容易になるという特性を活かして、低収益事業の規模や割合を減らすことによってそれを実現している。一方、経営統合型のケースでは、統合参加企業の対等性が高い案件で持株会社方式を用いた場合、パフォーマンスの改善が観察されている。このことは、表面的なメリット追求だけではなく、自社の特性と持株会社体制の特長についての理解に基づく事業再編を実施してこそ、意図した目的が実現可能であることを示唆している。

6　ケーススタディ：対等統合と組織融合（ＪＦＥホールディングス）

これまで指摘したように、持株会社による経営統合は、傘下企業の法人格が維持されるため、統合参加企業の「対等性」に配慮した統合ツールとなる。ただ、「対等性」に配慮するがゆえに、統合後も人事制度や組織の融合が進まず、意図したシナジーやコスト削減の効果が得られない事例は枚挙にいとまがない。そこで以下では、対等合併を意識しつつ、組織融合に成功した案件として、ＪＦＥホールディングスのケースを紹介する。

(1) 統合の背景

２００2年9月にＮＫＫ（日本鋼管）と川崎製鉄が持株会社方式で統合した。連結売上高２兆４２００億円（２００3年3月期）となり、同同２兆６６００億円の首位新日本製鉄に肉薄する経営統合となった。

この統合の背景の第1として、日産自動車のＣＥＯに就いたカルロス・ゴーンによる「日産リバイバルプラン」があった。同社は１・４兆円にまで膨れ上がった有利子負債を削減するため、強烈なコストカットを志向し、取引先の選別化に乗り出した。それは下請企業だけでなく、自動車向け鋼板メーカーの選別も視野に入っていた。当時、鉄鋼業界は大手5社体制（新日本製鉄、NKK、川崎製鉄、住友金属、神戸製鋼所）で過当競争に陥っており、統合によって規模を拡大し、自動車メーカーに対する価格交渉力を強化することが求められた。

第2の背景は、世界的な鉄鋼メーカーの再編であった。1990年代以降、ヨーロッパでは続々と鉄鋼メーカーの統合が成立した。1999年にはドイツ大手のティッセンとクルップが合併、2001年にはアルベッド（ルクセンブルク）とアセラリア（スペイン）が、そして少し時期は進むが2007年にはアルセロール（ルクセンブルク）とミタル（オランダ）の統合がなされた。生産量で日本勢を大幅に上回るメーカーが相次いで誕生したのである。また、2007年5月から三角合併の解禁が解禁され、これらビッグビジネスに飲み込まれる危機感が醸成されていた。

ではなぜ、NKKと川崎製鉄の組み合わせであったのであろうか。その理由の1つ目として、両社で品種構成が類似していることが指摘されている。[*12] すなわち、両者は薄板、厚板の構成比率が高く、シナジーの創出やコスト削減の目算が立ちやすかったのである。また、理由の2つ目として、両社の主力製鉄所が隣接しており、プラントの一体運営、あるいは生産集約化によって合理化を行いやすかったことも挙げられている（この点は後述）。さらに理由の3つ目として、NKKが本社の売却によって特別利益を計上したため、株価が上昇してきており、対等合併への素地が整ったことも大きかったという。[*13] このほか、両社のメインバンクはみずほ銀行であり、かろうじて命脈を保っていた系列の壁の支障がなかったことも作用していたとされる。

（2）経営改革

両社は経営統合を見据え、統合前から周到に企業価値を上げる手段を検討していた。まず、経営改革として、①製鉄所が集約され、それらの一体運営が断行された。具体的には、NKKの京浜製鉄所と川崎製鉄の千葉製鉄が東日本製鉄所、NKKの福山製鉄所と川崎製鉄の水島製鉄所が西日本製鉄所へと統合されるとともに、川崎製鉄の2基の高炉が廃棄された。1基ずつという体面にこだわらず、あくまで生産効率の上昇が追求されたのである。また、両者でドラスティックな人事異動が実施された。旧NKKと旧川崎製鉄間で部長クラスの工場間移動、ポストの交換がなされた。これは旧社意識を排除するとともに、旧統合相手の収益力向上に対する当事者意識を高め、社内融和に効果を発揮した。

さらに、子会社の事業分野ごとの統合が段階を踏んでなされた。新設された持株会社（JFEホールディングス）と両社の株主が株式移転を行い、それら株主は新設持株会社の株主になるとともに、持株会社は傘下会社の株主となっている。そして、前述の日本航空と日本エアシステムと同様、これら2社は第2フェーズにおいてシャッフルされ、鉄鋼会社（JFEスチール）、エンジニアリング会社（JFEエンジニアリング）、都市開発会社（JFE都市開発）等へと再編されている

図9－7　川崎製鉄と日本鋼管の経営統合と組織再編

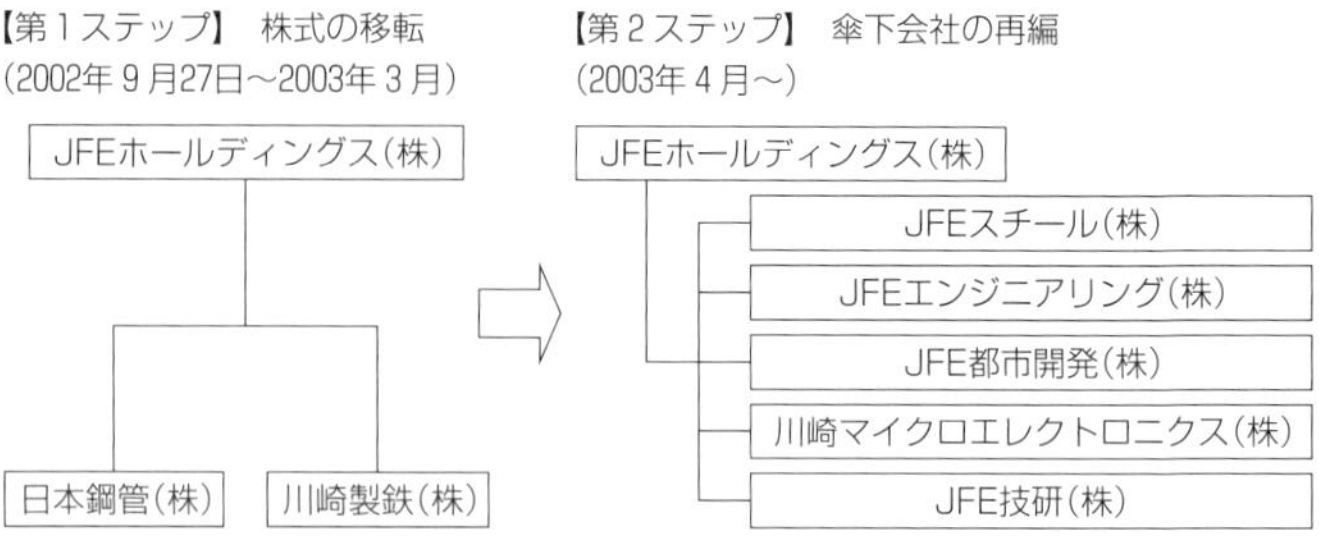

出所：JFE ホールディングス「有価証券報告書」(2003年4月期)、を一部修正。

（図9－7）。その際、給与体系は各部門で高い方にサヤ寄せされたが、評価制度は事業部門ごとに差異がつけられた。[*14] 労働インセンティブの維持とモチベーションの向上に配慮が払われたのである。事業分野ごとに旧部門がシャッフルされたことは、法人格や人事制度の摩擦の回避という持株会社統合のお題目が、仮初のものであることをまざまざとみせつけた。

（3）パフォーマンス

では、両者の統合はいかなる成果を上げたのであろうか。これまでと同様、統合前には統合参加企業の数値を合算し、仮想の統合企業として比較可能なようにして検証してみると、何よりもROAの飛躍的な改善に注意が向かう。統合2期前にはマイナスであった同指標が、統合後プラスに転じ、3期後以降15%を超えている（図9－8）。総資産回転率は横ばいであるので、特に売上高利益率の向上が寄与していることがわかる。付加価値、交渉力が上昇されているため、収益力が強化されたも

図９－８　JFEのパフォーマンス

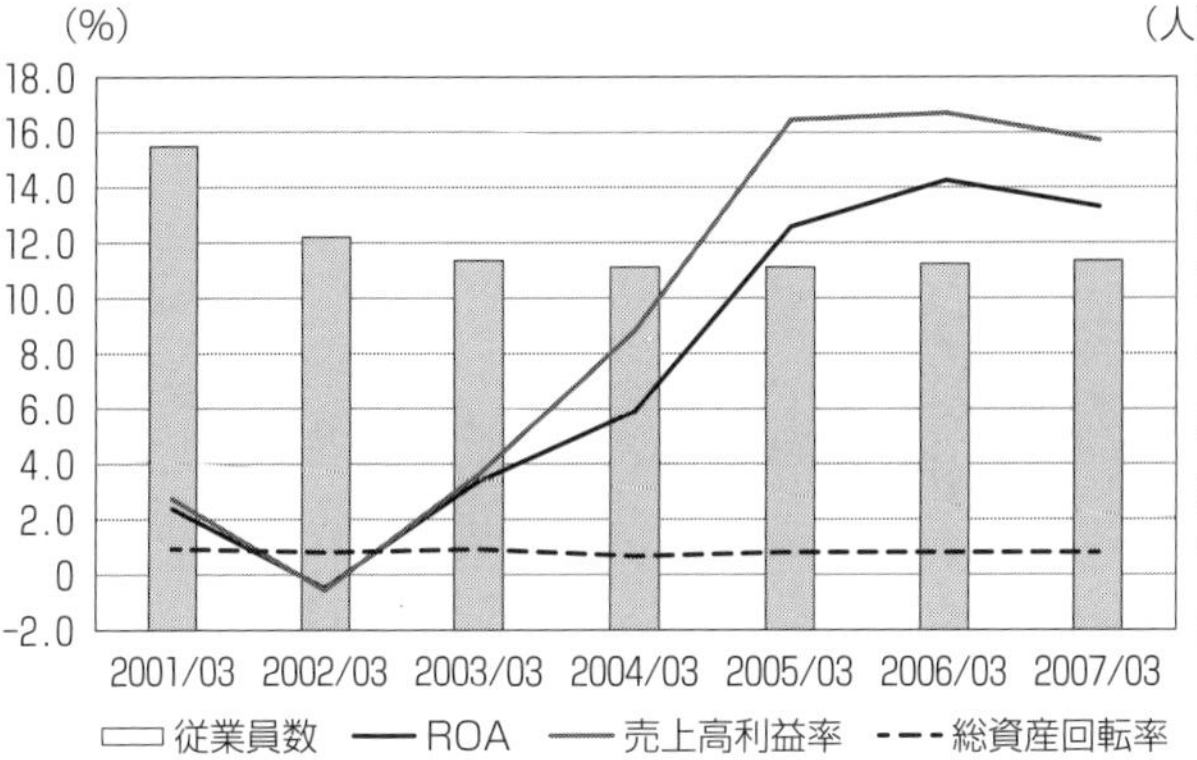

出所：各社「有価証券報告書」より作成。

のと推察される。これにあわせ、ＢＨＡＲも正の値を記録し、株価もＴＯＰＩＸのリターン（２００２年９月26日＝１００）を上回っている（図９－９）。両者の統合は、株主の富を短期、中期的に創造したのである。

一方、統合の従業員への富への影響に関しては、従業員数は統合後において横ばいであり、５万人程度で推移している（前掲図９－８）。ただし、統合３期前の７万人弱からは大きく減少している。統合を見据え、統合前から人員削減が断行されていたことが読み取れる。

7　おわりに：持株会社体制のタイムリミット

かつてLawrence and Lorsch（1967）でも指摘さ

図9－9　JFEの株価パフォーマンス

れたように、唯一最善の組織はなく、組織は集権と分権の間を揺れ動く。これは持株会社体制も例外であり得ない。持株会社化は分権化の究極の形態と捉えられているが、縦割りの弊害など、そのデメリットに直面して解消する案件も多い。河西・川本（2020）によれば、2018年末までに70件もの企業が持株会社体制を解消している。たとえば、ヤマト運輸は「(従来の組織は)ヤマトらしさだったお客様視点が失われつつあった」[*15]という理由から、事業会社に回帰することの報道がなされた。分権と集権が経営組織の課題であり続ける限り、今後も持株会社体制の設立と解消の動きはみられ続けるであろう。

また、本章の検証から、単線的に持株会社化が事後的なパフォーマンスの向上をもたらすわけではないことが明らかにされた。組織再編型、経営統合型のいずれにおいても、事業の進出・撤退が容易という特性をいかに活

付表　統合タイプ別ケース一覧

統合タイプ	実施年	統合行	被統合行
合併方式	2000年	大阪銀行	近畿銀行
	2003年	関東銀行	つくば銀行
	2004年	関西さわやか	関西
	2004年	西日本銀行	福岡シティ銀行
	2010年	関西アーバン銀行	びわこ銀行
	2010年	関東つくば銀行	茨城銀行
持株会社方式	2001年	北洋銀行	札幌銀行
	2001年	広島総合銀行	せとうち銀行
	2002年	親和銀行	九州銀行
	2005年	殖産銀行	山形しあわせ銀行
	2006年	紀陽銀行	和歌山銀行
	2006年	山口銀行	もみじHD
	2007年	福岡銀行	熊本ファミリー銀行
	2009年	池田銀行	泉州銀行
	2009年	荘内銀行	北都銀行
	2010年	徳島銀行	香川銀行
	2012年	きらやか銀行	仙台銀行
	2014年	東京都民銀行	八千代銀行
	2015年	鹿児島銀行	肥後銀行
	2016年	横浜銀行	東日本銀行
	2018年	三重銀行	第三銀行
	2018年	第四銀行	北陸銀行
	2022年	青森銀行	みちのく銀行
	2022年	愛知銀行	中京銀行
持株会社による買収	2004年	ほくぎんFG	北海道銀行
	2007年	ふくおかFG	親和銀行
	2016年	トモニHD	大正銀行
	2016年	常陽銀行	足利HD
	2018年	りそなホールディングス	関西アーバン銀行、みなと銀行

注1：統合行、被統合行の分類はレコフデータ「マール」による。
注2：HDはホールディングス、FGはフィナンシャルグループを表す。
注3：山口銀行ともみじHDのケースは、統合時に山口FGが作られ、その傘下にもみじHDが入ったため、持株会社による買収ではなく持株会社方式に分類されている。
出所：レコフデータ「レコフM&Aデータベース」、全国銀行協会「平成元年以降の提携・合併リスト」より作成。

かし、事業の取捨選択（選択と集中）を断行するかが重要となる。持株会社への移行は大きく報道され、注目度も高い反面、意図した経営合理化が進まない場合、マーケットからの失望も大きい。日本企業のリーダーには、持株会社化によって与えられたこの時間的猶予を活用し、いかにリストラクチャリングを断行するか、その強い意思と覚悟が問われているのであろう。

注

＊1　持株会社には、自らも事業を行いながら子会社を統括管理する「事業持株会社」と、子会社のコントロールに専念する「純粋持株会社」に分けられる。以降、特に断りがない限り、持株会社とは純粋持株会社を示す。
＊2　以下の移行方法と事例については、下谷・川本（2020）、川本（2021）でも解説する機会があった。
＊3　ただし、テクニカル上場などの制度により、手続きは簡便化されている。
＊4　本章で用いるレコフデータ「レコフM&Aデータベース」には、未上場会社の持株会社設立データも収録されている。ただし、中間持株会社や事業持株会社の設立も含まれており、それらのケースを未上場であるがゆえの情報不足から除去しきることができなかったため、未上場会社のデータの使用を今回は見送った。
＊5　REIT、ETF、資産流動化証券、VFを除く。
＊6　それぞれの移行動機に関しては、河西・川本（2020）でも紹介されている。
＊7　近畿日本鉄道「純粋持株会社制移行に伴う会社分割に関するお知らせ」2014年5月13日。
＊8　もっとも、こうした事業部門への分権化は、単なる子会社化によっても達成可能であることには注意を要する。たとえば、2019年9月に東京急行電鉄は鉄道事業を「東急電鉄」として分社化し、自らは「東急」へと社

名変更したが、この背景として、親会社に残る成長部門（不動産事業）から成熟部門（鉄道部門）を分離するとともに、沿線の人口減という環境変化が予想される後者に意思決定を委ねることがねらいという（「『不動産で稼ぐ』東急の決意」『日本経済新聞』2018年9月28日）。

＊9　前者は京阪電気鉄道「会社分割による持株会社体制への移行に関するお知らせ」2015年4月30日、後者は相模鉄道「会社分割による鉄道事業の分社化に関するお知らせ」2009年4月9日。

＊10　「佐川急便、持ち株会社体制へ移行」『日経産業新聞』2005年12月1日。

＊11　「日航・日本エア経営統合」『日本経済新聞』2001年11月11日。

＊12　「川崎製鉄・NKKが対等合併　経営統合を成功に導いたJFEトップのリーダーシップ」『マール』2007年1月号。

＊13　「NKK・川鉄　信頼の500日」『日本経済新聞社』2001年4月16日。

＊14　「統合会社手探りの人事融合（上）JFE」『日経産業新聞』2004年11月17日。

＊15　「ヤマトHD、事業会社に」『日本経済新聞』2020年1月24日。

コラム5　持株会社と対等性

日本の合併は、当事者企業間の「対等性」を重んじることが知られている。それは、合併企業間にある程度のパワーバランスがあっても然りである。特にそうした「対等性」は、持株会社方式による経営統合で担保されやすいといわれている。なぜなら、持株会社の下で傘下企業の法人格が維持されやすいためである。これは事実であろうか。

コラム表5－1　対等性スコアと経営統合方法

	対等性スコア						
	0	1	2	3	4	合計	平均値
合併	48	15	15	9	5	92	1.00
持株会社	14	17	14	20	7	72	1.85
合計	62	32	29	29	12	164	1.37
うち持株会社の割合（%）	22.6	53.1	48.3	69.0	58.3	43.9	

出所：齋藤・川本（2020）、110頁。

これについて検証したものとして、ここでは齋藤・川本（2020）の調査を紹介しよう。本研究では、対等性の図り方として、いわゆる「四種の神器」からスコアを計算している。四種の神器とは、①存続会社、②社名、③社長、④本社所在地であり、これをいかに当事者企業間で分け合うかで対等性の程度がわかる。本研究では、2000年度から2018年度に経営統合した持株会社72件、合併92件を調査している。スコアのつけ方は以下のとおりである。

①存続会社（当事者1が存続＝1、当事者2が存続＝－1、両社とも消滅＝0）

②社名（当事者1が優先＝1、当事者2が優先＝－1、新社名＝0）社名の頭文字の結合は原則、先頭に来る方を優先

③社長（当事者1から就任＝1、当事者2から就任＝－1、外部人材からの登用＝0）

④本社所在地（当事者1の本社所在地＝1、当事者2の本社所在地＝－1、新所在地＝0）

これらを足し合わせたものの絶対値から4を引くことで、最小値が0、最大値が4の対等性スコアを得る。数値が高いほど、対等性が高いということになる。

その結果、持株会社が１・85、合併で１・00となっており、やはり前者の方が高い（コラム表５－１）。持株会社は１９９７年から解禁された比較的新しいＭ＆Ａのテクニックであるが、それは従来の対等性を重視する「日本型Ｍ＆Ａ」を助長するツールとなっていることがわかる。

第10章　会社支配権市場：敵対的買収と防衛策

〔本章のまとめ〕

本章では、日本で行われた敵対的TOBの経済的機能について、最新のデータを用いて検証を行う。分析の結果、アンダーバリュエーションに陥っている企業や、所有構造が流動的な企業がターゲットになる傾向があることが判明した。また、敵対的TOBというイベントは、株主にリターンをもたらしていることも確認された。ただし、買い手がファイナンシャルバイヤーとストラテジックバイヤーの場合で、その効果は異なり、買収後の親会社との事業連携によるシナジー創出がより期待できることから、後者の方が株価効果の大きいことが示された。

ターゲット企業の買収前後のパフォーマンスについては、買収が成立した案件と、ストラテジックバイヤーが買い手となる案件で株主還元が充実する状況が観察された。もっとも、ファイナンシャルバイヤーのケースで事後的なパフォーマンスが低下しており、ターゲット企業が経営の混乱を収束できていない様子も示された。さらに、TOBの成否、買い手の性質の分類にかかわらず、TOB後における雇用の削減は観察されず、敵対的TOBというイベントの発生が従業員との間の信頼を破壊しているという証拠は確認されなかった。[*1]

〔本章のキーワード〕

暗黙の契約、信頼の破壊、ファイナンシャルバイヤー、ストラテジックバイヤー、買収防衛策

1　はじめに：敵対的買収は何をもたらしたのか*2

近年、敵対的買収が相次いで発生している。これら買収が、実際に買収が発生し、新たな株主と経営陣の下で経営改善が図られる「顕在的」な経営規律を与えるのみならず、買収のターゲットにならぬよう、既存経営陣に株主価値維持のための自助努力を促すという「潜在的」な規律づけ効果を備え持つことは、「会社支配権市場（market for corporate control）」のフレームワークとして既述したとおりでる（第1章）。

さらに、仮に敵対的買収の試みが失敗した場合でも、ターゲット企業は同イベントをきっかけに、株主価値向上に目覚めるという効果があることも指摘されている（いわゆる“wake-up calls”〔ウェイクアップコール効果〕）。その一方で、そうしたポジティブな効果とは逆に、買収後に人員削減等のリストラクチャリングが断行されることから、従業員のモチベーションやモラルを低下させ、長期的なパフォーマンスにネガティブな影響を与えるという否定的な捉え方も存在する。こうしたことから、有事の際に、買収防衛策が導入、発動されるケースも起こっている（これらは事例とともに後述する）。

では、（潜在的な規律づけ効果は直接観察することはできないものの）これら敵対的買収は、日本企業の経営に何をもたらしたのであろうか。本章で検証するポイントをまとめると、以下のとおりとなる。

- どのような企業が敵対的買収のターゲットになったのか。
- 買収の発生は、株主の価値にいかなる影響を与えたのか。前記の特徴やその効果は、買い手がファイナンシャルバイヤー（ファンドなど）とストラテジックバイヤー（事業会社など）では異なるのであろうか。
- 買収後、パフォーマンスの改善は実現されたのであろうか。それは、買収が成立した案件と不成立の案件とで違いがあるのだろうか。
- 買収防衛策の導入・発動を、いかに評価するのか。肯定的に受け止めるべきか、やはり否定されるべきものなのか。

本章では、これまでのおよそ20年間の敵対的買収の歴史を簡単に振り返った後に、日本企業をターゲットにして行われた敵対的ＴＯＢのデータを用いて、１次的接近の検証を試みることとする。

2　敵対的買収20年史

(1) ファイナンシャルバイヤーの躍動

2000年代に入るまで、日本で敵対的買収が発生しなかったわけではない。ブーン・ピケンズによる小糸製作所や、ミネベアによる三協精機の買収の試み（1988年）など、グリーンメールを目的としたものや、支配権の獲得を狙った事案が発生した。それに対し、2000年代以降に登場したアクティビストは、アンダーバリュエーションに陥っている、あるいはキャッシュリッチ企業をターゲットとし、株主価値の創造に向け、株主還元の充実、または不要資産の売却等を合理的に要求するというスタンスを取った（表10－1）。

その1つである村上ファンドがまず手掛けたのは、電子部品製造、不動産管理を行う昭栄（現ヒューリック）であった。潤沢な資金を持ちつつも、株主還元に対する姿勢は弱く、低株価で放置されていた。村上氏は増配、低収益事業の売却をうたい、2000年に敵対的TOBに踏み切ったが、安定株主に遮られ、十分な株式を取得することができず、買収は失敗に終わった。続いて、東京スタイル（婦人服大手）にも委任状争奪（プロキシーファイト）を仕掛けるが、これもほとんど買い集めることはできなかった。同様にメインバンク（富士銀行）や取引先などの安定株主が株式売却

表10－1　主な敵対的 TOB 一覧

公表日など	ターゲット			レイダー		（TOB）買付金額	TOB
	社名	業種	株式市場	社名	属性	算出ベース（百万円）	成否
2000/01/24	昭栄	繊維	東証２部	エム・エイ・シー（村上ファンド）	F	14,000	否
2003/12/19	ソトー	繊維	東証２部	スティール・パートナーズ	F	20,607	否
2003/12/19	ユシロ化学工業	石炭・石油	東証２部	スティール・パートナーズ	F	15,512	否
2006/01/16	オリジン東秀	外食	東証２部	ドン・キホーテ	S	10,026	否
2006/08/02	北越製紙	紙・パルプ	東証１部	王子製紙	S	80,654	否
2006/10/27	明星食品	食品	東証２部	スティール・パートナーズ	F	29,815	否
2007/05/18	ブルドックソース	食品	東証２部	スティール・パートナーズ	F	29,116	否
2013/03/12	西武ホールディングス	サービス	未上場など	サーベラス・グループ	F	58,520	成
2019/01/31	デサント	繊維	東証１部	伊藤忠商事	S	20,188	成
2019/07/10	ユニゾホールディングス	不動産・ホテル	東証１部	エイチ・アイ・エス（HIS）	S	42,655	否
2020/01/19	東芝機械	機械	東証１部	オフィスサポート	F	25,920	否
2020/01/21	前田道路	建設	東証１部	前田建設工業	S	86,154	成
2020/07/09	大戸屋ホールディングス	外食	ジャスダック	コロワイド	S	7,178	成
2021/01/21	東京製綱	非鉄・金属製品	東証１部	日本製鉄	S	2,438	成
2021/09/09	新生銀行	銀行	東証１部	SBI 地銀ホールディングス	S	116,422	成
2022/06/30	シダックス	サービス	東証スタンダード	オイシックス・ラ・大地	S	9,873	成

注１：レイダーのスティール・パートナーズは日本法人で、正式名称はスティール・パートナーズ・ジャパン・ストラテジック・ファンドとなる。
注２：属性のＦはファイナンシャルバイヤーであることを、Ｓはストラテジックバイヤーであることを示す。
注３：TOB 成否は、レイダーが TOB の結果、経営権の取得（あるいは目標とする議決権の取得）に成功した場合を「成」、それに至らなかった場合を「否」としている。
出所：レコフデータ「レコフ M&A データベース」より作成。

に応じなかったためである。これら2つの案件は依然、日本型経営が根強く存在することをみせつけるものであった。ただし、買収不成立後、昭栄は自ら株主還元を充実させるとともに、不動産投資への事業のフォーカスを進め、株主価値を向上させた。敵対的買収が自助努力をもたらしたのである。[*3]

村上ファンドの活動は続いた。2005年には阪神電鉄買収に乗り出し、株式の4割超を取得するに至った。そのうえで、取締役派遣、阪神タイガースの独立・上場を要求したが、電鉄本社、球団関係者、従業員、世論を敵に回し、この買収も断念せざるを得なかった。しかしながら、浮いた阪神株は阪急電鉄の手に渡ることで、両グループの統合（エイチ・ツー・オーリテイリング）による業界再編につながった。

また、堀江貴文氏率いるライブドアも、この時代の資本市場の寵児であった。2005年には、ニッポン放送の株式を、東京証券取引所の立会外取引を通じて大口投資家から買い取り、35％超を取得するに至った。そして、その後、市場を通じて買い進め、3月末には50％を超えた。ニッポン放送側はフジテレビへの第三者割当増資を試みるなどで抵抗を図ったが、東京地裁でライブドアの申請を認められ、差し止めの判断がなされた。もっとも、ライブドア側も資金が底を尽きかけていたことから、フジテレビがライブドアの主要株主となり、両者の業務提携を行うことで和解が図られた。この案件は、過小資本にある親会社が有力子会社を保有するという「親子のねじれ現象」の弊害を明らかにし、日本企業がグループ経営体制の見直しを行うきっかけとなった。

(2) 買収者達の転落

これら相次ぐ敵対的買収の発生は、日本企業に新たなコーポレート・ガバナンスのあり方の到来を予感させるものであった。しかしながら、それらプレイヤーの転落も早かった。堀江氏はライブドアの粉飾決算疑惑で、村上氏はニッポン放送株の売買を事前に堀江氏から知らされていたとされ、インサイダー取引容疑で逮捕され、マーケットから去った。

外資ファンドのスティール・パートナーズも、ソトー（2003年）、ユシロ化学（2003年）、明星食品（2006年）など、次々と買収を手掛けたが、いずれの買収も不成立に終わった。あげく、ブルドックソースに対する案件では、買収防衛策の有事発動が東京地裁で認められ、スティールには短期的な利益を目的とする「濫用的買収者」の烙印が押された。[*4] その後、アデランスの案件（2009年）では、店舗の整理統合による収益改善を掲げ、株主総会において役員送り込みに成功したものの、折からのリーマンショックを原因とする消費低迷により業績を好転させることはできなかった。そして2010年代前半には、同社の保有株のほかに、それまで長期保有していたサッポロホールディングスの株式等も売却し、同ファンドは日本市場から撤退した。

2000年代後半には、ストラテジックバイヤーによる敵対的買収も起こった。王子製紙による北越製紙の敵対的TOB（2006年）である。その狙いは、王子の旧式設備を廃棄するとともに、北越の新鋭設備による生産集約を通じて、生産効率の向上を実現しようというものであった。王子は北越に当初、経営統合を申し入れたが、北越側は反発したため、敵対的TOBに発展した。北越はホワイトナイトとして、第三者割当増資を三菱商事に行い、抵抗を試みた。さらに、ライバル企業の日本製紙による北越製紙株の買い集め、北越従業員、地元政財界からの買収反対に直面し、TOBへの応募はわずか5％程度にとどまった。この案件はM＆Aに対するステークホルダーの拒絶反応をまざまざとみせつけ、マーケットに対する海外投資家からの失望をもたらした。

(3) 新たな展開：2つのコードとアクティビズムの進化

以降、敵対的買収事案は停滞傾向であったが、潮目が変わったのは、第二次安倍政権が成立した2010年代半ばであった。スチュワードシップコード（2014年）、そしてコーポレート・ガバナンス・コード（2015年）が制定され、株主との建設的な対話（エンゲージメント）を通じた企業価値向上、ガバナンス強化（＝社外取締役の導入、政策保有株式の売却など）が企業経営の命題となった。また、世界的な金融緩和によるカネ余りの状況も、アクティビストには追い風となった。

サード・ポイント、オアシス・マネジメント、エリオット・マネジメントなどに代表される海外勢が、日本市場に続々と参入した。また、旧村上ファンド系も復活を果たした。ただ、彼らの投資行動は、これまでの先達の失敗の教訓があったのか、かなりのチューニングが図られていた。それは、低成長でキャッシュリッチ企業をターゲットにするという点では差異はなかったが、株式をブロック保有した後、いきなりTOBや株主提案に進むのではなく、まずは水面下での経営陣との対話が相対的に長い期間行われるという点に表れていた。[*5] 主な要求内容は、株主還元、ノンコア事業の売却による多角化ディスカウントの解消、他企業との統合による業界再編などであった。そして、それが拒否された場合、一般株主や世論に向けて株主提案に関する「キャンペーン」が展開され、それでも投資先企業の行動が変わらない場合、委任状争奪や株主総会での株主提案が実行された。いわゆる「劇場型」から、他の少数株主の同意も得ようとする「説得型」の買収行動に進化したのである。アクティビストによるこうした株主提案、そしてそこから一歩進んだ敵対的TOBが、2010年代後半からは急増した（図10－1）。

ここで注目すべき動きは、買収防衛策の有事発動の事例も相次いだことである。東芝機械（旧村上系のシティによる敵対的TOB）、東京機械製作所（投資ファンド・アジア開発キャピタルによる株式取得）の事案では、一般株主の同意を得ることを前提に、買収防衛策の有事対応が承認された。特に、東京機械の案件では、株主総会において買い手を除く株主による同意（マジョリティ・オブ・マイノリティ：MoM、第12章）を得たうえで、新株を買収者以外に付与し、買い手の持株

図10－1　敵対的TOBの推移

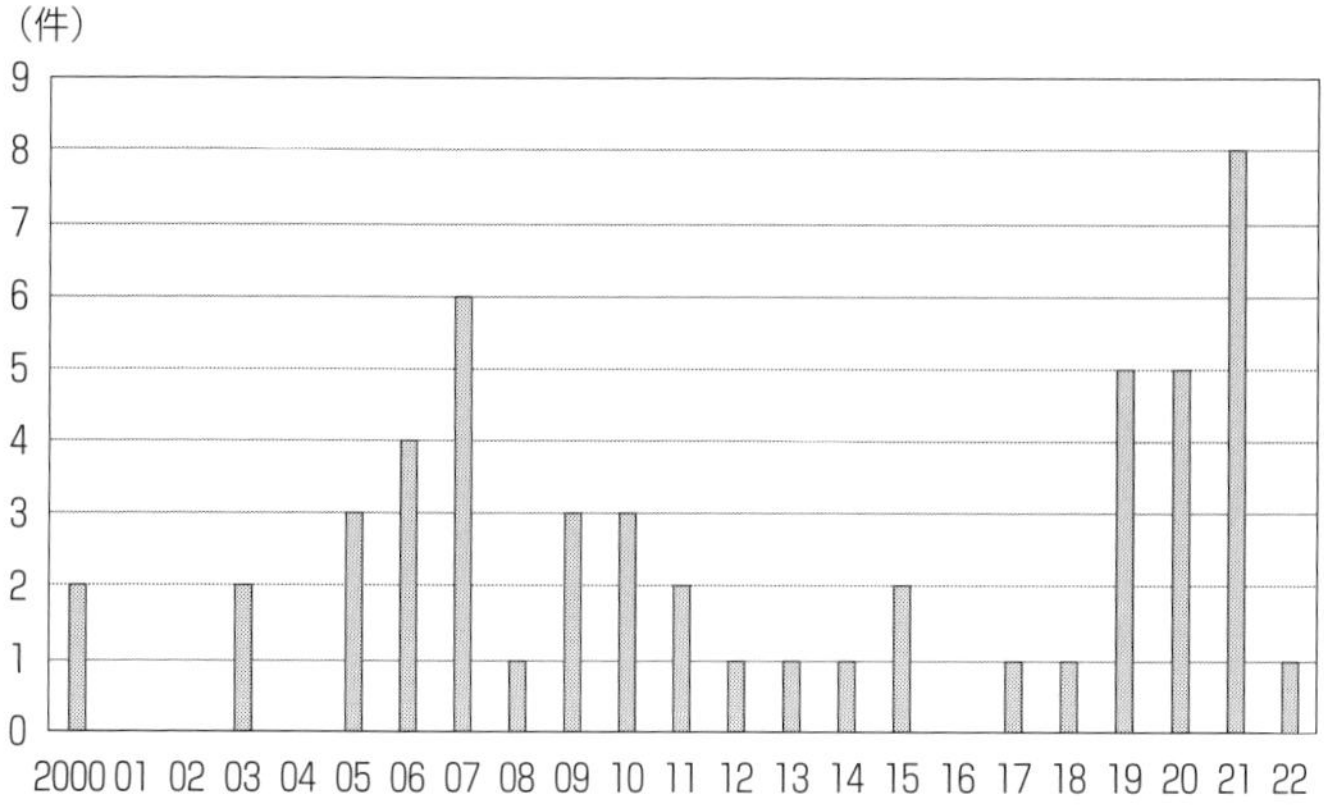

出所：レコフデータ「レコフM&Aデータベース」より作成。

比率を希薄化する防衛策が発動された。これらの有事発動型の防衛策は、企業価値にいかなる影響を与えるのであろうか。その動向はアクティビストのみならず、機関投資家等からも注視されている。

(4) ストラテジックバイヤーによる買収の続発

また、２０１０年代後半以降には、ストラテジックバイヤーによる買収合戦も繰り広げられた。伊藤忠商事によるデサントへの敵対的ＴＯＢ（２０１９年）、前田建設と前田道路の親子対立の延長線上で行われた敵対的ＴＯＢ、エイチ・アイ・エスによるユニゾホールディングスへの敵対的ＴＯＢ、ＳＢＩホールディングスによる新生銀行への買収などが相次いだ。伊藤忠と前田道路が買い手となったケースではＴＯＢが成立し、ターゲットが買い手の支配下に入った。ユニゾホールディングスの案件は、海外ファンドによる買収合戦に発展し、エイチ・アイ・エスによる買収提案は失敗し、最終的には、非公開化案件では日本で初のＥＢＯ（Employee Buyouts：従業員による自社買収）に着地した。新生銀行のケースでは、ＳＢＩとの協議が行われ、友好的な買収に転換した。

同時に、当該企業の支配権をめぐって、ストラテジックバイヤー間での争奪戦も繰り広げられた。島忠をめぐるＤＣＭホールディングスとニトリの買収合戦（２０２１年）、関西スーパーを対象に行われたエイチ・ツー・オーリテイリングとオーケーとの争奪戦などが記憶に新しい。島忠のケースでは、買収に後から割って入ったニトリが高いプレミアムを提示したことにより、当初の会社側の判断が変更され、ニトリによる買収が成功した。関西スーパーのケースでは、臨時株主総会でエイチ・ツー・オーによる統合を認めるかについて成否の票が割れ、その集計方法に瑕疵があったのではないかと、法廷で最高裁まで争われたが、最終的にはエイチ・ツー・オー側に軍配が上がった。[*6]

この時期にはまさに、経営戦略としてのＭ＆Ａの認知、持ち合い解消による所有構造の流動化、金融緩和による世界的なカネ余り、多角化企業の事業再編余地、過剰な現預金の保有、そしてＩＴ化・グローバル化による急速な経営環境の変化など、第１章で解説したＭ＆Ａを発動させるピストンが一斉に作動し、迅速な外部資源の獲得を求める企業を敵対的行動に駆り立てたのである。

3　アクティビズムと経営規律[*7]

まず、アクティビズムの経済的機能について、実証的な見地から検討していきたい。これにあたっては、2つの視点から評価することが有効だと思われる。すなわち、アクティビズムの事前、事後の評価である。事前の評価とは、低パフォーマンスや保有資産が有効活用されていないなど、規律づけを必要としている企業がターゲットとされているかについて着目することを指す。一方、事後の評価とは、アクティビズムの結果、当該企業の経営政策や財務パフォーマンスにいかなる影響を与えたのかについて観察することを指す。以下、このような観点から冒頭の問いに答えてみたい。

(1) ターゲット企業の特徴

実際、アクティビストは規律づけが必要な企業をターゲットとしているのであろうか。この点に関しては、ターゲット企業の財務状態とガバナンス構造の観点から検証が積み重ねられてきた。たとえば、Karpoff et al.（1996）は株主提案を受けた企業を取り上げ、ターゲットとなったのは時価簿価比率、売上高利益率、売上高成長率が劣る企業であるとしている。同様に、Bethel et al.（1998）は5％以上のブロック取引をサンプルとし、アクティビストの対象となるのはROA、時価簿価比率、売上高が小さく、多角化度が大きな企業であることを報告している。いずれの結果も単なるアンダーバリュー銘柄にとどまらず、収益性や成長性に乏しく、多角化ディスカウントが生じている企業をターゲットとしている点で、アクティビストが規律づけの必要な企業をセンサーしている可能性を示唆している。

一方、日本企業の研究に関しても、ＰＢＲやトービンのｑが小さな企業が大量保有や株主提案のターゲットとなっている点において、前述の先行研究と整合的な結果が得られている（胥　２００７；井上・加藤　２００７；Yeh 2014）。特に胥（２００７）では、現預金や保有有価証券などの手元流動性が高く、かつ成長機会の代理変数であるトービンのｑが劣る企業がターゲットとなっていることを明らかにしている。この結果も、アクティビストが、保有資金を成長投資に振り向けることが困難で、フリーキャッシュフローを株主還元することの妥当性が認められる企業をターゲットとしているという点において重要である。

もっとも、以上のような規律づけ効果は、当該企業の所有構造によっては有効に機能しない可能性もある。既述のアメリカ企業を対象とした研究では、ＣＥＯやファミリーなど内部者の所有比率が高い企業では、ターゲットとなる確率が低下することが報告されている（Karpoff et al. 1996；Bethel et al. 1998）。同様に、日本企業のケースでも、ファミリーや持ち合いなど安定株主層が厚い企業ではターゲットになりにくい傾向にあるとされる（胥　２００７；Yeh 2014）。このような特性を持つ企業群では、インサイダーの高い持株比率が塹壕（エントレンチメント）となり、株主価値向上を追求しない経営が放置されているおそれがある。

(2) 経営政策への影響

Yeh（2014）によると、日本における2004年から2010年までに提出された5％以上のブロックシェアホルダーによる株主提案29件のうち、採択されたのは4件に過ぎず、その大半は失敗に終わっているという。では、アクティビズムは経営政策に影響を与えないのであろうか。答えはノーである。ターゲットとなった企業のその後を追ってみると、アクティビストによる介入がショック療法となり、自発的に経営改革に取り組む企業がみかけられる。代表的な事例は、前述の昭栄のケースである。その含み資産の活用をめぐって、2000年に村上ファンドに敵対的TOBを仕掛けられたものの、安定株主層に守られ、TOBは失敗に終わった。ただ、このときのショックが同社の経営陣を株主価値向上に目覚めさせた。同社は経営指標としてEVA（経済的付加価値）を導入し、保有資産の有効活用に注力し、時価総額を飛躍的に伸長させた[*8]。

このようなショック療法の効果は、実証的にも支持されている。先に紹介したBethel et al.（1998）は、アクティビストによる大量保有後、事業売却や自社株買い、あるいはCEOの交代確率が保有前や非保有企業に比べて高まることを報告している。また、Brav et al.（2008）も、ヘッジファンドによる大量保有が、CEOの更迭を促すとともに、利益感応的な報酬制度の導入や、株主還元の向上などを促すことを明らかにしている。なお、株主還元の上昇については、胥（2007）でも観察されている。

さらに、アクティビストの行動が敵対的買収に発展することもあるが、そのようなケースではショック療法の効果はより明確となる。Chatterjee et al.（2003）は、1980年代の76件の「失敗した敵対的買収の試み（failed takeover attempts）」を検証し、CEOを含む社内取締役の持株比率が高いほど、逆に社外取締役の持株比率が低いほど、「選択と集中」行動の確率が高まるとしている。[*9] これについて同研究では、独立性に乏しい取締役会構造を持つ企業に対し、敵対的買収が“wake-up calls”を与え、再度買収のターゲットにならぬよう、事業領域の調整がなされたと解釈している。[*10]

以上の結果は、株主提案や敵対的買収が十分な成果を収めなくとも、アクティビズムは経営陣にとって株主価値向上に向けた「気づき」となり、ペイアウト政策や事業戦略、あるいはガバナンスの強化など多方面での改革を促す契機になったと評価できよう。

（3）株主利益への影響

もし、アクティビストによる大量保有や株主提案が、将来的な企業価値の向上に資するとマーケットが評価するならば、それらのイベントに対し株価はポジティブな反応を示すであろう。アクティビズムが株主利益に与える効果に関しては、アクティビストの行動のアナウンスメント前後（短期で前後10日前後、長期でイベント後2年間程度）の株価反応をチェックするイベント・スタディと呼ばれる方法によって検証が積み重ねられてきた（第1章）。

このイベント・スタディを用いた分析では、概ね日米ともに短期、長期の株価にポジティブな影響を与えることが確認されている。短期のリターンについてはHolderness and Sheehan (1985)、Brav et al. (2008)、井上・加藤（2007）が、長期のリターンについても井上・加藤（2007）、Boyson et al. (2017) などが統計的に正に有意な効果を見出している。

また、アクティビストの具体的な要求内容と関連づけることで、株式リターンへの効果はより明確に検出されることがわかっている。ヘッジファンドの投資対象となった案件を対象としたBrav et al. (2008) は、ヘッジファンドの保有目的が対象企業の第三者への売却や事業戦略の変更に関連する場合、株式リターンは有意に高い一方で、その目的が資本構成やガバナンスの変更に関連する案件についてはリターンが小さく、統計的にも非有意であることを確認している。日本のケースではYeh (2014) が、ブロックシェアホルダーによる株主提案のなかでも、取締役選任に関するものとそうでないものとでは、前者の方が既存経営陣に対するプレッシャーが強く、収益改善に向けた自助努力を引き出すことが期待できるため、株式リターンも大きくなることを報告している。

（4）財務パフォーマンスへの影響

このように株主利益の影響は明確に検出されることが多いものの、アクティビズムの財務パフォーマンスに及ぼす効果については不明瞭である。たとえば、Bethel et al.（1998）は、アクティビストによる株式の大量保有は、資産売却を加速させ、収益性の向上に資すると主張しているのに対し、Karpoff et al.（1996）は、アクティビストによる株主提案は取締役会構成に変化をもたらさなかっただけではなく、財務パフォーマンスにもほとんど影響を及ぼしていないと指摘しており、見方が分かれている。同様に、日本企業のケースに関しても、取締役選任に関連した株主提案の後で、弱いながらもROAに対する正の効果を見出す研究（Yeh 2014）が存在する一方で、アクティビストのターゲットとなった前後において、収益性に有意な影響がない（胥 2007）、あるいは逆に事後的なROAが低下傾向にあるとする研究（鈴木 2007）も存在する。*11

4 ターゲット企業の特徴とパフォーマンス

（1）検証に用いるデータと分析方法

では、日本で行われた敵対的買収は、いかなる機能を有したのか。本節では、川本（2023c）の分結果を紹介しよう。同研究では、2000年以降に公表された敵対的TOB案件をサンプルとして、ターゲット企業の特徴、短期の株価パフォーマンス、中長期の財務パフォーマンスについて観察している。

サンプルは、レコフデータ「レコフM&Aデータベース」より取得し、2000年から2021年までに公表された敵対的TOB39件となる。ターゲット企業の特徴については、それらの財務、所有構造のTOB公表直前の決算期の状況について検証する。具体的には、ターゲット案件と非ターゲット案件、あるいはアクティビスト対象案件と非対象案件との比較を行う。特に後者の検討から、ファイナンシャルバイヤーとストラテジックバイヤーの投資行動の差異について明らかになろう。財務、所有構造データは、日経メディアマーケティング「NEEDS-FinancialQUEST」から得た。

次いで、敵対的TOBの公表が、株価パフォーマンスに与えた影響に関して、イベント・スタディと呼ばれる手法を用いて観察する。同手法について簡潔に説明すると、まずTOB公表前後（21日間）の当該案件のリターンとマーケット・インデックスのリターンの差から、「異常リターン」[*12]を求める。そして、その異常リターンを当該イベント（ここでは敵対的TOB公表）の効果と捉え、それと期待リターンとの間に有意な差があるかを検定する。ここではファイナンシャルバイヤーとストラテジックバイヤーとにサンプルを分割して、アナウンスメントに対する株価反応を比較する。株価データは、日経メディアマーケティング「NEEDS 株式日次収益率データ」、および東洋経済新報社「株価CD-ROM」から取得した。

最後に、アナウンスメント前後の財務パフォーマンスについては、ROA、PBR、従業員数、配当率（配当額／自己資本）の産業平均との差を、公表3期前から3期後までを観察していく。さらに、第3節で述べた「ウェイクアップコール効果」の有無を検証するため、TOB成立案件と不成立案件とに分割して同様の分析も試みる。仮に同効果が存在するならば、不成立案件においても、パフォーマンス改善など、経営行動の変化が観察されるであろう。

(2) ターゲット企業の特徴

まず、ターゲット企業の特徴について、上場企業の平均（中央値）との比較からみていこう（表10－2）。それによると、ターゲット企業のROEはマイナス3・80％、フリーキャッシュフロー（FCF）比率は15・3％となっており、統計的にも上場企業平均値（中央値）との差は有意に前者で低く、後者で高いという結果になっている。財務パフォーマンスが低く、キャッシュリッチ企業がターゲットになる傾向にある。これは、日本のアクティビストのブロック取引を検証した鈴木（2007）、胥（2007）と整合的な結果である。

一方、所有構造に目を向けると、役員持株比率は3％と上場企業平均より有意に低く、逆に外国人持株比率は14・4％と同水準より高くなっている。インサイダー株主の保有分が低い（裏返せば、アウトサイダー株主の保有分が高い）ということであり、株式の買い集めが容易な浮動株主層の厚

表10－2　ターゲット企業の特徴

Variable	敵対的 TOB						上場企業						平均値の差の検定	中央値の差の検定
	Obs	Mean	Median	Std. dev.	Min	Max	Obs	Mean	Median	Std. dev.	Min	Max		
ROA	39	0.031	0.038	0.057	-0.175	0.178	90130	0.045	0.041	0.064	-0.227	0.241	-0.0137	-0.0027
ROE	39	-0.038	0.039	0.295	-1.600	0.154	90130	0.016	0.049	0.236	-1.600	0.433	-0.0541	-0.0104*
PBR	39	1.228	0.910	0.958	0.184	3.646	90130	1.626	1.027	1.949	0.165	13.281	-0.3972	-0.1171
FCF	39	0.153	0.123	0.184	0.000	0.605	90130	0.111	0.000	0.147	0.000	0.605	0.0419*	0.1234
負債比率	39	0.483	0.487	0.186	0.115	0.872	90130	0.522	0.526	0.218	0.088	0.982	-0.0391	-0.0386
役員持株比率	39	0.030	0.009	0.067	0.000	0.389	90130	0.084	0.015	0.134	0.000	0.611	-0.0540**	-0.0054*
外国人持株比率	39	0.144	0.124	0.109	0.006	0.360	90130	0.079	0.033	0.105	0.000	0.505	0.0647***	0.0910***
安定株主持株比率	39	0.432	0.402	0.188	0.046	0.776	90130	0.472	0.489	0.200	0.030	0.863	-0.0406	-0.0871
上場月数（対数値）	39	6.344	6.519	0.553	4.875	7.166	90130	6.216	6.394	0.646	3.970	7.166	0.1279	0.1256
総資産（対数値）	39	10.369	10.285	1.510	7.077	13.450	90130	10.462	10.301	1.624	7.077	14.984	-0.0929	-0.0161

注 1：FCF 比率は、トービンの q が 1 未満の企業の手元流動性比率（「現預金＋有価証券＋投資有価証券」／総資産）で計算される。

注 2：アスタリスク（*）は、平均値の差に関する t 検定、中央値の差に関するウィルコクソンの順位和検定の結果を表し、***、**、* はそれぞれ 1%、5%、10% 水準で有意であることを表す。

い企業がターゲットになっていることがわかる。

(3) 短期リターン

TOB公表に対するターゲット企業の短期の株価反応については、表10－3に要約されている。イベント日周り1日、2日、3日、10日の累積異常リターン（cumulative abnormal return）の平均値を求めている（表10－3パネルA）。同表によると、全体でおよそ20％から28％のリターンが発生していることがわかる。これはアクティビストの大量保有報告書に対するリターンを計測した井上・加藤（2007）、田中・後藤（2020）の2％から5％を大きく上回るものである。やはり、TOBというイベントにまで発展したという状況は無視できず、短期的に株主に大きな富をもたらしたと解釈できる。

類型別にみていくと、不成立案件が10％台なのに対し、成立案件は20％後半から40％弱と高く、平均値、中央値の差の検定でも統計的に有意となっている（パネルB）。成立可能性の高い案件の方がマーケットの評価も高いという、自然な結果となっている。

買い手がファイナンシャルバイヤーとストラテジックバイヤーである場合に分けてみると、CARは前者が10％台後半から20％台前半、後者が30％弱から40％台前半と、ストラテジックバイヤーの方が高い（パネルC）。これは、ファイナンシャルバイヤーが事業を行っていないため、自らの

表10－3　敵対的 TOB の短期株価効果

パネル A：敵対的 TOB 全体

Variable	Obs	Mean	Median	Std. dev.	Min	Max
CAR（-1, +1）	38	20.71	17.33	13.94	-0.52	47.18
CAR（-2, +2）	38	24.81	24.08	15.15	2.12	61.66
CAR（-3, +3）	38	25.54	23.94	18.06	-4.58	64.94
CAR（-10, +10）	38	28.21	25.31	19.88	-4.07	84.51

パネル B：TOB の成否

Variable	不成立						成立						平均値の差の検定	中央値の差の検定
	Obs	Mean	Median	Std. dev.	Min	Max	Obs	Mean	Median	Std. dev.	Min	Max		
CAR（-1, +1）	10	11.90	14.55	7.15	0.91	21.81	8	28.34	33.71	17.67	-0.52	47.06	-16.44**	-19.15
CAR（-2, +2）	10	13.76	13.81	9.11	2.51	28.68	8	34.81	37.85	18.23	2.29	61.66	-21.06***	-24.05**
CAR（-3, +3）	10	12.09	10.52	9.82	-4.58	25.98	8	38.64	40.53	22.11	-0.45	64.94	-26.55***	-30.01**
CAR（-10, +10）	10	18.24	18.72	14.41	-4.07	43.57	8	37.58	33.01	25.65	-1.48	84.51	-19.34*	-14.29

パネル C：買い手の性質

Variable	ファイナンシャルバイヤー						ストラテジックバイヤー						平均値の差の検定	中央値の差の検定
	Obs	Obs	Median	Median	Std. dev.	Min	Obs	Mean	Median	Std. dev.	Min	Max		
CAR（-1, +1）	26	16.88	13.94	12.74	-0.52	47.18	12	29.01	28.83	13.21	0.91	42.91	-12.13**	-14.89***
CAR（-2, +2）	26	20.26	16.50	12.85	2.12	47.78	12	34.65	36.47	15.54	3.65	61.66	-14.39***	-19.97***
CAR（-3, +3）	26	20.42	16.34	15.05	-4.58	53.39	12	36.65	36.39	19.66	6.51	64.94	-16.23***	-20.04**
CAR（-10, +10）	26	21.52	19.69	16.17	-4.07	58.08	12	42.71	41.24	20.00	15.80	84.51	-21.19***	-21.55***

注 1：単位はパーセント。
注 2：TOB の成否は、買収案件で経営権の取得（あるいは目標とする議決権の取得）に至ったか否かで分類している。
注 3：アスタリスク（*）は、平均値の差に関する t 検定、中央値の差に関するウィルコクソンの順位和検定の結果を表し、***、**、* はそれぞれ 1%、5%、10% 水準で有意であることを表す。

表10－4　不成立案件のBHARの推移

Variable	Obs	Mean	Std. dev.	Min	Max	平均値＝0の検定（t値）
1営業日後	12	7.58	7.44	-1.89	20.46	3.53***
30営業日後	12	0.08	6.17	-12.07	14.72	0.05
60営業日後	10	-0.23	0.89	-2.04	1.01	-0.83
120営業日後	9	-0.36	1.13	-1.68	1.20	-0.96
240営業日後	7	0.20	2.56	-1.54	5.86	0.21

注1：単位はパーセント。
注2：***、**、* はそれぞれ1％、5％、10％水準で有意であることを表す。

保有資産と買収企業との資産を組み合わせてシナジーを創出する余地が乏しいのに対し、事業会社は重複分野の整理によるコスト削減やノウハウの移転によるパフォーマンス向上が期待でき、シナジー創出が予見しやすいことが反映したものと推察される。

（4）長期リターン

以上の分析から、不成立案件でも、短期的には市場インデックスを上回るリターンが発生し、株主の富を創造していることがわかった。では長期的にみた場合、案件の不成立を受け、リターンは消失したのであろうか。長期株価の効果を計る際に用いられるBHAR（第1章コラム1参照）によって確認してみよう。それによると、イベント日発生直後に高いリターンを計測して以降、マイナスのリターンが継続した後、240日後では0・2％のリターンが残存している（表10－4）。つまり、その効果は微弱とはいえ、少なくとも敵対的TOBは不成立の案件でも株主の富を棄損せず、逆にわずかではあるが正のリターンを長期的にもたらすことがわかった。

（5）買収前後の財務パフォーマンス

最後に、敵対的買収が財務パフォーマンスにどのような影響を与えたのかについて検証していこう（表10－5）。指標としては、ROA、ROE、株主還元比率（［自社株買い＋配当支払い］／自己資本）、投資比率（固定資産の取得額／固定資産額）[*13]、従業員数を対象とし、TOB公表前2期間の平均値と公表後2期間の平均値を比較する。[*14]

フルサンプルの場合、株主還元比率が事前から事後にかけて上昇（表10－5パネルA：1・02％→3・16％）している。特に、TOBが成立した案件（パネルC：0・00％→7・26％）、買い手がストラテジックバイヤーの案件（パネルE：0・62％→3・89％）でそれが顕著である。ストラテジックバイヤーが買い手のケースではTOBの成功が相次いでいるが、不十分であった株主還元を充実させることで、買収を正当化しようとしているかもしれない。いずれにせよ、敵対的TOBが株主還元を拡充したと判断できよう。

ファイナンシャルバイヤーが買い手のケースでは、買収発生前後においてROAの低下が観察される（パネルD：3・58％→3・06％）。これら案件で敵対的TOBに伴う経営の混乱の収束が図られていない様子が表れており、これは鈴木（2007）と同様の結果である。

表10－5　敵対的 TOB の事前・事後のパフォーマンス

パネル A：敵対的 TOB 全体

Variable	事後						事前						平均値の差の検定	中央値の差の検定
	Obs	Mean	Median	Std. dev.	Min	Max	Obs	Mean	Median	Std. dev.	Min	Max		
ROA	28	0.0286	0.0258	0.0528	-0.1563	0.1315	28	0.0399	0.0429	0.0406	-0.1122	0.1176	-0.0113	-0.0171*
ROE	28	-0.0421	0.0244	0.2447	-0.8582	0.2115	28	-0.0245	0.0442	0.2084	-0.8582	0.1170	-0.0176	-0.0198
株主還元率	28	0.0316	0.0112	0.0444	0.0000	0.1314	28	0.0102	0.0001	0.0265	0.0000	0.1314	0.0214**	0.0111***
投資比率	28	0.1014	0.0869	0.0818	0.0086	0.3380	26	0.0971	0.0726	0.0619	0.0137	0.2365	0.0043	0.0143
従業員数	28	2,065	1,004	2,359	46	9,419	28	2,127	1,119	2,448	44	9,603	-62	-115

パネル B：不成立案件

Variable	事後						事前						平均値の差の検定	中央値の差の検定
	Obs	Mean	Median	Std. dev.	Min	Max	Obs	Mean	Median	Std. dev.	Min	Max		
ROA	8	0.0362	0.0292	0.0244	0.0064	0.0883	8	0.0406	0.0440	0.0212	0.0040	0.0673	-0.0044	-0.0148
ROE	8	0.0353	0.0363	0.0425	-0.0297	0.0892	8	0.0537	0.0473	0.0451	-0.0210	0.1170	-0.0184	-0.0110
株主還元率	8	0.0418	0.0160	0.0569	0.0000	0.1314	8	0.0110	0.0117	0.0112	0.0000	0.0348	0.0309	0.0043
投資比率	8	0.1198	0.1095	0.0783	0.0210	0.2640	8	0.1113	0.1081	0.0683	0.0255	0.2002	0.0085	0.0015
従業員数	8	2,169	2,066	1,820	186	4,605	8	2,233	2,097	1,970	182	5,640	-64	-31

パネル C：成立案件

Variable	事後						事前						平均値の差の検定	中央値の差の検定
	Obs	Mean	Median	Std. dev.	Min	Max	Obs	Mean	Median	Std. dev.	Min	Max		
ROA	4	0.0174	0.0471	0.1284	-0.1563	0.1315	4	0.0302	0.0652	0.0967	-0.1122	0.1026	-0.0128	-0.0181
ROE	4	-0.3297	-0.3360	0.5652	-0.8582	0.2115	4	-0.2856	-0.1675	0.4263	-0.8582	0.0507	-0.0441	-0.1685
株主還元率	4	0.0726	0.0795	0.0673	0.0000	0.1314	4	0.0000	0.0000	0.0000	0.0000	0.0000	0.0726*	0.0795
投資比率	4	0.1067	0.1195	0.0740	0.0103	0.1775	4	0.1209	0.1115	0.0449	0.0817	0.1790	-0.0142	0.0079
従業員数	4	1,081	645	985	478	2,554	4	1,183	817	905	586	2,512	-102	-172

（表10－５つづき）

パネルD：ファイナンシャルバイヤー

Variable	事後						事前						平均値の差の検定	中央値の差の検定
	Obs	Mean	Median	Std. dev.	Min	Max	Obs	Mean	Median	Std. dev.	Min	Max		
ROA	19	0.0306	0.0308	0.0348	−0.0239	0.1264	19	0.0358	0.0403	0.0434	−0.1122	0.1176	−0.0051	−0.0095
ROE	19	−0.0440	0.0257	0.2143	−0.7753	0.1172	19	−0.0055	0.0447	0.2115	−0.8582	0.1170	−0.0385	−0.0190
株主還元率	19	0.0282	0.0097	0.0410	0.0000	0.1314	19	0.0122	0.0002	0.0302	0.0000	0.1314	0.0160	0.0095
投資比率	19	0.1097	0.0911	0.0915	0.0086	0.3380	18	0.0943	0.0588	0.0706	0.0137	0.2365	0.0154	0.0323
従業員数	19	1,651	736	2,170	46	8,431	19	1,778	705	2,434	44	9,603	−127	32

パネルE：ストラテジックバイヤー

Variable	事後						事前						平均値の差の検定	中央値の差の検定
	Obs	Mean	Median	Std. dev.	Min	Max	Obs	Mean	Median	Std. dev.	Min	Max		
ROA	9	0.0244	0.0224	0.0817	−0.1563	0.1315	9	0.0486	0.0481	0.0348	−0.0090	0.1026	−0.0242	−0.0257
ROE	9	−0.0382	0.0211	0.3144	−0.8582	0.2115	9	−0.0647	0.0394	0.2079	−0.4853	0.0764	0.0265	−0.0182
株主還元率	9	0.0389	0.0136	0.0528	0.0002	0.1314	9	0.0062	0.0000	0.0173	0.0000	0.0522	0.0328*	0.0136***
投資比率	9	0.0840	0.0844	0.0570	0.0103	0.1775	8	0.1033	0.0883	0.0387	0.0618	0.1549	−0.0193	−0.0040
従業員数	9	2,937	2,554	2,631	637	9,419	9	2,862	2,512	2,449	636	8,885	75	43

注１：TOB の成否は、買収案件で経営権の取得に至ったか否かで分類している。

注２：アスタリスク（*）は、平均値の差に関する t 検定、中央値の差に関するウィルコクソンの順位和検定の結果を表し、***、**、* はそれぞれ１%、５%、10% 水準で有意であることを表す。

なお、従業員数は、いずれのパネルでも事後と事前の数値に統計的な変化の差は観察されなかった。敵対的買収はしばしば従業員の富を棄損するおそれがあると指摘されるが、成功の有無、買い手の性質の差異にかかわらず、少なくとも現状では「信頼の破壊」（breach of trust：Shleifer and Summers 1988）は発生していないと理解できる。*15

5　買収防衛策の機能*16

(1) 企業特殊的技能の形成

これまでの検討結果を踏まえると、買収防衛策の導入が是認される状況も考えられる。なぜなら、防衛策には従業員を保護し、彼らの企業特殊的な技能形成を促すという利点があるからである。

いま、従業員が企業特殊的な技能に投資を行うにあたり、訓練期間中（あるいは技能形成の過程）はより低い賃金を受容し、技能形成後には訓練を受けなかった場合よりも高い賃金を受け取るような「暗黙の契約」を企業側と交わしているとしよう。いわゆる「年功賃金」の状況である。これは従業員の人的資本投資を論じる際にしばしば置かれる前提であるが、ここでの文脈で重要なのは、買収企業にとって、こうした「暗黙の契約」を破棄することを通じ、短期的な利益を得ることができるという点である。たとえば、技能形成をあらかた終え、過去の投資分を回収している従業員の賃金をカットすることや解雇することを通じ、買収企業は近視眼的な利益を手にすることが可能となる。

買収前に企業と従業員の間で交わされた契約が破棄され、買収後に雇用の圧縮がなされることは、「信頼の破壊」と呼ばれる。この場合、そこで生じる利益の大半は従業員から株主への富の移転に過ぎず、ネットの価値を生み出すことはない。それだけではなく、敵対的買収が頻発する状況下においては、信頼の破壊のリスクが従業員の人的資本への投資を躊躇させるため、長期的に見れば企業価値が大きく減じる危険性がある。このように考えると、従業員の企業特殊的技能の蓄積が進んでいるような企業において買収防衛策の導入がなされている場合、敵対的買収の発生に伴う「信頼の破壊」から従業員を保護することを動機とし、その導入の試みが肯定されるとも理解できる。

(2) エントレンチメント

その一方で、買収防衛策とステークホルダーの利害について考察する際、経営者の保身行動に関しても考慮する必要がある。これまで論じてきたように、敵対的買収には、「顕在的な効果」(実際に買収が発生し、新たな株主と経営陣の下で、経営改善がなされる効果)と、「潜在的な効果」(買収にあわぬよう、既存経営者を株主価値向上に努力させる効果)の2つの機能がある。

1990年代に入り、メインバンクによるモニタリング機能に退潮がみられるなか、資本市場からの規律づけはますます重要になってくると思われるが、いたずらに買収防衛策が採用されてしまうと、そうした企業買収による経営の規律づけ機能が大きく阻害されることになる。外部のステークホルダーからの牽制が効かず、既存経営陣の非効率な経営が温存されることは、「エントレンチメント」と呼ばれる。通常、エントレンチメントは、経営者の自社株保有の比率がある一定の閾値を超えた場合に発生すると論じられている（Denis et al. 1997）が、過剰な防衛策導入にも、経営者に対する外部からの牽制を弱体化させるため、同様の効果があると考えられる。仮に企業価値が十分に実現できていないような企業で防衛策の導入が進んでいるとするならば、努力水準の劣る経営者が地位の保身に走っているという意味で、エントレンチメントが発生している可能性がある。

実際、日本企業をサンプルとした実証分析によれば、外国人株主のプレッシャーが強い企業や安定株主工作が進んでいる企業、あるいは低収益で社齢の高い企業の経営者ほど、防衛策の導入確率が上昇することが明らかにされている（川本 2007；滝澤ほか 2010）。本来ならば規律づけが必要な企業ほど防衛策の導入が進んでいることから、エントレンチメントの発生を疑わせる結果となっている。

6　おわりに：エンゲージメントの多様化

本章では日本で行われた敵対的TOBの経済的機能について、最新のデータを用いて検証を行った。分析の結果、収益が低迷しているのにもかかわらずキャッシュリッチな企業や所有構造が流動的な企業がターゲットになる傾向があることが判明した。また、敵対的TOBというイベントは、株主にリターンをもたらしていることも確認された。ただし、買い手がファイナンシャルバイヤーとストラテジックバイヤーの場合で、その効果は異なり、買収後の親会社との事業連携によるシナジー創出がより期待できることから、後者の方が株価効果の大きいことも明らかにされた。ターゲット企業の買収前後のパフォーマンスについては、買収が成立した案件と、ストラテジックバイヤーが買い手となる案件で株主還元が充実する状況が観察された。もっとも、ファイナンシャルバイヤーのケースで事後的なパフォーマンスが低下しており、買い手が経営の混乱を収束できていない様子も示された。さらに、TOBの成否、買い手の性質の分類にかかわらず、TOB後における雇用の削減は観察されず、敵対的TOBというイベントの発生が、従業員との間の信頼を破壊しているという証拠は確認されなかった。

したがって、敵対的な買収が発生した場合、投資家にとっては、買い手の性質をまず見極めて、所有株式のセル、あるいはホールドの判断をすることが重要となろう。同様に、従業員というステークホルダーにとっては、既存経営者、および買収者の経営政策の内容に注視して、会社側、買収者と交渉を行うことが求められる。

さらに、注目されるのは、アクティビストのエンゲージメントの内容が、従来と異なったテーマを取り上げることが多くなっているという状況である。これまでは株主還元の充実、取締役会の強化、あるいは不要資産の売却といったところが中心であったが、より中長期でのリターン、あるいは彼らの説得力を強化するという交渉テクニックの関係からか、ＥＳＧ関連について対話を求めるケースが増えてきているという。[*17]会社側には、それが本気のものなのか、あるいはトークンに過ぎないのか、アクティビストの真意を見極め、慎重に行動を行っていくことが不可欠であろう。

注

＊1　本章は、川本（２０２３c）を大幅に加筆修正したものである。

＊2　経済産業省（２０２３）において、誰にとっての敵対かを明確にするため、「敵対的買収」は「（取締役会の）同意なき買収」に表現が改められたが、本書では通りのよさから、従来の「敵対的買収」を使用する。

＊3　「〝村上銘柄〟はつらいよ」『日本経済新聞』２００５年10月21日。

＊4　「物言う株主　進化」『日本経済新聞』２０１８年5月27日。もっとも、新株予約権は株主平等の原則からステ

ィールにも割り当てられたことから、同ファンドは十分なリターンを得たという。

＊5 「黒船襲来でバトルが過熱」『週刊東洋経済』2020年4月18日号。

＊6 その後、オーケーは独力での関西進出を果たす予定である（2024年3月末までに）。

＊7 本節は、中央経済社の承諾を得て、川本（2018）の内容を加筆修正して記述するものである。

＊8 「経営の視点『アクティビスト』は破壊者か」『日本経済新聞』2006年1月16日、「村上ファンドの過去の投資先 企業価値向上に成果も」『日本経済新聞』2006年6月6日。

＊9 ただし、同研究のサンプルは、アクティビストが買い手となったケースに限定されない。

＊10 なお、第三者による敵対的買収の失敗後、アクティビストが当該企業の経営に介入し、経営陣の更迭を迫るケースも存在する（Denis and Serrano 1996；Liu 2016）。

＊11 この原因について、鈴木（2007）は、当該企業の経営者がアクティビストの対応に時間が割かれ、本来の企業経営に専念できていない可能性を指摘している。

＊12 本章では、TOPIXの終値を用いた。

＊13 投資比率に関しては、事前の情報が取得できなかった企業が存在するため、事後とサンプルサイズが一致しない。

＊14 買収発生後2期間データが取得できない企業は、サンプルから事前、事後ともに取り除いている。なお、絶対値の変化に関心があるため、特に各指標について産業平均等からの差は取っていない。

＊15 この結果は、1980年代米国における敵対的買収を検証し、雇用削減は本社部門のホワイトカラー従業員の一部に限定されるとしたBhagata et al.（1990）と整合的な結果である。

＊16 本節の記述は、川本（2007）を加筆・修正したものである。

＊17 「迫り来るESGの波」『週刊東洋経済』2020年4月18日号。

コラム6　いろいろな買収防衛策

これまで買収防衛策で主に採用されてきたのは、「事前警告型買収防衛策」である。これは「敵対的買収者等が大量の株式の買い付けを行う際には、あらかじめ取締役会に買収計画等の詳細を説明することを平時においてルール化し、この手続に従わない場合などは対抗措置をとる旨を警告しておく」というものである。対抗措置として、買収者の議決権の希薄化を目的とし、新株予約権の発行等を行うことから「事前警告型ポイズンピル」とも称される（吉川・金本 2006）。2006年に松下電器産業（現パナソニック）が導入したのを嚆矢とし、2008年末時点で569社とピークを迎えた。ただ、直近では、中止する企業が相次ぎ、2023年4月には269社にまで後退している（コラム図6－1）。従来から、経営者の保身につながるとの懸念があったことや、近年のスチュワードシップコードの制定に伴う機関投資家の議決権行使状況の開示や、議決権行使助言会社からの反対推奨が影響しているものと思われる。

代わって注目を集めているのが、有事発動型の買収防衛である。つまり、実際に買収の脅威が顕在化してから、防衛策を導入するものである。たとえば、東京機械製作所がアジア開発キャピタルから敵対的買収を仕掛けられた際（2020年7月）、アジア開発を除く少数化株主から臨時株主総会で同意を得たうえで（MoM：マジョリティ・オブ・マイノリティ条項）、同年11月に発動の可決を得た（アジア開発は東京地裁に差し止め請求したが、棄却）。このほか2021年には、新生銀、富士興産などの有事発動の検討事例が相次いだ。前記の事前警告型の中止が相次いでいる背景には、有事型で

コラム図6－1　買収防衛策の導入と中止企業数

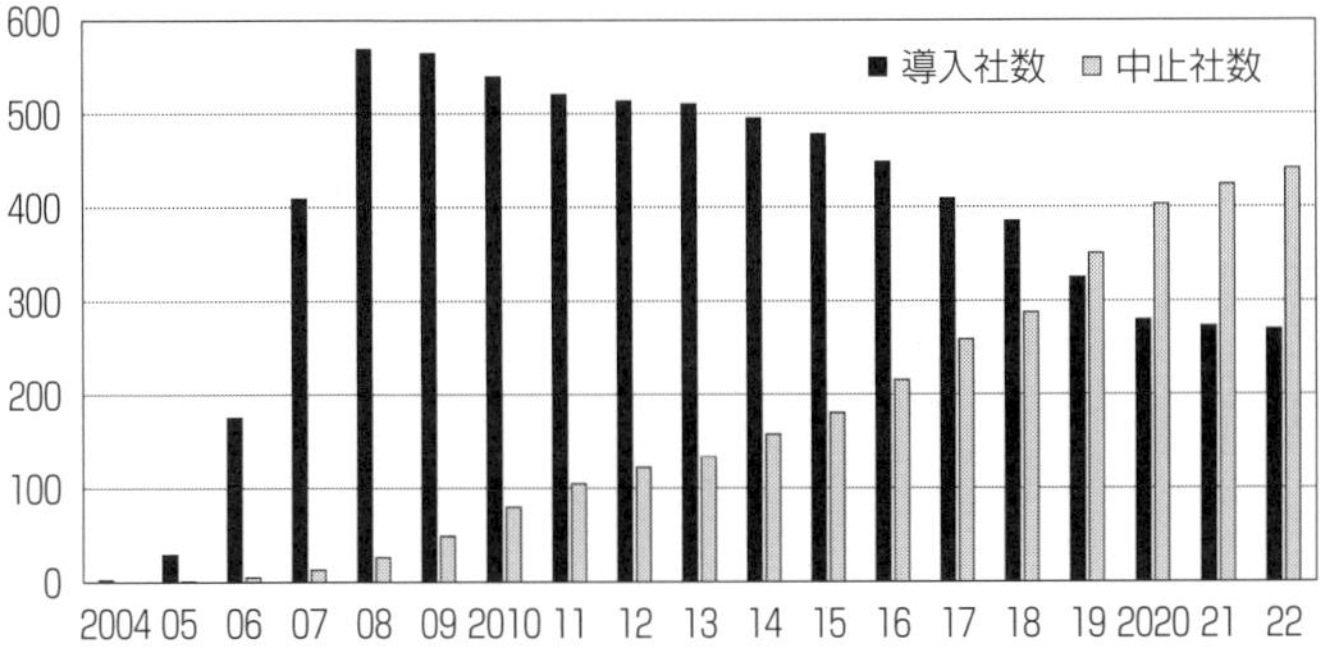

出所：レコフデータ「レコフ M&A データベース」より作成。

事足りるので、あえて株主側からの批判が厳しい常時型の防衛策の導入を検討するまでもない、という判断があるのであろう。

他方、買収者が獲得を目的とする重要資産を売却したり、保有資金を配当で流出させたりして、買収の気勢を削ぐ戦法もある。ターゲットが自ら価値を棄損する戦法を取ることから「焦土作戦」、あるいは王冠からジュエルを取る行動に喩えて「クラウンジュエル」戦法とも呼ばれる。これについては、日本アジアグループがMBOを公表した際（2020年11月）、シティインデックスイレブンスがそれに介入し、株式を取得したことを受け、アジア開発が子会社株式の売却を原資として特別配当を実施し、身を切る戦法に出た事例がある。

このほか、友好的な第三者に株主割当増資を行い、買収者の持株比率を減らす「ホワイトナイト」、現職経営陣の退任時に法外な慰労金を設定しておく「ゴールデンパラシュート」、議決権の獲得をオファーする「プロキシーファイト」が採用されることもある。今後、敵対的買収が増加することが予想され、それにあわせ防衛策も精緻化・多様化していくものと思われる。

第11章　クロスボーダーM&A

〔本章のまとめ〕

組織文化の違い、カントリーリスク、現地の情報不足などの要因が重なるため、クロスボーダーM&Aは大変リスクが高い投資としばしば指摘される。そもそも日本企業はいかにクロスボーダーM&Aに取り組み、投資のあり方はどのようになっているのであろうか。また、減損や売却を強いられた案件の特徴は何か。さらに、成功を収めたディールはどのような取り組みを行ったのであろうか。本章ではクロスボーダーM&Aの歴史、現状、成否を分けた要因について迫ってみたい。

〔本章のキーワード〕

IN－OUT、PMI、高値掴み、デューデリジェンス、ターンアラウンド、帝国建設

1　はじめに：成否が分かれるクロスボーダーM&A

日本経済にとって、新たな成長戦略としてクロスボーダーM&Aに高い関心が持たれている。金額ベースで見た場合、2010年代には国内企業同士のM&A（IN－IN型）を、日本企業による海外企業のM&A（IN－OUT型）が上回った（前掲図1－8）。国内需要が低迷するなか、いわゆる「時間を買う効果」（第1章）を目的に、海外に成長の機会を求めていこうとする日本企

業の姿勢がよく表れている。

ただ、意図した成果が得られているかというと、必ずしもそうとはいえないようである。「高値掴み」による買収後の資金制約、デューデリジェンスの甘さによる生産効率の低さの露呈、海外子会社に対するグリップが効かないことによるそれらの暴走など、ネガティブな情報には枚挙にいとまがない。

その反面、海外事業をオペレーションできる人材を獲得したうえで、本社と海外子会社の分権と集権のバランスを図り、見事にターンアラウンドを果たした事例も存在する。それらの成否を分けた要因は何か。本章ではこの問いに対して、クロスボーダーM&Aの現状と、いくつかの成功事例のケーススタディ、そして最新の研究成果を利用しながら、アプローチしてみたい。

本章の構成は以下のとおりである。第2節では、日本企業のクロスボーダーM&Aの取り組み状況について、投資業種や金額、進出のモード、買収資金に関するプレミアム支払いの状況から確認していく。第3節では1980年代以降の日本企業のクロスボーダーM&Aの歴史的展開について、簡単に振り返る。第4節では、クロスボーダーM&Aの成功事例として、ブリヂストン、日本たばこ産業（JT）、ソフトバンクグループの案件について紹介する。第5節は、それまでの検討を踏まえ、クロスボーダーM&Aの成功要因について、アカデミックな研究成果を紹介しながら、整理する。

2　基礎的情報

本格的な議論に入る前に、日本企業が実施してきたクロスボーダーM&Aの特徴について、進出先業種や地域、投資形態、取引金額の分布、買収時のプレミアムの支払い等の観点から確認しておこう。データソースは、レコフデータ「レコフM&Aデータベース」であり、1996年から2022年までのIN－OUT型M&A1万2288件である。

(1) 業種

まず、買い手と売り手の業種の分布についてみておこう（図11－1）。業種は東証33業種で分類されたデータを使用する。集計によると、買い手の方は卸売、サービス、その他金融、電気機器、情報通信で1000件を超えている。非製造業が中心となってクロスボーダーM&Aを手掛けていることがわかる。一方、売り手（進出先企業）も同様の状況であり、中心は非製造業ではサービス、情報通信、製造業では電気機器となっている（図11－2）。買い手と売り手の業種間の組み合わせについて、同一業種と非同一業種で区分してカウントしてみると、同一業種は48・7％となり拮抗している。関連合併が「非同一」に含まれることからも、過半数の案件が既存事業と同一、あるい

図11－1　クロスボーダー M&A の業種（買い手）

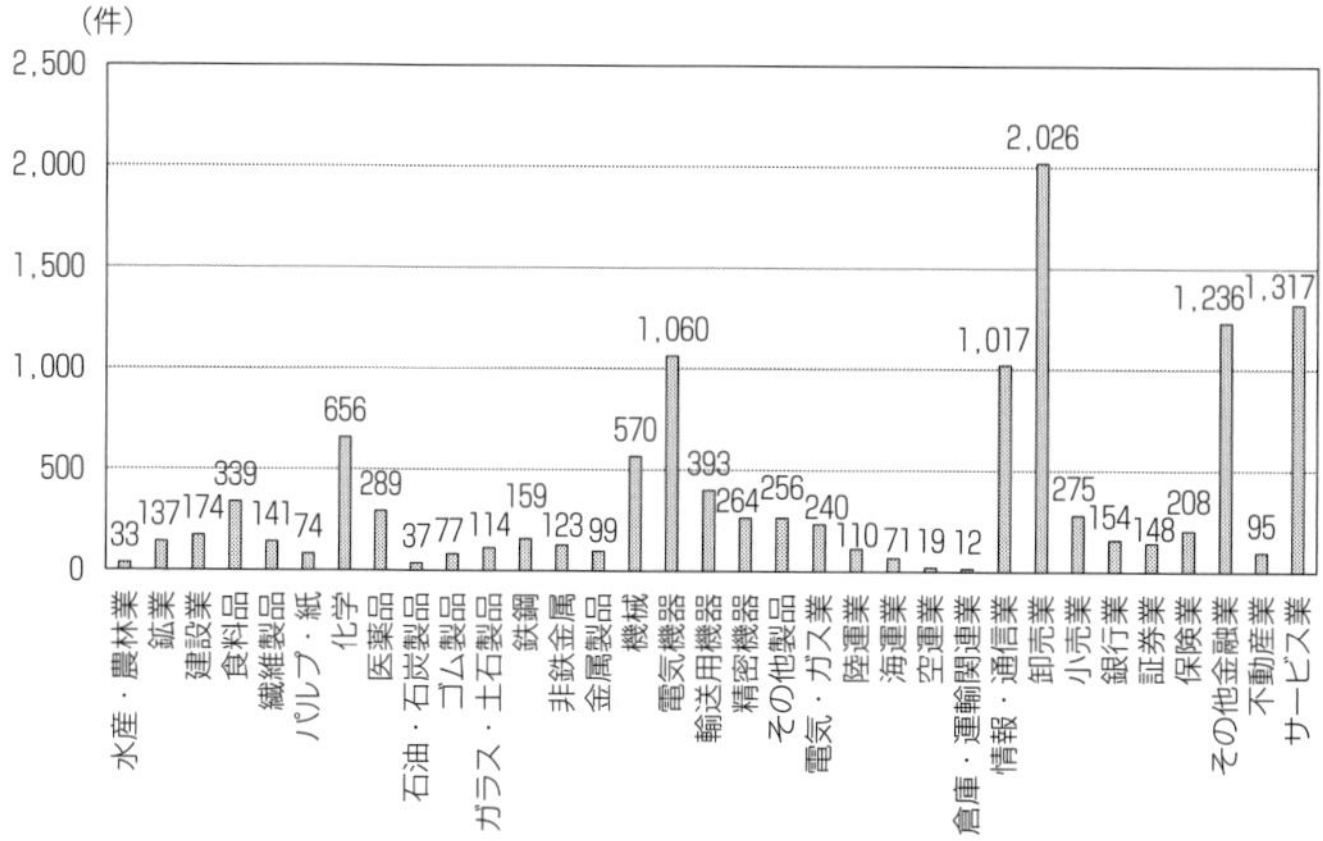

出所：レコフデータ「レコフ M&A データベース」より作成。

図11－2　クロスボーダー M&A の業種（売り手）

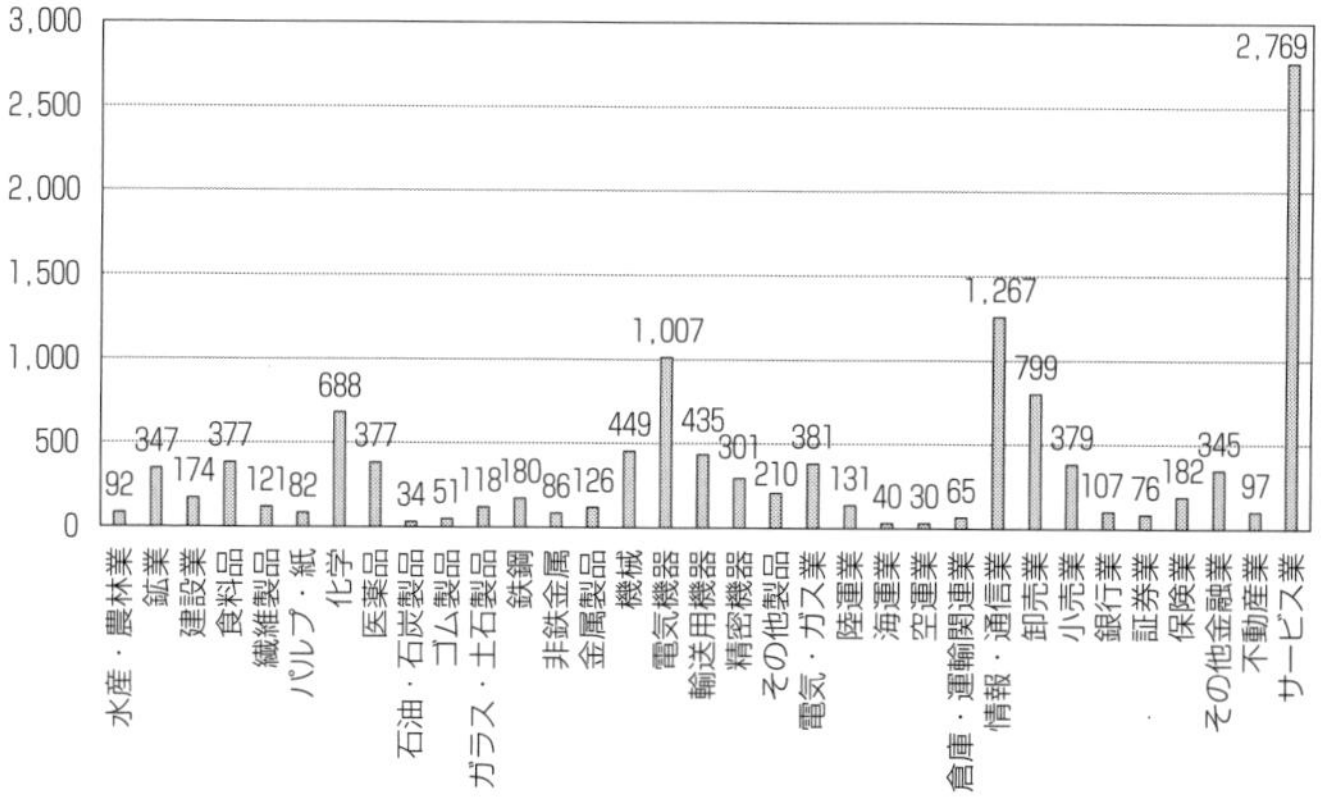

出所：レコフデータ「レコフ M&A データベース」より作成。

図11－3　M&Aの進出先地域

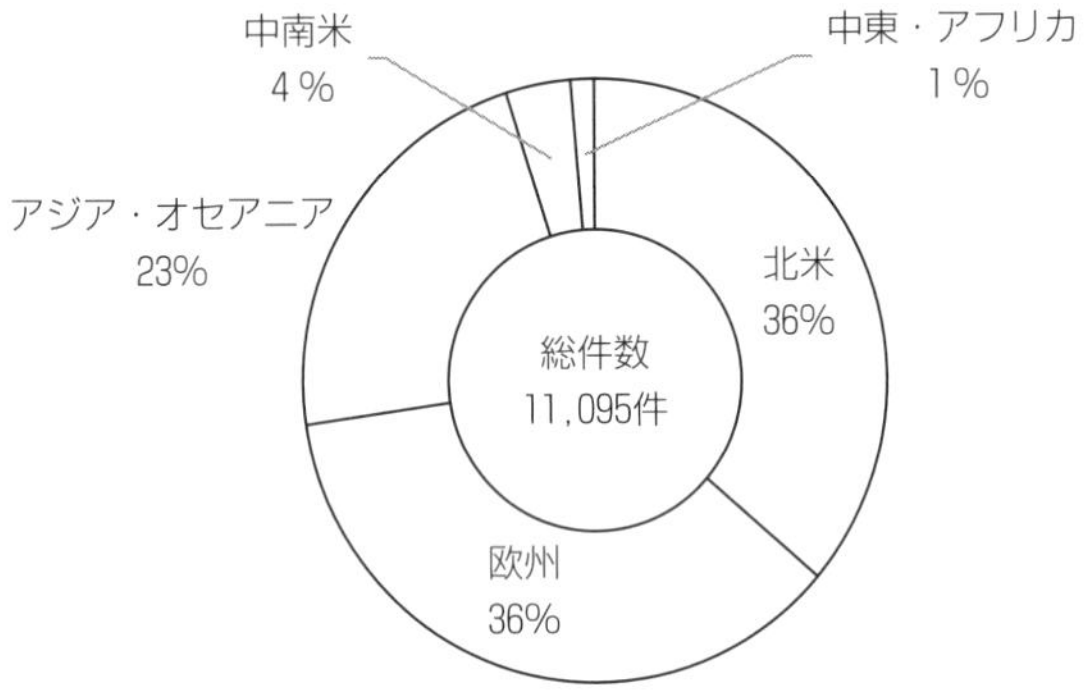

出所：レコフデータ「レコフM&Aデータベース」より作成。

は関連した事業に進出しているものと推察される。

(2) 地域

日本企業のM&Aによる進出先地域については、北米（36％）と欧州（36％）が同比率で、続いてアジア・オセアニア（23％）となっている（図11－3）。件数推移に目を移してみると、その数の増加とともに、先の3つの地域も比例して上昇していっている様子がわかる（図11－4）。投資金額について地域別で推移を追ってみると、北米が優位であることに変わりはないが、近年ではアジア・オセアニアが上回る局面もあり、同地域が日本のクロスボーダー市場においてプレゼンスを高めていることがわかる（図11－5）。

(3) 投資金額と形態

投資金額の平均値は230億円、中央値は16億円と

図11－４　進出先地域の推移（件数）

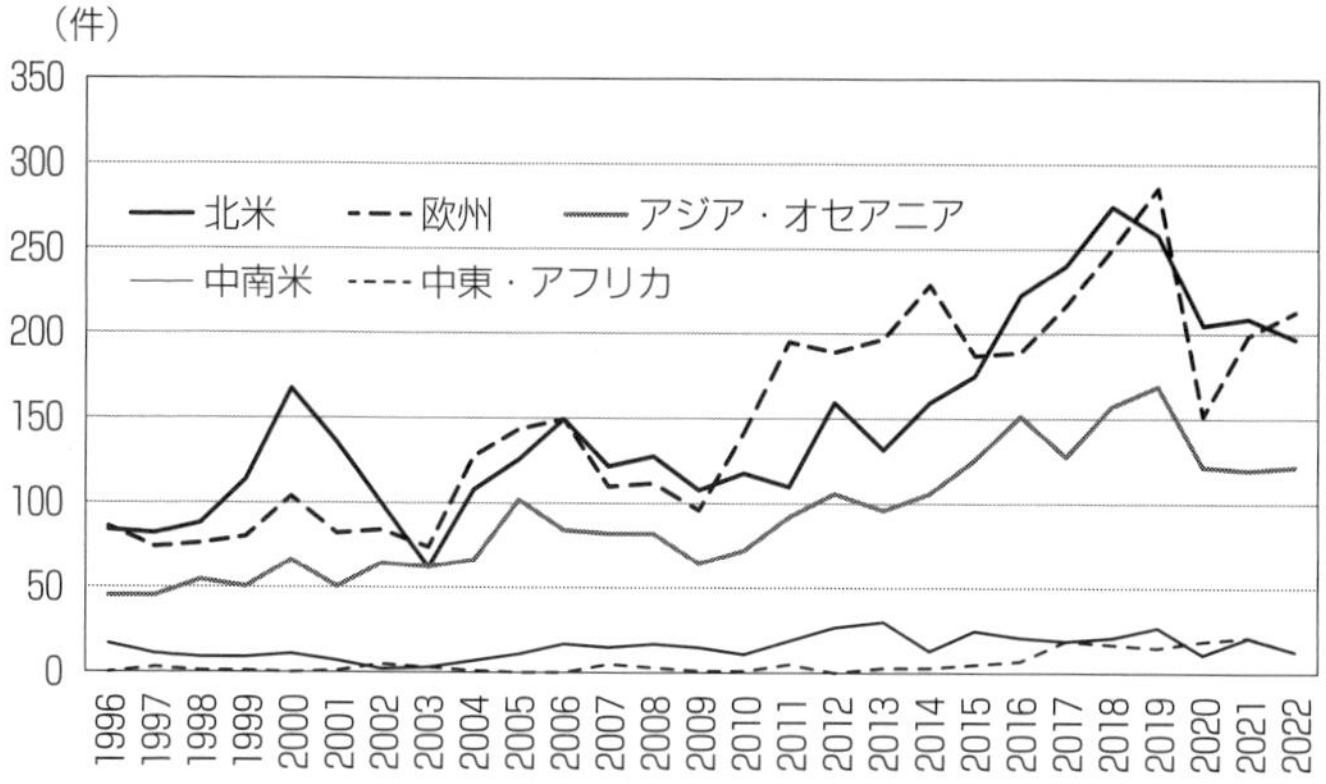

出所：レコフデータ「レコフ M&A データベース」より作成。

図11－５　進出先地域の推移（金額）

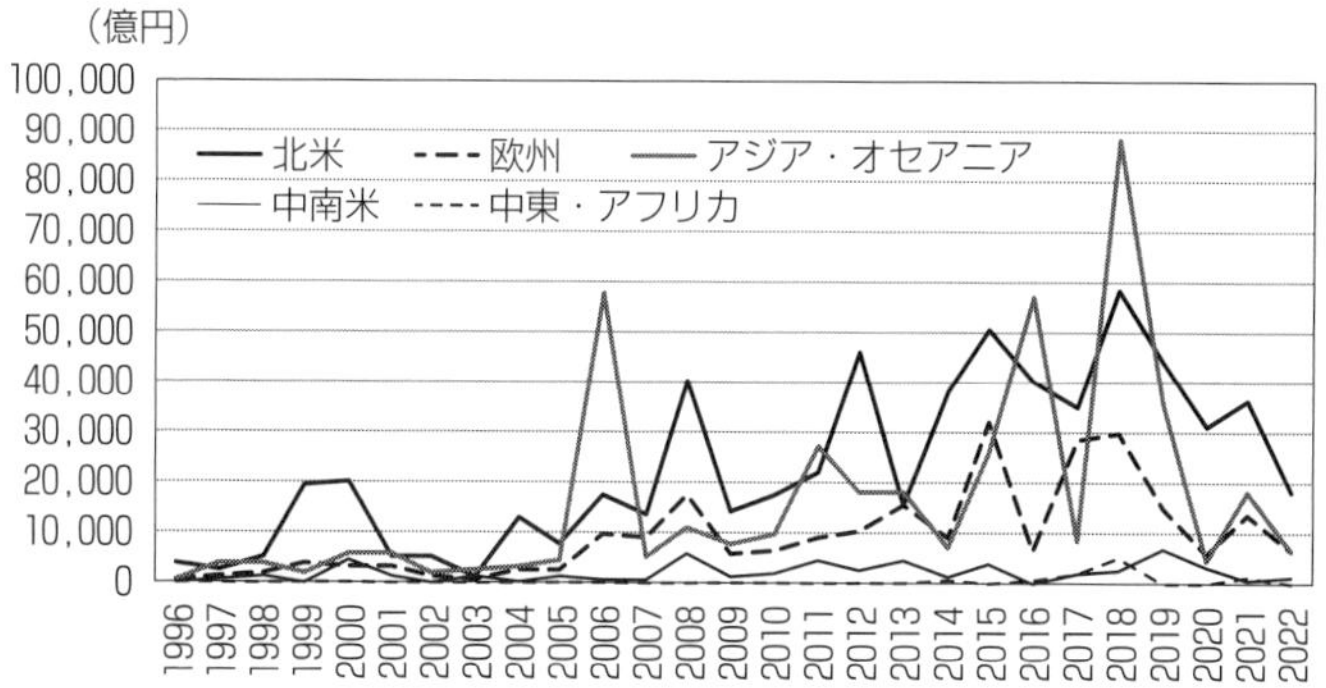

出所：レコフデータ「レコフ M&A データベース」より作成。

図11－6　投資金額の分布

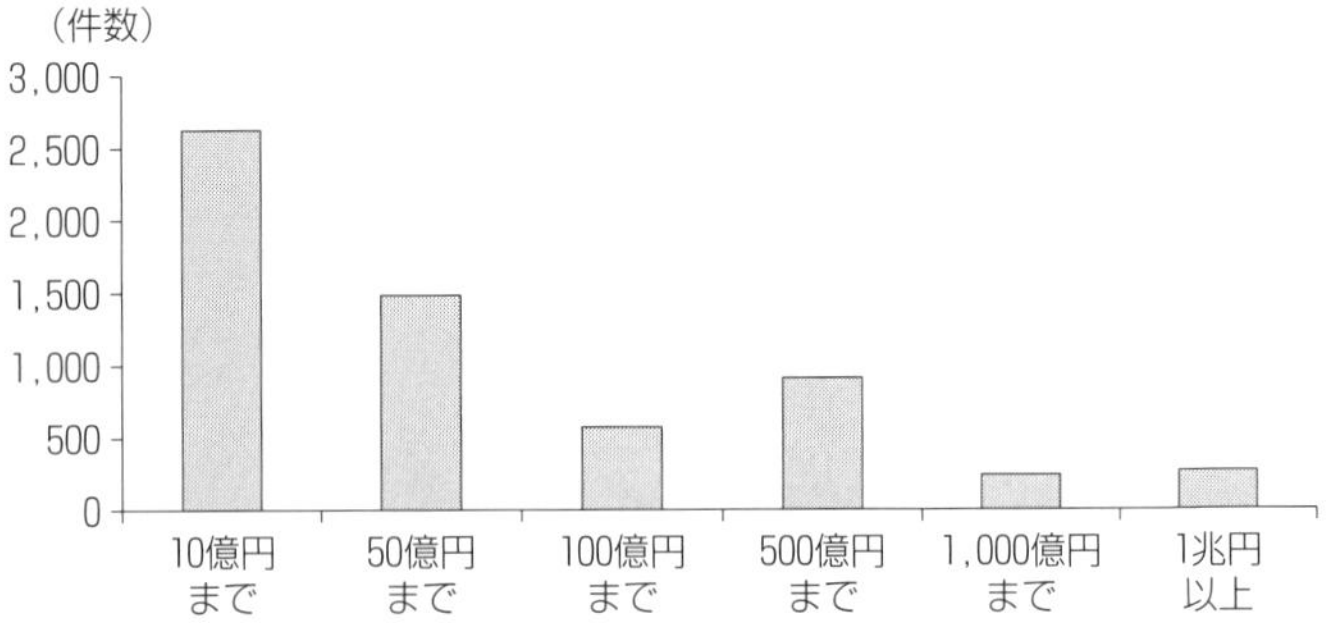

出所：レコフデータ「レコフ M&A データベース」より作成。

大きな差があり、投資金額のばらつきは大きい（図11－6）。金額分布に関しては、10億円以下で43・1％、50億円以下が24・4％となり、両社で過半を占める。ただ、1000億円以上が3・9％、1兆円以上が4・2％存在し、ここでも投資金額の分布の広さがうかがわれる。

投資形態は、買収と資本参加がそれぞれ44％となっている（図11－7）。日本のクロスボーダーM&Aの進出モードは、経営権の獲得を一挙に目指すスタイルと、段階的に投資を進めていくスタイルに分かれている状況である。

(4) 動機

では、どのような企業がクロスボーダーM&Aを実施しているのであろうか。ここでは、買収金額1000億円以上で、上場企業が買い手となった案件で確認していこう。データソースは日経メディアマーケティング「NEEDS-FinancialQUEST」から取得し、1000億円以上のクロ

図11－7　投資形態の分布

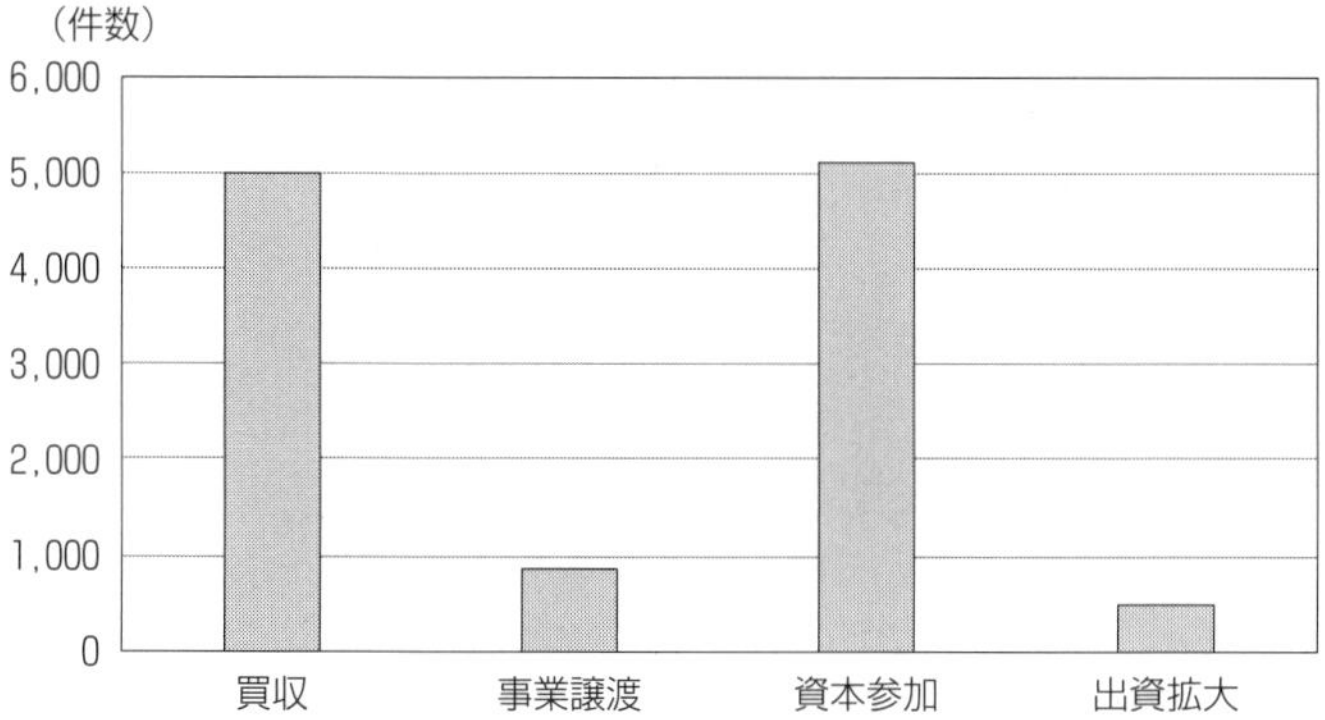

出所：レコフデータ「レコフ M&A データベース」より作成。

スボーダーM&Aを経験していない上場企業と比較した。結果は表11－1のとおりである。大型のクロスボーダーM&Aを行った企業群は、PBR、海外売上高比率、外国人持株比率、上場期間、総資産が高く、役員持株比率が低くなっている。海外でのオペレーションの経験を蓄積し、かつ所有構造でも外国人投資家と親和的な大規模企業が、M&Aによって海外展開を加速していることがわかる。

(5) プレミアムとマルチプル

最後に、日本企業の高値掴みは事実かについて確認しておきたい。ここでは、前述の1000億以上の大型案件のプレミアムについて、判明するものから算出してみた（表11－2）。それによると、およそ40%から50%の水準となっていることがわかる。非公開化型MBOのプレミアムの平均が30%程度なので（川本

表11－1　クロスボーダー M&A 実施企業と非実施企業の特徴の比較

Variable	クロスボーダー M&A 実施企業(1,000億円以上案件)					クロスボーダー M&A 非実施企業					平均値の差
	Obs	Mean	Std. dev.	Min	Max	Obs	Mean	Std. dev.	Min	Max	
ROA	86	0.0553	0.0427	−0.0423	0.2287	86,798	0.0454	0.0641	−0.2275	0.2420	0.0098
PBR	86	2.3757	2.1344	0.6368	13.1528	86,798	1.6042	1.9355	0.1671	13.1528	0.7715***
手元流動比率	86	0.1722	0.1324	0.0036	0.6460	86,798	0.2468	0.1640	−0.0197	1.2331	−0.0746***
売上高成長率	86	0.0421	0.2177	−0.4290	0.8693	86,798	0.0366	0.1735	−0.4290	0.8693	0.0055
海外売上高比率	86	0.2226	0.2725	0.0000	0.8168	86,798	0.1082	0.1946	0.0000	0.8168	0.1144***
外国人持株比率	86	0.3007	0.1035	0.0873	0.5035	86,798	0.0792	0.1055	0.0000	0.5035	0.2214***
役員持株比率	86	0.0197	0.0619	0.0000	0.3165	86,798	0.0840	0.1343	0.0000	0.6118	−0.0643***
安定株主持株比率	86	0.4452	0.1446	0.1364	0.7700	86,798	0.4688	0.2000	0.0291	0.8614	−0.0236
負債比率	86	0.5452	0.1799	0.1162	0.8551	86,798	0.5199	0.2176	0.0875	0.9797	0.0253
上場月数（対数値）	86	6.6331	0.5713	4.0775	7.1694	86,798	6.2211	0.6398	4.0775	7.1694	0.4120***
総資産（対数値）	86	14.3307	0.7306	12.1785	14.9881	86,798	10.4497	1.6217	7.0690	14.9881	3.8810***
製造業ダミー	86	0.7209	0.4512	0.0000	1.0000	86,798	0.4575	0.4982	0.0000	1.0000	0.2635***

注：手元流動比率＝(現預金＋有価証券＋投資有価証券)／総資産、安定株主持株比率＝金融機関持株比率＋事業法人持株比率。

表11－2　クロスボーダー M&A の買収プレミアム

公表日など	当事者1	当事者2	金額(億円)	1の業種	2の業種	基準株価	プレミアム(%)
2017/1/10	武田ファーマシューティカルズUSA Inc.［武田薬品工業］	アリアド・ファーマシューティカルズ	6,278	医薬品	医薬品	公表直近終値	75.0
2018/5/8	武田薬品工業	シャイアー	69,695	医薬品	医薬品	公表直近終値	64.4
2017/9/22	Kuraray Holdings, U.S.A., Inc.［クラレ］	カルゴンカーボン	1,218	化学	化学	公表直近終値	62.9
2008/4/11	武田薬品工業（買付目的会社：マホガニーアクイジション［武田アメリカ・ホールディングス］）	ミレニアム・ファーマシューティカルズ	8,999	医薬品	医薬品	公表直近終値	53.0
2016/7/18	ソフトバンクグループ	アーム・ホールディングス	33,234	通信・放送	電機	公表直近終値	43.0
2017/2/16	ソフトバンクグループ（SBG）、共同投資家	フォートレス・インベストメント・グループ	3,729	通信・放送	その他金融	公表直近終値	38.6
2008/6/11	第一三共	ランバクシー・ラボラトリーズ	4,995	医薬品	医薬品	公表直近終値	31.4
2018/9/11	ルネサスエレクトロニクス	インテグレーテッド・デバイス・テクノロジー(IDT)	7,870	電機	電機	公表直近終値	29.5
2019/4/17	日本ペイントホールディングス	デュラックスグループ	3,005	化学	化学	公表直近終値	27.8
2009/9/3	大日本住友製薬（買付目的会社：アプティオム）	セプラコール	2,409	医薬品	医薬品	公表直近終値	27.6
2017/7/25	田辺三菱製薬	ニューロダーム	1,252	医薬品	医薬品	公表直近終値	17.0
2019/12/3	アステラスUSホールディング Inc.［アステラス製薬］	オーデンツ・セラピューティクス	3,288	医薬品	医薬品	公表直近終値	10.0
2011/12/22	東京海上日動火災保険［東京海上ホールディングス］	デルファイ・ファイナンシャル・グループ	2,050	生保・損保	生保・損保	過去1カ月間の平均終値	59.0
2010/12/29	第一生命保険	タワー・オーストラリア・グループ	1,078	生保・損保	生保・損保	過去1カ月間の平均終値	46.2
2015/6/11	東京海上日動火災保険［東京海上ホールディングス］	HCCインシュアランス・ホールディングス	9,413	生保・損保	生保・損保	過去1カ月間の平均終値	35.8
2014/6/5	第一生命保険	プロテクティブ	5,781	生保・損保	生保・損保	過去1カ月間の平均終値	35.0
2015/8/12	住友生命保険	シメトラ・ファイナンシャル	4,703	生保・損保	生保・損保	過去1カ月間の平均終値	32.7
2015/2/24	旭化成	ポリポア	2,614	化学	化学	過去1カ月間の平均終値	28.4
2009/11/16	キヤノン	オセ	1,068	電機	電機	過去3カ月間の平均終値	98.0
2015/2/11	キヤノン	アクシス	3,337	電機	精密	過去3カ月間の平均終値	70.6
2010/3/2	アステラスUSホールディング Inc.［アステラス製薬］	OSIファーマシューティカルズ	3,709	医薬品	医薬品	過去3カ月間の平均終値	53.0
2015/2/18	日本郵便［日本郵政］	トール・ホールディングス	7,618	サービス	運輸・倉庫	過去3カ月間の平均終値	53.0
2008/7/31	TDK	エプコス	2,000	電機	電機	過去3カ月間の平均終値	52.0
2010/1/15	資生堂アメリカズコーポレーション［資生堂］	ベアエッセンシャル	1,800	化学	化学	過去3カ月間の平均終値	40.8
2016/10/5	損害保険ジャパン日本興亜［SOMPOホールディングス］	エンデュランス・スペシャルティ・ホールディングス	6,394	生保・損保	生保・損保	過去3カ月間の平均終値	40.3
2007/12/11	エーザイ・コーポレーション・オブ・ノースアメリカ(ECA)［エーザイ］	MGIファーマ	4,338	医薬品	医薬品	過去3カ月間の平均終値	37.0
2006/12/15	JT（日本たばこ産業）	ガラハー	22,530	食品	食品	過去3カ月間の平均終値	27.0
2014/1/14	サントリーホールディングス	ビーム	16,794	食品	食品	過去3カ月間の平均終値	24.0
2013/7/3	三菱東京UFJ銀行［三菱UFJフィナンシャル・グループ(MUFG)］	アユタヤ銀行	7,223	銀行	銀行	過去3カ月間の平均終値	15.0
2008/9/2	塩野義製薬（買付目的会社：Tall Bridge,Inc.〈TBI〉［Shionogi USA Holdings, Inc.(SUHI)］）	サイエル・ファーマ	1,549	医薬品	医薬品	過去6カ月間の平均終値	57.0
2015/3/12	ブラザー工業	ドミノ・プリンティング・サイエンス	1,890	電機	電機	過去6カ月間の平均終値	42.6
2008/7/24	東京海上日動火災保険［東京海上ホールディングス］	フィラデルフィア・コンソリデイティッド	4,987	生保・損保	生保・損保	過去1年間の平均終値	66.5
2015/7/24	明治安田生命保険	スタンコープ・ファイナンシャル・グループ	6,284	生保・損保	生保・損保	過去1カ月の出来高加重平均株価	49.9
2012/7/13	電通	イージスグループ	3,955	サービス	サービス	過去3カ月の出来高加重平均株価	45.0
2016/12/22	TDK U.S.A. Corporation［TDK］	インベンセンス	1,582	電機	電機	過去60日間の出来高加重平均株価	52.4
2019/11/25	Asahi Kasei Pharma Denmark A/S［旭化成］	ベロキシスDK	1,432	化学	医薬品	過去60日間の出来高加重平均株価	14.0
2016/7/22	コマツアメリカ［コマツ］	ジョイ・グローバル	3,885	機械	機械	過去90日間の出来高加重平均株価	48.0

出所：レコフデータ「レコフ M&A データベース」より作成。

図11－8　変形EBITDAマルチプルの分布

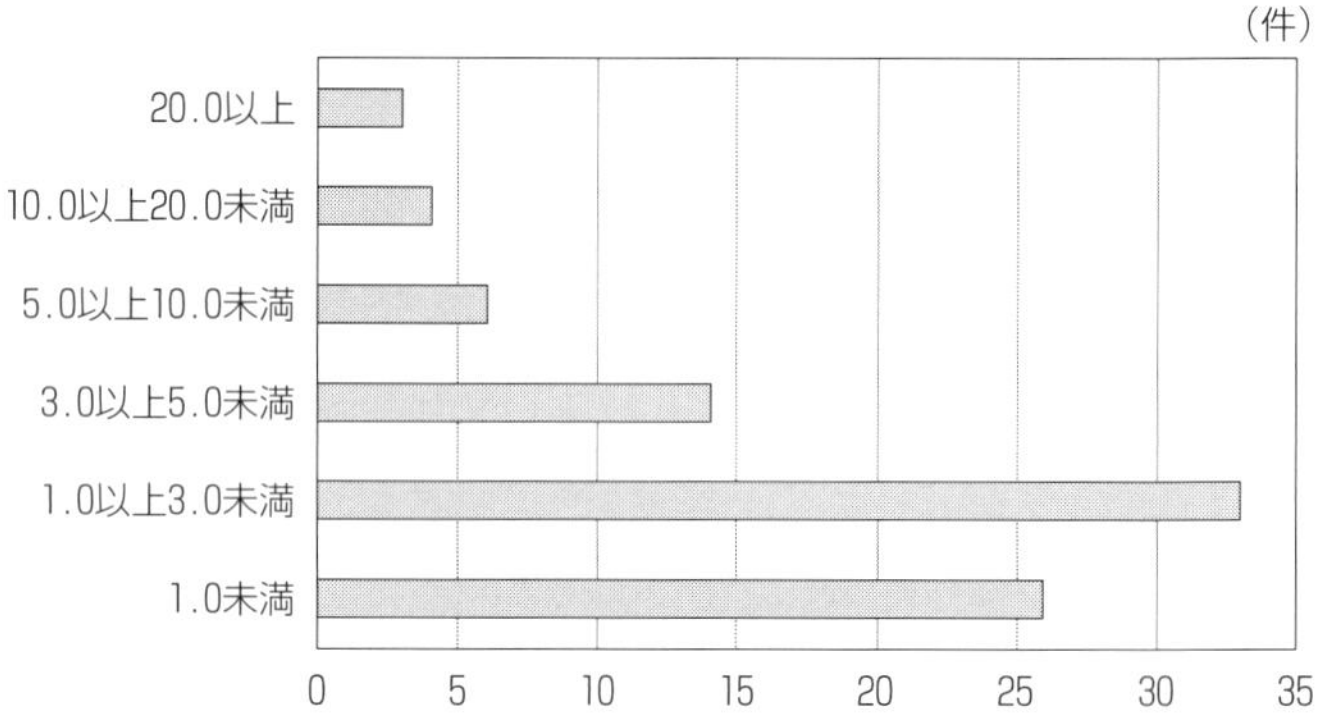

注：マルチプルの分母としては、買収企業の償却前利益を利用した。

2022a)、それらよりもやや高い支払いとなっている。もっとも、それでも変形マルチプル（＝取引金額／買収企業の償却前利益[*1]）の平均値は3・36倍であり、分布をみても1倍未満が30・2％、1倍から3倍未満で38・4％と、これらでおよそ7割を占める（図11－8）。買収金額に対する既存事業の収益力の比で判断する限り、日本企業は自らのパフォーマンスでカバーできる範囲内で海外M&Aの投資金額を決定していると推察される。

3　クロスボーダーM&A略史

(1) 第1次ブーム（1980年代後半）：戦略なきM&A

次に、1980年代の移行のクロスボーダーM&Aの展開について振り返っておこう。金額の推移を確認すると、1980年にはIN－OUT型がIN－IN型を上回り、クロスボーダーM&Aに関するブームの局面に入っていった。この時期には、①三菱地所によるロックフェラーセンター（買収金額1200億円）、②松下電器産業によるMCA（同7800億円）、③ソニーによるコロムビア・ピクチャーズの買収（同6440億円）など、大型案件が相次いだ。ただ、それらの結果をみると惨憺たるものであった。たとえば、①については、バブル崩壊後に不動産不況のあおりを受けて赤字計上し、1995年5月に連邦倒産法第11条を申請し、運営会社は破産するに至った。②については、現地経営陣に運営を任せきりになり、追加投資も行われず、大きく企業価値を棄損させたまま1995年、カナダ飲料大手シーグラムに売却して撤退した。

もちろん、この時期のクロスボーダーM&Aには、ブリヂストンによるファイアストンの買収（買収金額3300億円）に代表されるように、PMIに30年にも及ぶ長い年月をかけ、海外市場において確固たる地域を築かせた戦略的な案件があったことも事実であった（同案件の概要については後述）。ただ、総じて経営者の象徴的案件の実績づくり、あるいは規模追求を目指した、自信過剰に起因した「帝国建設」をモチベーションとした（宮島 2020）、「戦略なき」海外進出がなされた時期であった。

（2）第2次ブーム（2000年代半ば以降）：グローバルトップ獲得と相次ぐ減損

2000年代半ばから再びクロスボーダーM&Aは増加に転じ、冒頭で論じたように2010年代半ばに国内企業同士のM&Aの金額を上回る状態になった。そして、次々と大型M&Aが成立した。武田薬品工業によるシャイアー、ソフトバンクグループによるスプリント、アーム・ホールディングス、JTによるギャラハーの買収など、海外に橋頭堡を築き、そこからこれらの買収企業をグローバルトップへと導いたM&Aが続いた（表11－3を参照。これら案件のいくつかについては後述する）。

その反面、この局面でのクロスボーダーM&Aには、のれんの損失が発生し、遂には取得価格を下回る安価な価格での事業売却を強いられた案件も続出した。ここでは鯉渕・後藤（2019）におけるリストを参考に、減損、事業売却を強いられたケースを収集し、その状況を観察してみよう（表11－4）。まず、全体としては、先述の1000億円以上の37案件中14案件（37・8%）において、減損、事業売却の行動をとっていることがわかる。海外M&Aが期待していた価値を創造せず、隘路に陥るケースがいかに多いかがよくわかる。

減損企業で取得した価格に対する割合（減損/取得価格）が高かったのは、東芝のケースであり、2006年に取得した米ウェスチングハウスが2016年におよそ2倍（199%、1兆2567億円）の減損を出している。一方、売却企業ではキリンホールディングスの傷が深く、2011年

表11－3　クロスボーダー M&A ランキング

順位	公表日など	当事者1	当事者2	金額（億円）	1の業種	2の業種	2の国籍
1	2018/5/8	武田薬品工業	シャイアー	69,695	医薬品	医薬品	IRL
2	2016/7/18	ソフトバンクグループ	アーム・ホールディングス	33,234	通信・放送	電機	GBR
3	2006/12/15	JT（日本たばこ産業）	ギャラハー	22,530	食品	食品	GBR
4	2020/8/3	7-Eleven,Inc.	スピードウェイなど（マラソン・ペトロリアム〈MPC〉グループ）	22,176	スーパー・コンビニ	スーパー・コンビニ	USA
5	2006/3/18	ソフトバンク	ボーダフォン(ボーダフォングループPLC日本法人)	19,172	その他販売・卸	通信・放送	GBR
6	2012/10/15	ソフトバンク	スプリント・ネクステル・コーポレーション	18,121	通信・放送	通信・放送	USA
7	2014/1/14	サントリーホールディングス	ビーム	16,794	食品	食品	USA
8	2019/7/19	アサヒグループホールディングス	CUB Pty Ltdなど55社（豪州でのビール・サイダー事業）[アンハイザー・ブッシュ・インベブ（ABI）]	12,096	食品	食品	BEL
9	2011/5/20	武田薬品工業	ナイコメッド	11,086	医薬品	医薬品	SUI
10	2021/3/31	日立グローバルデジタルホールディングス	GlobalLogic Worldwide Holdings, Inc.（グローバルロジック持株会社）	10,368	ソフト・情報	ソフト・情報	USA
11	2018/12/17	日立製作所	ABBパワーグリッド事業承継会社（日立ABBパワーグリッド）[ABB]	9,680	電機	電機	SUI
12	2015/6/11	東京海上日動火災保険	HCCインシュアランス・ホールディングス	9,413	生保・損保	生保・損保	USA
13	2008/4/11	武田薬品工業	ミレニアム・ファーマシューティカルズ	8,999	医薬品	医薬品	USA
14	2016/12/13	アサヒグループホールディングス	SABミラーの中東欧5カ国のビール事業会社8社（アンハイザー・ブッシュ・インベブ〈ABI〉傘下）	8,766	食品	食品	BEL
15	2018/9/11	ルネサスエレクトロニクス	インテグレーテッド・デバイス・テクノロジー(IDT)	7,870	電機	電機	USA
16	2021/4/24	パナソニック	ブルーヨンダー	7,790	電機	ソフト・情報	USA
17	2015/2/18	日本郵便	トール・ホールディングス	7,618	サービス	運輸・倉庫	AUS
18	2013/7/3	三菱東京UFJ銀行	アユタヤ銀行	7,223	銀行	銀行	THA
19	2017/12/27	三菱東京UFJ銀行	バンクダナモン	6,627	銀行	銀行	SIN
20	2018/7/5	大陽日酸	プラクスエア欧州事業（一部）運営子会社	6,465	化学	化学	USA

出所：レコフデータ「レコフ M&A データベース」より作成。

表11－4　のれん減損損失の計上事例と被取得企業の売却事例

（単位：百万円）

取得企業（企業結合年度）[会計基準][注2]	被取得企業	取得原価 [A]	発生したのれん	計上年度	計上損失名称	累積損失額 [B] （[B]/[A]）	売却年度	
							売却年度	売却額（C）（[C]/[A]）
日本電信電話（2000）[日→米]	Verio	529,639	N.A.	FY2	のれん減損損失	30,083（6％）		
日本電信電話（2010）[米]	Dimension Data	260,571	151,488	FY6	のれん減損損失	48,823（19％）		
東芝（2006）[米]	Westinghouse	631,476	350,785	FY10	再生手続関連損失、のれん減損損失	1,256,859（199％）		
東芝（2011）[米]	Landis+Gyr	187,496	108,511				FY6	161,600（86％）
ブリヂストン（2007）[日]	Bandag	124,388	N.A.	FY1	固定資産減損損失	10,148（8％）		
キリンHD（2011）[日]	National Foods	220,000	165,500	FY3	のれん減損損失、無形固定資産その他減損損失	38,823（18％）		
キリンHD（2008）[日]	Schincariol	304,365	182,714	FY4	のれん減損損失	71,623（24％）	FY6	77,000（25％）
リコー（2008）[米→国]	Ikon Office Solutions	170,310	143,278	FY9	のれん減損損失	130,134（76％）		
第一三共（2008）[日→国]	Ranbaxy	488,354	408,675				FY6	378,500（78％）
塩野義製薬（2008）[日]	Sciele Pharma	143,183	71,096	FY2-FY4	のれん減損損失、事業構造改革費用	55,406（39％）		
ソフトバンクG（2013a）[国]	Sprint Nextel	2,188,683	275,201				FY4	米国T-Mobileと合併合意
ソフトバンクG（2014b）[国]	Supercell	176,097[注1]	98,803				FY3	769,844（437％）
ソフトバンクG（2013c）[国]	Brightstar	128,378	59,857	FY3-FY4	のれん減損損失、無形・有形固定資産減損損失	80,757（63％）		
LIXIL（2015）[国]	Grohe	40,000	N.A.	FY-1-FY1	関係会社投資関連損失等	67,473（17％）		
日本郵政（2015）[日]	Toll	761,805	N.A.	FY2, FY5	関係会社株式評価損	400,300（65％）	FY6	700（0.2％）
キリンHD（2015）[日]	Myanmar Brewery	69,700	N.A.	FY6		68,000	FY7	22,400（32％）

注1：2013年度の買収時取得原価140,397百万円に、2014年に子会社のガンホーから追加取得した約35,700百万円を加算した合計額を示した。

注2：取得企業には［ ］内に、企業結合年度（FY0）に取得企業が採用していた会計基準を示している。採用する会計基準が2015年度において変更があった場合には、矢印の後に、変更後の会計基準を示している。会計基準を示す記号は、［日］日本基準、［米］米国基準、［国］国際会計基準（IFRS）をそれぞれ示している。

出所：鯉渕・後藤（2019）、122頁を、新聞記事等を用いて加筆修正。

に3044億円で取得したブラジルのスキンカリオールを770億円（25・3%）で売却している。もっとも、ソフトバンクのスーパーセルのケースのように、テンセント（中国に）に7698億円（取得価格1760億円に対して437%）で売却され、グループに大きな利益をもたらした案件も存在する。取得価格に対する減損金額、売却金額を集計してみても、前者の平均値と標準偏差が1兆7901億円、3801億円、後者が3467億円、3093億円と、案件によって一様ではなく、かなりバリエーションがある。損失の程度は、ケースバイケースといったところであろうか。

これら減損、事業売却のパターンでもっとも多いのが、事業取得後に景気が減速し、需要が縮小したところに国内企業との競争が激化し、のれんが維持できなくなったケースである。たとえば、中国経済の減速などで資産価格が低迷し、物流の根幹をなす豪経済の成長鈍化に直面した日本郵政のケース（トール買収）がこれに該当する。[*2] また、カントリーリスクに直面し、事業撤退を余儀なくされたケースもある。キリンホールディングスのミャンマー事業（ミャンマーブルワリー）のケースでは、2021年の国軍によるクーデター発生により、国軍より提携解消を要請され、2022年6月に同子会社の株式を国軍に売却することを決定し、ミャンマー市場から撤退するに至った。

さらに、取得した子会社の不正に巻き込まれ、本体が大きな打撃を被ったケースも目立つ。その代表格は前述の東芝であり、米ウェスチングハウスが買収した原子力サービス会社の数千億円規模の損失が東芝に波及し、本体が不正会計に揺れていたところに追加的打撃となり、その後の東芝凋落の決定打となった。[*3]また、第一三共が取得した印ランバクシー・ラボラトリーズのケースでは、買収後に品質管理体制の不備が米食品医薬品局から指摘され、子会社は売り上げの25％をも占めるアメリカ市場を失うこととなった。[*4]

このようにデューデリジェンスの甘さ、海外事業を既存事業に融和させるＰＭＩの困難さ、そして突然のカントリーリスクの発生など、当事者企業のマネジメントに帰すことができる部分とそうで部分が混在しており、クロスボーダーＭ＆Ａの難しさをまざまざと物語っている。

4　ケーススタディ：成功を収めたディール

以上のケースは不可抗力にせよ、子会社へのガバナンス欠如にせよ、クロスボーダーＭ＆Ａで長期的な成功を収めるのがいかに難しいのかを如実に表すものである。では、クロスボーダーＭ＆Ａで成功を収めたケースでは、いかにしてそれを達成したのであろうか。ここでは、ブリヂストンによるファイアストンの、ＪＴによるギャラハーの、そしてソフトバンクグループによるスプリントの買収事例を紹介してみたい。

(1) ブリヂストン：忍耐強いPMIの取り組み[*5]

ブリヂストンによるファイアストンの再建は、誤算とそれへの対応の苦闘の歴史であった。買収の背景には、業界3位のブリヂストンが業界4位のファイアストンを買収して北米シェアを獲得することと、業界1位、2位のグッドイヤー、ミシュランへの追随があった。

ただ、この買収は当初から躓いた。まず第1に、対抗買収者の登場としてピレリが登場し、買付価格が吊り上げられた。1988年にブリヂストンによる買収は成立したが、買収金額は当初の7・5億ドルから26・5億ドルへと膨れ上がり、結果として高値掴みとなり、その後のブリヂストン本体の経営に重くのしかかった。第2の誤算は、納入先からの契約解除であった。日米貿易摩擦のあおりをうけて、GMからタイヤ納入停止の通告を受けて、1億ドルの売り上げを喪失するとともに、生産設備が余剰化した。誤算の第3は、労使関係への対応であった。当時のファイアストンの工場では、無断欠勤等が横行し、労働生産性は著しく低かったという。労働者への規律づけと人員削減の必要性があった。そして、誤算の第4は、2000年のリコール問題であった。フォードのエクスプローラーの事故の際、ファイアストン製のタイヤが破裂したことから、タイヤ改修費用やリストラのために200億円規模の損失を計上するに至った。

こうした誤算続きのファイアストン運営において、潮目が変わったのは、本社副社長（当時）であった海崎洋一郎がファイアストンのトップについてからであった。それまでの現地任せの経営を取りやめ、トップダウンによるリストラを断行した。海崎はストライキにも耐え、労働協定の締結にもこぎつけた。北米セグメントで黒字が安定したのは、2010年代以降であった。実に買収から20年以上の時間が経過していた。

ファイアストンの買収はブリヂストンに何をもたらしたのか。それは、北米における確固たる地位の確立であった。2005年にはグッドイヤー、ミシュランを抑え、グローバルシェア首位を達成した。その一方で、経営再建に多大な労力・コストがかかり、M&Aの「時間を買う効果」を享受できなかった。本ディールは、クロスボーダーM&Aを契機にターゲット企業に内在する問題が露呈し、M&Aのしばしばメリットとして強調される「お題目」が享受できなかったにもかかわらず、忍耐強い取り組みによってディールを成功に導いた稀有なケースである。

(2) JT(日本たばこ産業):海外への橋頭堡を築いたM&A

JTは国内たばこ産業の需要低迷を見越し、2度の大型買収を経験している。それは、1999年にRJRI(RJRナビスコの米国外たばこ産業、9400億円)と、2006年に英国ギャラハーの買収(当時M&Aマーケットで最大の2・2兆円)であった。

RJRI買収の目的は、「約10倍の事業量、ウィンストン、キャメルといったそれぞれ世界第4位、第5位の世界有数のブランドの獲得、工場、営業拠点といった事業拠点、そして人材の獲得」

という。まさに「時間を買う効果」を狙い、「海外たばこ事業のプラットフォーム」の一挙構築を図ったのである（新貝 2015、100頁）。当時のRJRIは、本体のRJRナビスコのLBO(Leveraged Buyout) の結果、負債依存が高まり、重い金利負担がのしかかっていた。そのため十分な投資がなされず、それどころかキャッシュが吸い上げられ、事業が枯れていたのである。そこでJTは同事業に対し、ブランド強化のための1億ドルにも及ぶ販売促進投資、品質改善のための設備投資でテコ入れを行った。

一方、ギャラハー買収の目的は、①地理的な拡大、②JTになかったブレンド技術の獲得、③即戦力となる人材の獲得が決め手であったという。この買収の際の注意点は、「統合プランにかけるスピード」を上げること、「社内コミュニケーション」の重視であった（木村 2013、122頁）。それはRJRIの統合プロセスに時間を要し、同社内の人材に先行きへの不安が広がったという経験に起因したものであった。そこでM&Aの交渉段階から「買収後の青写真」を作成したうえで、早期に統合プロセスに着手し、統合の実行部隊であるJTインターナショナルに大幅な権限移譲を行った。この準備が統合プロセスを大幅に加速させた。また、「できるだけ簡潔に」に代表されるシンプルなワードで語られた「統合の10原則」を打ち出し、被買収企業の社内の心理的不安の解消に努めた。*6

JTは、この2つの案件よりも前にパイロット版の海外買収も経験しており（英国マンチェスタータバコ、1992年)、そこでデューデリジェンス、PMIのプロセスに関する経験値の蓄積、M&A人材の獲得・養成がなされたことが、後々のディールを遂行するうえで大きかったという。それが次のM&Aに対して、規模を大きくして活用された。同社のクロスボーダーM&Aの成功要因として、M&A実施のロールオーバーを重ね、「経験が経験を生む」循環を作り上げたことが挙げられる。

(3) ソフトバンク:ターンアラウンドの教科書

ソフトバンクグループといえば、ビジョンファンドの活動でも知られるように、近年では投資事業に重点を置いている印象がある。ただし、同グループは直近で、事業会社のターンアラウンドで大きな成果を収めている。米携帯電話会社スプリントの買収と経営再建(2013年6月、1兆8000億円)がそれである。

同社の買収目的は、ソフトバンクとあわせ1億人の顧客の囲い込みにあった。それをプラットフォームにゲームや電子取引(EC)などのネットサービスを世界展開し、さらには規模の経済を活かし、スマートフォンや通信設備などのメーカーとの交渉を有利に進めることがねらいにあった。*7

ただ、スプリントのターンアラウンドには、幾重にも困難があった。同社は慢性的な赤字体質であり、貧弱な通信網に起因する「つながらない」品質、複雑な料金プランによる現場の混乱、それによる余剰人員を抱えていた。そこで、孫正義社長の右腕として、ソフトバンクが買収した携帯電話販売会社ブライトスターのトップのマルセル・クラウレがスプリントの最高経営責任者（CEO）に抜擢され、矢継ぎ早の改革が断行された。その1つが綿密なコスト削減の計画であり、その項目は1000点にも及んだ。料金プランの見直しもその一環であり、それまで組み合わせによっては1万5000以上のプランが存在したが、それを10種類に整理した。その結果、顧客からの問い合わせが減少し、オペレーターの業務負担を軽減するとともに、業務の効率性を維持した状態で人員削減にも成功した。また、同氏は「リージョナル・プレジデント」制を導入し、地域の客層のニーズに合致したサービスの提供、地域間競争による社員のモチベーションの上昇にも努めた。

一方、品質面の改善に関しては、同じくソフトバンクが傘下に収めたインターネット接続業者のトップであった宮川淳一を、スプリント本社のあるカンザスに派遣し、品質改善に取り組ませた。宮川氏は、ビッグデータを活用した通信網の改善に乗り出し、携帯電話料金の滞納率が低い優良顧客の集まるエリアから設備投資し、顧客満足度と料金の確実な回収に努めた。*8 結果、スプリントは2014年度には減損を計上したものの、その後、業績は上向き、2015年度には9年ぶりの営業黒字に転換し、以降、継続的に利益を稼ぎ出す体質に変貌した。

ソフトバンクグループによるスプリントの再建は、本社からの人材の派遣、業務改善と人員整理、そして事業のターゲットを絞った追加的な設備投資といった、ハンズオンの教科書ともいえる取り組みであった。その後、スプリントは米携帯電話会社3位のTモバイルUSと合併し、ソフトバンクグループは携帯電話事業から投資を回収した。まさに、ストラテジックバイヤーとファイナンシャルバイヤーのハイブリッドである、同グループの面目躍如である。なお、2022年末現在、ソフトバンクグループ傘下の半導体設計大手アーム（2016年9月買収公表、3兆3000億円）の上場が取り沙汰されている。孫氏の次の一手に注目が集まる。

5　おわりに：クロスボーダーM&Aの成功要因は何か

(1) そもそも成功しているのか

ではクロスボーダーM&Aは、全体としていかなる成果を収めてきたのであろうか。それについて、短期的な株価パフォーマンスと、長期的な財務パフォーマンスの2つの観点からチェックが行われてきた。[*9] 分析結果はさまざまであるが、主に欧米諸国の企業を対象とした海外の研究では、ターゲットとなった企業の株価に大きなポジティブな反応が発生する一方で、買い手となったレイダー企業の株価もポジティブであるものの、それは微弱であることが明らかになっている（Goergen and Renneboog 2004）。一方、財務パフォーマンスに関しては、Moeller and Schlingemann（2005）が検証しており、クロスボーダーM&Aを実施した企業の事後パフォーマンスは低下傾向にあり、海外企業もPMIに苦戦している様子がみてとれる。では、日本企業に関してはどうであろうか。

たとえば、デロイトトーマツ（2018）は、経団連所属企業145社からアンケートの回答を得て、「失敗」が21%、「どちらともいえない」が42%であるのに対し、「成功」は37%に過ぎないことを明らかにしている。同様に、松本（2014）では、買収金額100億円以上の116件のクロスボーダーM&Aの行動パターンを分析し、①M&Aの成功条件を、買収後4年以降の対象セグメントの最高益更新率が5割を実現すること、②失敗の条件を、自社の破綻、当該事業の（売却損が発生したうえでの）売却と設定したうえで、成功案件は9件（7・8%）であるのに対し、失敗案件は51件（44・0%）と、ここでもおよそ過半数の企業が意図した結果を享受できていないことを確認している。

これに対し、鯉渕・後藤（2019）は、1999年から2015年の、買収価格1000億円以上の大型案件を対象として、買収セグメント売上成長率は既存事業を超えており、グローバル視野での成長性の実現、あるいは自社のポートフォリオのバランス化からみて重要なツールと主張している。また、井上ほか（2013）でも、2003年から2010年に行われた買収価格が10億円を超えるクロスボーダー81件を取り上げ、国内M&Aと同水準の財務パフォーマンスの改善を確認し、クロスボーダーM&Aが買い手の価値を破壊しているとはいえないと肯定的な評価を下している。

ではなぜ、調査によってこのような評価の差異が出るのであろうか。その1つとして、成功条件の設定方法にある。多くの定性研究が「成功していると思うか」という経営者の主観や「最高益の更新」などとしているのに対し、定量研究は、「業界平均以上のパフォーマンスの達成」をベンチマークとしていることが多いことが挙げられる。後者の方がクリアーするハードルが低いため、肯定的な結果が出やすい。また、定量研究が相対的に短期（2年から3年）の成果をみる一方で、定性研究は対象期間を特に設定しない（あるいは5年から10年スパンの長期で追跡する）という期間認識の差も、結果の違いに影響を与えていると思われる。いずれにせよ今後、両分析方法で観察する尺度や期間を統一し、結果の頑健性をチェックする調査が必要になってこよう。

(2) 成功要因は何か

では、前述の調査は、いかなる点を成功条件と考えているのであろうか。上述のデロイトトーマツ（2018）では、海外M&Aの目的と成功回答企業の割合に関するクロス表分析から、クロスボーダーM&Aの動機としては、①グローバルシェアの拡大、②既存事業を補完する製品・技術の獲得が、動機として高く、前者で45社（32・2％）、後者で44社（30・3％）となっていることを確認している（表11－5）。ただ、成功確率は①が28・9％、②34・1％と芳しいものではない。成功と答えた企業の割合では、自社での事業立ち上げの代替が32社中13社（40・6％）と相対的に

表11－5　クロスボーダーM&Aの目的と成功要因

	目的とした企業数	成功企業	成功確率（%）	非成功企業
グローバルシェアの拡大	45	13	29	32
自社での事業の立ち上げの代替（グローバルな生産・販売体制の構築に必要な資源の獲得	32	13	41	19
既存事業を補完する製品/技術の獲得	44	15	34	29
新規事業への参入	19	2	11	17
研究開発・ノウハウ・ブランド・技術等無形資産の獲得	17	4	24	13
人材の獲得	24	8	33	16
その他	3	1	33	2

注：回答企業は延べ90社であり、設問は複数回答可能である。成功企業とは、2001年以降に実施した最大金額または最重要の海外M&A案件における目的達成率が80%以上の企業、非成功企業とは、2001年以降に実施した最大金額または最重要の海外M&A案件における目的達成率が50%未満の企業である。

出所：宮島（2018）、23頁。原資料はデロイトトーマツ（2018）。

高くなっている。グリーンフィールド投資の代替という「時間を買う効果」が評価されているものと推察される。さらに、同調査では、経営計画として中長期視野での海外M&Aの志向、ディール成立前からのPMI体制の検討、ディール段階からPMIチームの早期参加、情報収集なども、クロスボーダーM&Aの成功条件として挙げている（表11－6）。

一方、松本（2014）では、①事業関連性（買収事業が既存事業と水平的なものか垂直的なものか）、②規模の有意差（自社に比べ買収事業の規模が小さく、経営のグリップが握れるか）、③長期経営志向（経営者執行者が長期的な視野で買収企業の経営にコミットするか）、④

表11－6　成功企業の特徴

- 成功企業では経営戦略に海外M&Aが織り込まれ、位置づけが明確である。
- 成功企業では経営トップが迅速な意思決定を行い、案件への主体性を持って取り組んでいる。
- 成功企業はディール前からPMIを見据えて準備してDay 1以降の確実な企業価値実現に繋げている。
- 成功企業は確実に見込めるシナジーまでを織り込んだ堅実な買収価格で合意している。
- 成功企業は「ディールありき」ではなく、案件中止も視野に入れた適切な撤退判断ができる体制を持っている。
- 成功企業は案件の起案者がディールから買収後の経営までコミットメントを継続し、特にクロージング後も案件の準備期間と同様に中長期的な関与を行う場合が多い。

出所：デロイトトーマツ（2018）、1頁。

追加買収（買収企業が対象会社の顧客基盤を補強するために、追加買収を行うか）が成功条件であり、それぞれの条件が「代替的」ではなく「補完的」（つまり、同時に満たされないといけない）であることを確かめている。

最後に、飯野（2022）では、2006年から2016年に行われた買収金額5億円以上のクロスボーダーM&A696件を対象として、新規事業参入を動機としたM&Aは、イベント日周辺の株価、財務パフォーマンスは低下傾向であるのに対し、グローバルシェアの拡大を目的とするケースで、既存製品の地理的拡大、補完事業の獲得が図られるケースでは、短期株価リターン、財務パフォーマンスがともに改善傾向であることを確かめている。クロスボーダーM&Aの目的は多様で、その目的の組み合わせが事後パフォーマンスを規定していることを明らかにしている。

以上の結果は、クロスボーダーM&Aの成功条件が多岐に渡ること、そしてそれらの「合わせ技」が必要となることを示している。今後、いかなる条件が不可欠なのか、そしてどのような条件の組み合わせがもっとも効果的なのか、その調査の進展が望まれる。

注

＊1　ここでは分子を買収事業の数値ではなく、買い手企業の利益で代替している。
＊2　「郵政 買収戦略に甘さ」『日本経済新聞』2017年4月22日。
＊3　「東芝、原発で数千億円損失」『日本経済新聞』2016年12月28日。
＊4　「第一三共 誤算続きの巨額買収」『日本経済新聞』2009年5月14日。
＊5　この節の記述は、井上ほか（2013）、松本（2014）、「成功例（2）ブリヂストン」『週刊東洋経済』2014年6月7日号などに依拠している。
＊6　「成功（1）日本たばこ産業」『週刊東洋経済』2014年6月7日号。
＊7　「ソフトバンク、スプリント買収」『日本経済新聞』2013年6月26日、「ソフトバンク 1億顧客の野望」『日経産業新聞』2013年6月26日。
＊8　「米スプリント再建の軌跡（上）（下）」『日経産業新聞』2017年8月3日、同年8月4日。
＊9　日本企業のクロスボーダーM&Aの動機を扱った研究としては、宮島（2018）があり、過去のクロスボーダー実施件数、海外機関投資家、海外売上高比率が同行動にポジティブな影響を与えており、クロスボーダーM&Aに関する経験値、海外と親和的なガバナンスを有する企業ほど、クロスボーダーM&Aを手掛ける傾向にあることを示している。

コラム7　セーフハーバーと問題解消措置

M&Aが急増した2000年代以降、公正取引員会は国内シェアの高まりと国際競争の激化への対処の間で、難しいかじ取りを求められてきた。まず、国内シェアの高まりについては、より市場の動向に即した内容にするため、2007年に公正取引員会の合併審査指針の変更を行った。そこでは、審査で重視する指標を従来の「シェア」から、市場全体の寡占度を示す「寡占度指数」に変えた。いわゆる「安全港基準（セーフハーバー）」と呼ばれ、この基準に当てはまれば、当該企業結合計画が競争を実質的に制限することはないと、事前に判断される。同基準は、市場シェアから求められたハーフィンダール・ハーシュマン指数によって計算される。この仕組みだと、他社が先に再編を仕掛けて市場の寡占度が上がると、残る企業はM&Aのハードルが高くなる。仮に他社が先駆けて統合を行った場合、業界内のプレイヤーの数が減ってしまう結果、各社のシェアが上がってしまい、後から統合を試みる会社は、公正取引員会から事業切り離しなどの措置を求められる可能性がある。

実際、JXホールディングスと東燃ゼネラル石油の統合でシェアの上昇が問題とされたのは、LPガス、ガソリン、灯油、軽油、A重油の5分野である。[#1] 公正取引委員会の「平成28年度 年次報告」によると、各分野とも統合後のシェアは50%を優に超えている。また、ハーフィンダール指数の上昇も著しく、いずれもセーフハーバーに該当しない（コラム表7－1）。そのため、これら5分野について公正取引委員会によって審査がなされ、業界企業間の協調的行動により、実質的に競争が制限される可能性が指摘された。たとえば、ガソリン分野について、「十分な供給余力を持つ有力な競争業者が存

コラム表7－1　石油製品4分野における市場シェア

順位	ガソリン		灯油		軽油		A重油	
	会社名	シェア	会社名	シェア	会社名	シェア	会社名	シェア
1	JX	約35%	JX	約35%	JX	約35%	JX	約40%
2	東燃ゼネラル	約15%	出光	約20%	出光	約20%	出光	約25%
3	昭和シェル	約15%	昭和シェル	約15%	昭和シェル	約15%	昭和シェル	約15%
4	出光	約15%	東燃ゼネラル	約15%	G社	約10%	H社	約15%
5	D社	約10%	F社	約10%	東燃ゼネラル	約10%	東燃ゼネラル	約10%
6	E社	0～5%	その他	5%	その他	約10%	その他	0～5%
	その他	0～5%						
HHI増分（a）		約500	HHI増分（a）	約600	HHI増分（a）	約600	HHI増分（a）	約700
HHI増分（b）		約1,100	HHI増分（b）	約900	HHI増分（b）	約600	HHI増分（b）	約700

注：HHI増分(a)はJXホールディングスと東燃ゼネラル石油統合の結果、同(b)は出光興産と昭和シェル統合の結果によるものを表す。
出所：公正取引員会『平成28年度 年次報告』。

在すること及び需要者から一定程度の競争圧力が働くことから」、これら2件の統合にかかわる当事者企業が、単独行動で当該分野における競争を制限することはないと判断しながらも、「①競争事業者の数が減少すること、②同質的な商品であり、販売条件について競争する余地が少ないこと、③コスト構造が類似すること、④業界紙による通知価格の掲載等により、各石油元売会社は適時に他社の通知価格の変動状況等に係る情報を入手できることから」協調的行動を採りやすい環境要因があり、競争を実質的に制限するおそれがあることを指摘している。これに対し、当事者企業は問題解消措置（remedy）を講じ、①当事会社が自社で保有する原油または主燃油在庫を活用し、石油元売会社以外の事業者に主燃油の輸入を行った際に課される備蓄義務を肩代わりし、輸入促進措置を取ったこと、②バーター取引（石油元売会社間で、いずれか一方のみが製油または油槽所を有している地域において、同種・同量の石油製品を相互に融通する取引をいう）を維持して、他社の物流コストに影響を与えない方策を取ったことで、統合が認められている。
このほか、今日のグローバル市場の下では、国内的な独占禁止法だけではなく、海外市場におけるマーケットシェアが高まることから、海外当局の許可が必要になることも考えられる。たとえば、パナソニックと三洋電機の合併では、中国当局がハイブリッド車などの環境車に使う2次電池のシェアに関し、1年近く検討に時間を要したという。[#2] M＆Aの実行に時間を様子と、従業員の不安が生まれ、モチベーションが低下し、コア社員の離職などで企業価値が低下する恐れがある。2国間、そして発展して多国間で、より透明で共通したM＆A法制の制定が求められている。

コラム注

＃1　以降の内容については、公正取引委員会「平成28年度 年次報告」より。

＃2　「新日鉄・住金、海外での合併審査準備」『日本経済新聞』2011年2月9日。

第12章　ゴーイングプライベート：ＭＢＯの動機と成果

〔本章のまとめ〕
２０００年代に入ってから、ＭＢＯ（マネジメント・バイアウト）によって株式市場から退出する企業が相次いでいる。ＭＢＯには所有構造を経営者などの買収者に集中させ、中長期視野での経営を実現させることが期待される一方で、会社の売り手と買い手を経営陣が兼ねることにより、少数株主との利益相反が生じるのではないかとの懸念も持たれている。本章では、日本におけるＭＢＯの歴史、それら取引に関する公正性担保措置の内容、買収後のパフォーマンスや少数株主の富に与える影響について確認していく。

〔本章のキーワード〕
バイアウト・ファンド、インセンティブ・リアライメント、エージェンシーコスト、負債の節税効果、信頼の破壊（breach of trust）

1　はじめに：構造的利益相反

日本において非公開化型ＭＢＯ（Management Buyouts：経営陣による自社買収）が登場してから、20数年が経過した。[*1] レコフデータの調査によると、２０２２年末までに１９４件もの企業がＭＢＯによって市場から退出したという（図12－１）。この間、ＭＢＯはワールドやすかいらーくな

図12－1　MBOによる非公開化の推移

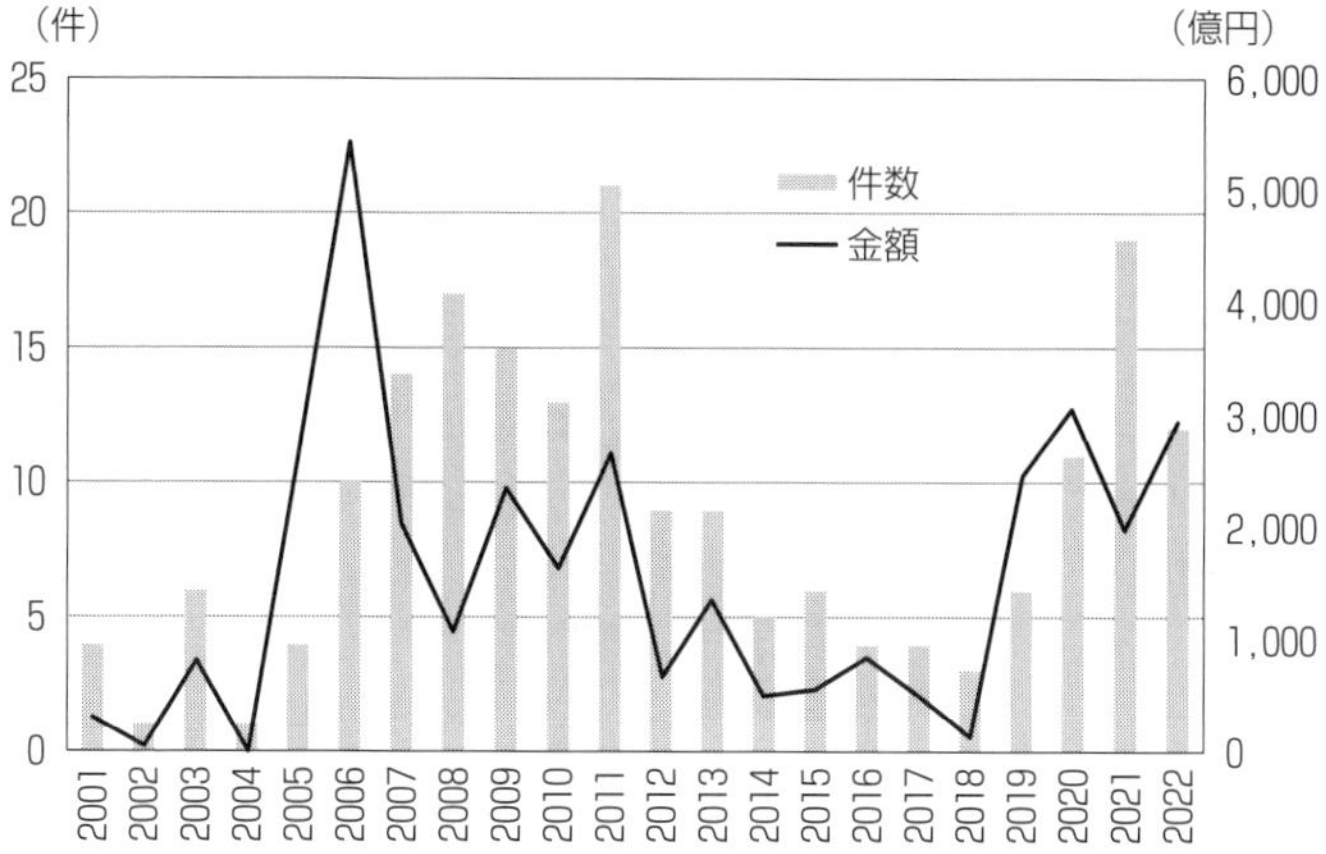

注：公表年ベース。案件数は解消案件も含む。
出所：レコフデータ「レコフM&Aデータベース」より作成。

どの大型案件に代表されるように、M&Aという舞台の華やかさをアピールする反面、TOB価格をめぐって経営陣と少数株主が法廷闘争を繰り広げるなど、その「いびつ」な取引構造に起因する軋轢も生み出してきた。

MBOによる非公開化は、企業にとって「劇薬」のようなものである。バイアウトに経営陣が参加することによって、彼らのインセンティブが増強され、それまでのエージェンシー問題が解消に向かう。それは当該企業の抜本的なリフォーカス、リストラクチャリングの契機となる。その一方で、買い手が売り手を兼ねることから、少数株主に対して売り圧力がかかり、安価な価格での買い付けを強いているおそれがある。後者こそが、まさに「構造的利益相反」（図12－2）と呼ばれるものであり、筆者が

図12－2　MBO における構造的利益相反

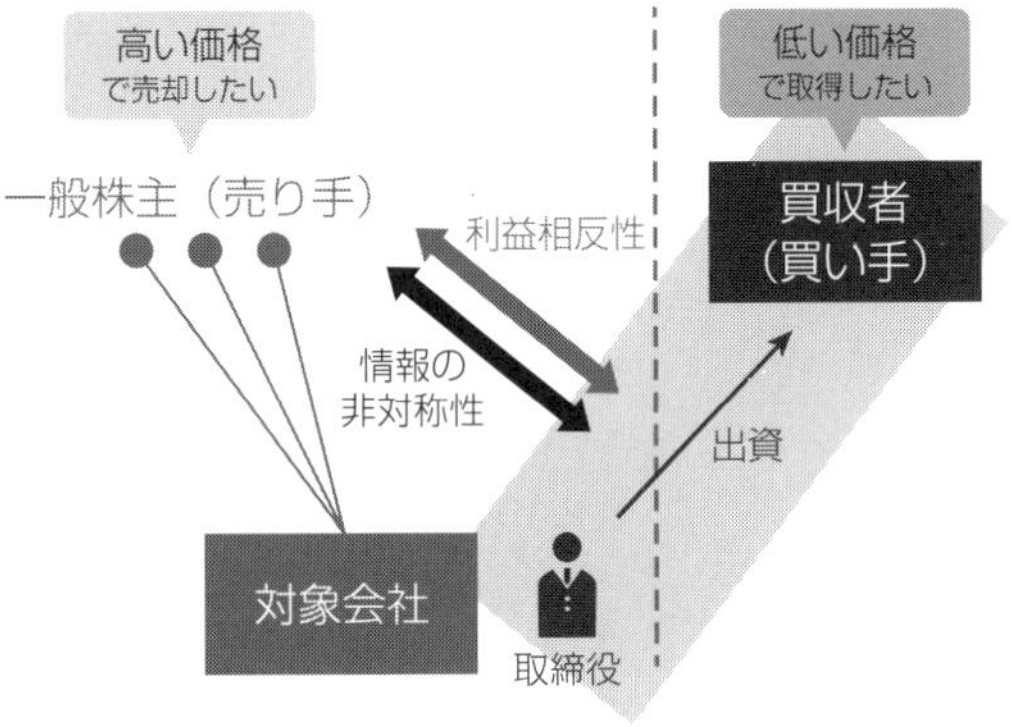

出所：経済産業省（2019）、7頁。

「いびつ」と表現したゆえんである。

このような諸刃の剣のような特性を持つがゆえに、そのコストとベネフィットをめぐって、実務だけにとどまらず、アカデミックの分野においても、ＭＢＯはつねに高い関心を持ち続けられてきた。①はたしてＭＢＯはいかなる動機でなされるのか。②ＭＢＯ公表前において、経営陣は株価を安値誘導するような行動を取っているのではないか。③仮にそれら行動の蓋然性がある場合、それを抑止する措置としていかなる仕組みがあり、それはどの程度実効的なのであろうか。④そして、ＭＢＯによってパフォーマンスは改善したのか。

これらの問いについては、日本企業を対象とした研究についても蓄積がなされてきたが、必ずしもそれら成果が整理されているとはいいがたい。そこで本章では、これまでの日本におけるＭＢＯ

の歴史と実施方法について振り返った後、その経済的機能について体系的に理解することを目指す。

2　MBO20年史[*2]

(1) MBOの登場 (2000年代前半)

日本においてMBOによる非公開化の嚆矢となったのは、溶射加工大手のトーカロ（当時、店頭公開）の案件であった（2001年1月公表）。親会社であった日鉄商事のノンコア事業の見直しを受けて、買い手として経営陣が名乗りを上げ、2001年3月に上場廃止した。非公開化後、出資を受けたジャフコとともに、月次決算の導入など経営改革を行い、半導体関連の需要が好調であったこともあり、2003年12月に再上場（東証2部）を果たした。[*3] また、産業用クレーンメーカーのキトーも、カーライルと組んで2003年11月に非公開化したが、不採算事業からの撤退、カーライルのネットワークを利用した海外事業展開などの経営再建を進め、2007年8月に東証1部への再上場を実現した（胥 2011）。これら2つのケースは、MBOのマイルストーンとして語り継がれている。

また、トーカロの案件と同様、2000年代前半には連結決算の本格化、および「選択と集中」の流れのなか、子会社や事業部門が独立する「ダイベストメント型MBO」が相次いだ。これを積極的に進めたのは総合電機、自動車メーカー、小売業などであり、たとえば東芝は、東芝タンガロイ、東芝セラミックスの上場子会社2社、日産自動車はバンテック、キリウなど6社、ダイエーはマルコー、エー・エス・エスなど4社を、子会社経営陣に売却した。この局面でのMBOは、通常イメージされる非公開化型だけではなく、親会社のリストラクチャリングのツールとしても活用され、新たなM&Aの手段としても注目を集めた。

(2) MBOの光と影：大型案件と業績予想の修正（2000年代後半）

2000年代後半に入ると、2つの大型案件が成立した（表12－1）。まず、2005年7月には、アパレル大手のワールドがMBOを公表した。三井住友銀行など3行から1700億円の融資、そして中央三井キャピタルから優先株式350億円、劣後社債175億円（いわゆる「メザニン」）の提供を受け、総額2185億円のディールとなった。次いで、2006年6月には、外食大手のすかいらーくが、野村プリンシパル・ファイナンス、CVCキャピタル・パートナーズと共同で買収金額2718億円にも上るMBOをアナウンスした。この金額は、日本のMBOマーケットにおけるレコードとなっている。

もっとも、この局面には、こうしたMBOの華やかな舞台とは逆に、それらの取引構造の「いびつ」さも露になった。冒頭で指摘した経営者・株主間の「利益相反構造」である。レックス・ホー

表12－1　MBO取引金額上位20件

（単位：百万円）

日付	マーケット	買い手	ターゲット	上場場部	業種	金額
2006/6/8	IN-IN	すかいらーく現経営陣、野村プリンシパル・ファイナンス、CVCキャピタルパートナーズ	すかいらーく	東証1部	外食	271,771
2005/7/25	IN-IN	ワールド寺井秀蔵社長、中央三井キャピタル	ワールド	東証1部	繊維	218,505
2009/3/20	OUT-IN	ユー・エス・ジェイ現経営陣、ゴールドマン・サックス・グループ	ユー・エス・ジェイ	マザーズ	アミューズメント	111,241
2007/1/23	IN-IN	ツバキ・ナカシマ現経営陣ら、野村プリンシパル・ファイナンス	ツバキ・ナカシマ	東証1部	機械	101,418
2006/10/31	IN-IN	東芝セラミックス現経営陣、ユニゾン・キャピタル、カーライルグループ	東芝セラミックス	東証1部	窯業	91,627
2011/2/4	IN-IN	カルチュア・コンビニエンス・クラブ現経営陣	カルチュア・コンビニエンス・クラブ	東証1部	その他小売	69,635
2006/10/2	IN-IN	キューサイ現経営陣、エヌ・アイ・エフSMBCベンチャーズなど	キューサイ	東証2部	食品	61,351
2006/11/10	IN-IN	レックス・ホールディングス現経営陣、アドバンテッジパートナーズ	レックス・ホールディングス	ジャスダック	外食	55,728
2011/8/31	IN-IN	立飛企業現経営陣	立飛企業	東証2部	不動産・ホテル	51,962
2016/11/1	IN-IN	日本デジタル研究所現経営陣	日本デジタル研究所	東証1部	電機	50,498
2013/4/16	IN-IN	メガネトップ現経営陣	メガネトップ	東証1部	その他小売	46,461
2009/8/15	IN-IN	オオゼキ現経営陣	オオゼキ	東証2部	スーパー・コンビニ	43,890
2014/5/15	OUT-IN	Taiyo Jupiter Holdings, L.P.、ローランド現経営陣	ローランド	東証1部	その他製造	41,620
2010/11/20	IN-IN	サザビーリーグ現経営陣	サザビーリーグ	ジャスダック	その他小売	40,120
2003/11/11	IN-IN	東芝タンガロイ現経営陣、野村プリンシパル・ファイナンス	東芝タンガロイ	東証1部	機械	38,030
2006/12/20	IN-IN	サンテレホン現経営陣ら、日本産業パートナーズ、ベインキャピタルグループ	サンテレホン	東証1部	その他販売・卸	33,875
2012/4/14	IN-IN	エイブル＆パートナーズ現経営陣	エイブル＆パートナーズ	ジャスダック	不動産・ホテル	33,306
2017/3/24	OUT-IN	Balance Signature Designated Activity Company（MBKパートナーズ）、TASAKI現経営陣	TASAKI	東証1部	その他製造	31,829
2015/2/4	OUT-IN	CJP CK Holdings, L.P.（カーライル・ファンド）、日立機材現経営陣	日立機材	東証2部	その他販売・卸	29,286
2011/8/31	IN-IN	新立川航空機現経営陣	新立川航空機	東証2部	不動産・ホテル	29,094

出所：レコフデータ「レコフM&Aデータベース」。

ルディングスは、２００６年11月10日にＭＢＯを公表した。買付価格は23万円であり、発表前１カ月平均終値に13・９％のプレミアムをつけたものであった。[*4] ただし、その公表３カ月前に、業績予想の下方修正をしていたことが問題となった。ＴＯＢの算定基準価格となる基準株価を下落させる意図があったのではないか、と疑われたのである。買付価格が不当に安価であると個人株主が裁判所に価格決定の申し立てを行い、東京高裁では「ＭＢＯ実施を念頭に置いて、決算内容を下方誘導するのを意図した会計処理がされたことは否定できない」[*5] と厳しく会社側を批判し、発表前６カ月平均株価に20％のプレミアムを上乗せした33万６９６６円を適正な額と決定した。

以降、買付価格をめぐって、会社側と一般株主側の間での衝突は断続的に発生している。後述する「公正性担保措置」など、こうしたＭＢＯがはらむコストを緩和する仕組みが採用されているが、我々まだ根本的な解決策を見出すに至っていない。

（３）リーマンショックとＭＢＯブーム（２０１０年代前半）

奇しくも、リーマンショックを経た２０１０年代前半に、ＭＢＯによる非公開化は１つのピークを迎えた。金融危機後の株価下落によって、買収コストが低下するとともに、資本市場からの資金調達が困難になり、上場維持の意義が乏しくなったためである。また、２００８年からの内部統制、四半期決算制度の開始も、上場維持コストを高め、ＭＢＯ実施に拍車をかけた。結果、２０１１年には21件もの企業がMBOによって株式市場を去っていった（前掲図12－1）。

もっとも、この時期におけるMBOで目立った案件といえば、ユー・エス・ジェイ（買収金額1112億円）ぐらいで、総じて買収金額は300億円から500億円程度の小粒なものばかりであった。この背景には、MBOの実施主体が、コントロールライツの経営陣への集約を目指す、ファミリー主導の案件が中心であったことに起因している（川本 2022a）。MBOといえば、サラリーマン経営者が独立し、オーナーに転じる姿を想像するが、日本のMBOにおいては、従来からオーナーであったファミリーが、さらに支配権を強固にする手法として利用されているというのが実情となっている。

(4) コロナ禍のMBO（2010年代後半－現在）

前述のように、一時期、案件の小規模化によりMBOマーケットは低調であったが、ここにきて再び活発化する兆しをみせている。その理由は新型コロナウィルスの蔓延である。人々の活動範囲が制約されるなかで、多くの企業が事業構造の転換を迫られた。リストラクチャリングによる一時的な業績、株価の低迷が予想されるため、非公開化によって株主の批判をかわしたいというニーズが高まったためである。2021年には19件もの企業がMBOによる上場廃止を公表するに至った（前掲図12－1）。

この時期のＭＢＯで特筆すべきは、ワールドやすかいらーく、ローランドなど、かつてバイアウト・ファンドと組んで市場から退出した、ネームバリューのある企業が再上場を果たすケースが増加してきていることである（表12－2）。すなわち、ファンドの投資モードがリターンの回収に入ってきた可能性がある。

また、アクティビストの介入する案件が多発している点も注目される（表12－3）。特に旧村上ファンド系の活動には目を見張るものがあり、村上氏、その親族、関係者、旧同ファンドの幹部などが、それぞれファンドを設立して活動している。これらファンドがＴＯＢ期間中に株式を取得した案件では、会社側がＴＯＢ価格の引き上げを行うのではないかとの思惑が誘発され、市場価格がＴＯＢ価格を上回り、ＭＢＯが不成立に終わる案件が相次いでいる。

現在、パフォーマンスの指標としてＰＢＲを重視した経営に注目が集まっている。ＭＢＯ案件においても、ＰＢＲ1倍割れでの非公開化に懐疑的な目線が注がれている。アクティビストによる介入が規律あるＭＢＯをもたらすのか、それともＭＢＯという取引を委縮させるのか、今後の動向に関心が持たれている。

表12－2　再上場企業のプロフィール

企業名	業種	上場年月	非公開化年月	再上場年月	市場	
					非公開化時	再上場時
トーカロ	金属	1996/10	2001/08	2003/12	店頭	東証１部
キトー	機械	1986/09	2003/10	2007/08	店頭	東証１部
ワールド	繊維	1993/11	2005/11	2018/09	東証１部	東証１部
すかいらーく	小売	1978/07	2006/09	2014/10	東証１部	東証１部
ツバキ・ナカシマ	機械	1961/10	2007/05	2015/12	東証１部	東証１部
オークネット	情報・通信	1991/09	2008/10	2017/03	東証１部	東証１部
FOOD&LIFE COMPANIES（旧あきんどスシロー）	小売	2003/09	2009/04	2017/03	東証２部	東証１部
ウェーブロックホールディングス	化学	1996/12	2009/07	2017/04	東証２部	東証２部
チムニー	小売	2005/02	2010/04	2012/12	東証２部	東証２部
ソラスト（旧日本医療事務センター）	サービス	1992/11	2012/02	2016/06	東証２部	東証１部
ウイングアーク1st（旧1st ホールディングス）	情報・通信	2010/12	2013/09	2021/03	東証２部	東証１部
シンプレクス・ホールディングス	情報・通信	2002/02	2013/10	2021/09	東証１部	東証１部
ローランド	その他製品	1989/12	2014/10	2020/12	東証１部	東証１部

出所：レコフデータ「レコフ M&A データベース」、日経各紙、プロネクサス「eol」より作成。

表12－3　MBO にアクティビストが介入した事例

公表日	会社名	ファンド	アクティビスト、対抗買付者	TOB 価格変遷（円）（買付側）	MBO 成否
2007/4/9	テーオーシー		ダヴィンチ・アドバイザーズ	800	否
2017/11/9	東栄リーファーライン		オフィスサポート、レノ	600	否
2019/1/17	広済堂	ベインキャピタル	レノ、南青山不動産	610→700	否
2019/12/22	ユニゾホールディングス	ローンスターグループ	HIS、フォートレスなど	5,100→5,700→6,000	成
2020/5/11	ニチイ学館	ベインキャピタル	リム・アドバイザーズなど	1,500→1,670	成
2020/11/5	日本アジアグループ	カーライル・グループ	シティインデックスイレブンス	600→1,200	否
2021/2/9	サカイオーベックス		シティインデックスイレブンス	2,850→3,000	否
2021/11/8	片倉工業		オアシス・マネジメント	2,150	否

出所：日経各誌などを参考に作成。

3　経済産業省の2つの指針[*6]

ＭＢＯに関連する指針としては、経済産業省から２００７年９月に「企業価値の向上及び公正な手続確保のための経営者による企業買収（ＭＢＯ）に関する指針」（以下、旧指針）が、２０１９年６月には「公正なＭ＆Ａの在り方に関する指針：企業価値の向上と株主利益の確保に向けて」（以下、新指針）が提示された。その意義は両指針で共通しており、取引の公正性を担保しつつ、ＭＢＯ（あるいはＭ＆Ａ）市場の健全な発展を目指すというものである。法的規制を課すものではなく、原則や実務上の対応に関するベストプラクティスを示すための提案であるとの断りが入れられている。以下では、特別委員会の意義、役割の観点から、新指針の内容を中心に紹介したい。

(1) 旧指針の目的・意義

まず旧指針では、「株主の適切な判断機会の確保」のため、①株式買取請求権、または価格決定請求権が確保できないスキームの禁止、②スクイーズアウト価格（少数株主を排除するため、少数株主が保有する株式を強制的に買い取る際の価格）とＴＯＢ価格を同一とすること、③独立した第三者委員会による意思決定過程における恣意性の排除、④買付期間を長期に取るなど価格の適性を担保する客観的状況の確保、などが示されている。

今から振り返ればプリミティブな提案となっているが、「公正性」やそれを担保する必要性に関する理解が乏しく、当事者は暗中模索のなかでＭＢＯ取引を実行せざるを得ない状況下にあったため、関係者に取引遂行の拠り所を与えた指針として、エポックなものであったと捉えられる。

(2) 新指針の特徴

一方、新指針は旧指針をアップデートし、ＭＢＯ案件だけにとどまらず、支配会社による従属会社の買収も含めるなど、広範なＭ＆Ａ取引に向けて、より具体的でプラクティカルな内容になっている。新指針では、公正な手続きを担保するための視点として、①取引条件の形成過程における独立当事者間と同一視し得る状況の確保、②一般株主による十分な情報に基づく判断機会の確保の2つを挙げており、そのための基点として、特別委員会を重視している（図12－3）。

新指針における特別委員会の構成員として、特に重視されているのが社外取締役である。その理由としては、①株主総会において選任され、会社に対して法律的義務と責任を負い、株主からの責任追及の対象となり得ること、②取締役会の構成員として、経営判断に直接関与することが本来的に予定された者であること、③対象会社の事業にも一定の知見を有していること、などが挙げられている。つまり、社外取締役が、一般株主に対して負う責任、権利、能力を有することが適任であ

図12－3　新MBO指針（2019年）の体系

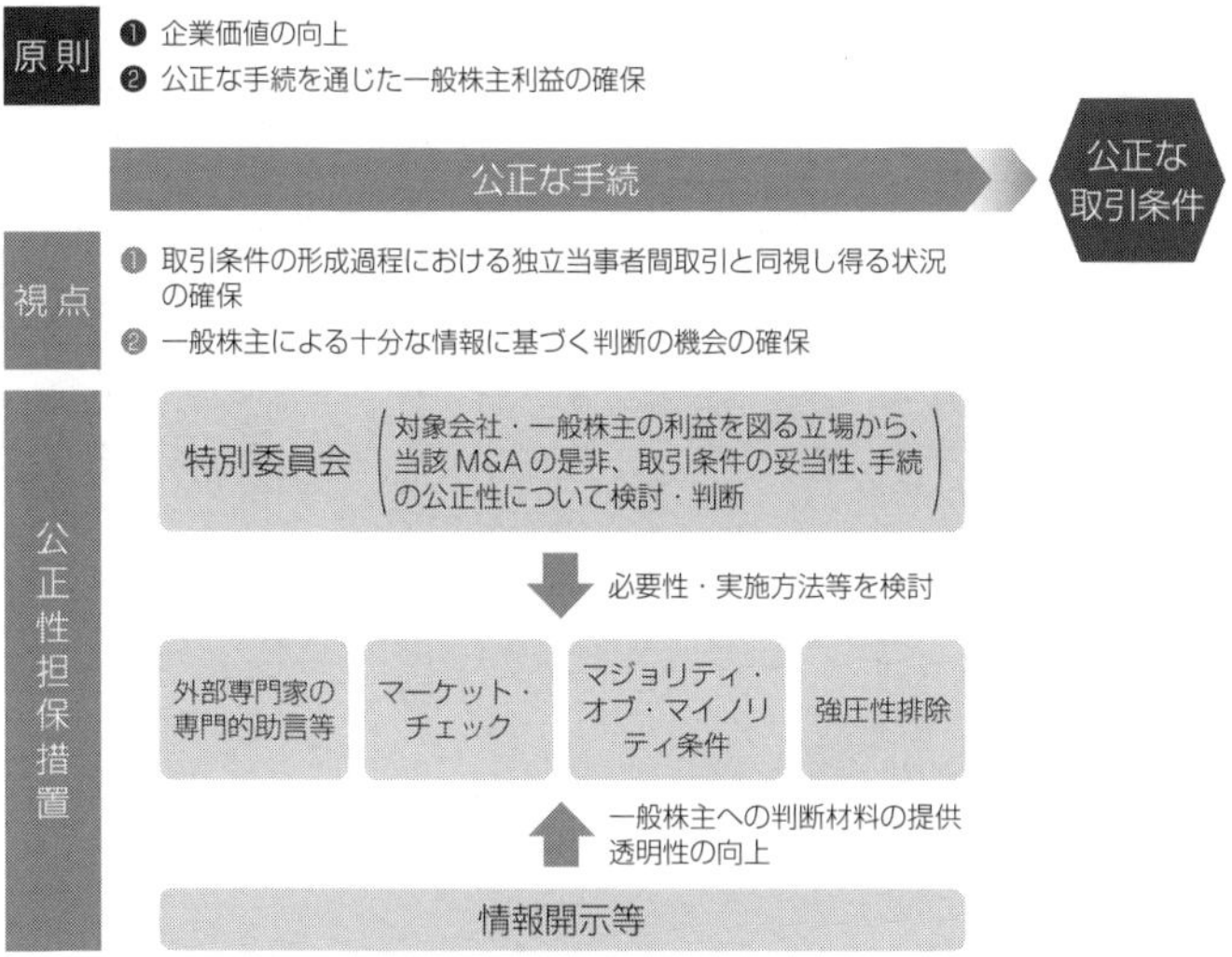

出所：経済産業省（2019）、16頁。

ると捉えられている。そして、社外取締役に準じる者として、上記②と③の要件を備える社外監査役、あるいは専門的な知見を有する弁護士や会計士などの社外有識者が位置づけられている。

特別委員会の取引条件の交渉過程への関与については、対象会社と買収者との間の買収対価等の取引条件に関する交渉過程への関与が実質的に望ましいとし、①特別委員会が権限を持ち、買収者と直接交渉することに加え、②交渉は対象会社が行うが、委員会は適宜報告を受け、意見を述べ、指示を行うなどし、取引条件に関する交渉過程に実質的に影響を与え得る状況を確保することが期待されている。

　このほか、特別委員会の判断をサポートするために、価値算定に関する財務、法務、第三者評価機関が存在することが望ましいとしている。これらアドバイザーについては、特別委員会が独自に選定することが望ましいとしつつも、対象会社が選任したアドバイザーの独立性が保証される場合、それを利用することも否定されるべきではないと補足している。

（3）その他注目される公正性担保措置

　さらに、特別委員会のほかに、公正性を担保する措置として注目しているのが、①フェアネス・オピニオン（FO）の取得、②マジョリティ・オブ・マイノリティ（MoM）条件の設定、③マーケット・チェックの実施である。①については、構造的な利益相反が存在する取引において、一般株主が情報劣位にあるという問題に対応するうえで有効であると、新指針ではその取得を推奨している（公正性担保措置の基本用語については、表12－4参照）。

　一方、②については、一般株主の利益に資すると述べながらも、支配株主による従属会社の買収等のM&Aを阻害してしまう効果が懸念されることから、一律に設定が望ましいとまではしていない。

　③については、オークションや潜在的な候補者に個別打診などを行う「積極的マーケット・チェック」と、比較的長い買付期間を設定し、買収者が登場しやすい環境を形成するという「間接的マ

表12－４　基本用語の解説

単語	定義
MBO	現在の経営者が全部または一部の資金を出資し、事業の継続を前提として一般株主から対象会社の株式を取得することをいう。
特別委員会	対象会社・一般株主の利益を図る立場から、当該 M&A の是非、取引条件の妥当性、手続きの公正性について検討・判断するため、独立性を有する者で構成される合議体。
マジョリティ・オブ・マイノリティ条件	M&A の実施に際し、株主総会における賛否の議決権行使や公開買い付けに応募するか否かにより、当該 M&A の是非に関する株主の意思決定が行われる場合に、一般株主、すなわち買収者と重要な利害関係を共通にしない株主が保有する株式の過半数の支持を得ることを当該 M&A の成立の前提条件とし、当該前提条件をあらかじめ公表することをいう。
フェアネス・オピニオン	専門性を有する独立した第三者評価機関が、M&A 等の当事会社に対し、合意された取引条件の当事会社やその一般株主の公正性について、財務的見地から意見を表明するものをいう。
マーケット・チェック	M&A において他の潜在的な買収者による対抗的な買い付け提案が行われる機会を確保することをいう。
インフォームド・ジャッジメント	一般株主による十分な情報に基づいた適切な判断のこと。
強圧性	公開買い付けが成功した場合に、公開買い付けに応募しなかった株主は、応募した場合よりも不利に扱われることが予想されるときには、株主の公開買い付けに応募するか否かの判断が不当に歪められ、買い付け価格に不満のある株主も、事実上、公開買い付けに応募するように圧力を受ける問題をいう。

出所：経済産業省（2019）。

ーケット・チェック」の2つを挙げ、手続きの公正性を担保するためには、前者の方が有効に機能しやすいとする反面、やはりM&A遂行についての阻害効果も認められるため、一律に行うのが望ましいとまではいえないと述べている。*7

これらに加え、新指針では特別委員会の報酬体系、第三者評価機関からの価値算定書取得の有効性、強圧性の排除に関する留意事項などについてもカバーしており、旧指針に比べ、実務への適用を意識した内容となっている。

(4) 公正性担保措置の採用状況

これまで確認してきたように、MBO案件に関連する公正性担保措置の方向性としては、経済産業省によって2度の提示がなされてきた。それら措置をMBO案件がどの程度採用しているかについては、川本（2023a）において2021年末まで公表案件で集計がなされている。その要点を示せば、以下のとおりである。

- 特別委員会は、レックス・ホールディングス事件以降、急速に導入が進み、2012年以降はすべての案件で観察され、現在では標準装備となっている。
- 特別委員会の構成メンバーは平均3人程度であり、ここ数年、うち1名程度が社外取締役によって占められ、同人材のプレゼンスが高まっている。

- 特別委員会への権限付与については、買収者との交渉権限の付与、フェアネス・オピニオンの取得、財務や法務の独自アドバイザーの選定などが考えられるが、それらは2010年代前半に数件程度観察されるだけで、以降ほとんど導入がみられない。
- MoMはコンスタントに設定され、2019年末までに5割強の案件で採用されている。
- オークション（入札）、ゴーショップ（対抗提案の探索）などを実施する直接的マーケット・チェックの事例は、ほとんど観察されない。それに対し、法令（20営業日）よりも長い公開買付期間（おおよそ30営業日）を取ることで、対抗買付者が出現する環境の整備（＝間接的マーケット・チェックの実施）が中心となっている。

4　キャッシュ・アウト：少数株主の締め出し

（1）全部取得条項付種類株式の導入

では実際、どのようにして、MBO案件において少数株主に現金を対価として支払うことで締め出し（＝キャッシュ・アウト）、取得した株式を買収者に集中させているのであろうか。それは会社法の制定時に、新設された全部取得条項付種類株式（会社法108条1項7号）によって実現された。そもそも、全部取得条項付種類株式は、債務超過の会社が、いわゆる100％減資によって円滑に事業を再建する手段として導入された。しかし、会社法は、全部取得条項付種類株式を利用する条件として、債務超過であることを規定しなかったことから、全部取得条項付種類株式によるキャッシュ・アウトが実行されることになったのである。

全部取得条項付種類株式を用いてキャッシュ・アウトを実行するには、まず、①会社が定款を変更（会社法466条）して全部取得条項付種類株式を発行する旨を規定し、次に、②発行済株式のすべてを全部取得条項付種類株式にする旨の定款変更を行い、最後に、③全部取得条項付種類株式が取得される。これら①②③は、対象会社の株主総会の特別決議によって承認される。ここで、全部取得条項付種類株式の取得対価として、もっとも大きな数の株式を保有する株主の持株数に対して、普通株式1株を交付すると、他の株主へ対価として交付される1株未満の端数は金銭処理され、結果的に他の株主はキャッシュ・アウトされる（図12－4（a））。

全部取得条項付種類株式がキャッシュ・アウトの手段とされた要因は、現金を対価とする吸収合併や株式交換のように、資産の評価替えと評価益への課税がされないことにあった。また、全部取得条項付種類株式によって、残存株主の保有株式を1株未満の端数にして金銭処理し、キャッシュ・アウトするスキームが提供されたことになった。

図12－4　キャッシュ・アウトスキームのイメージ

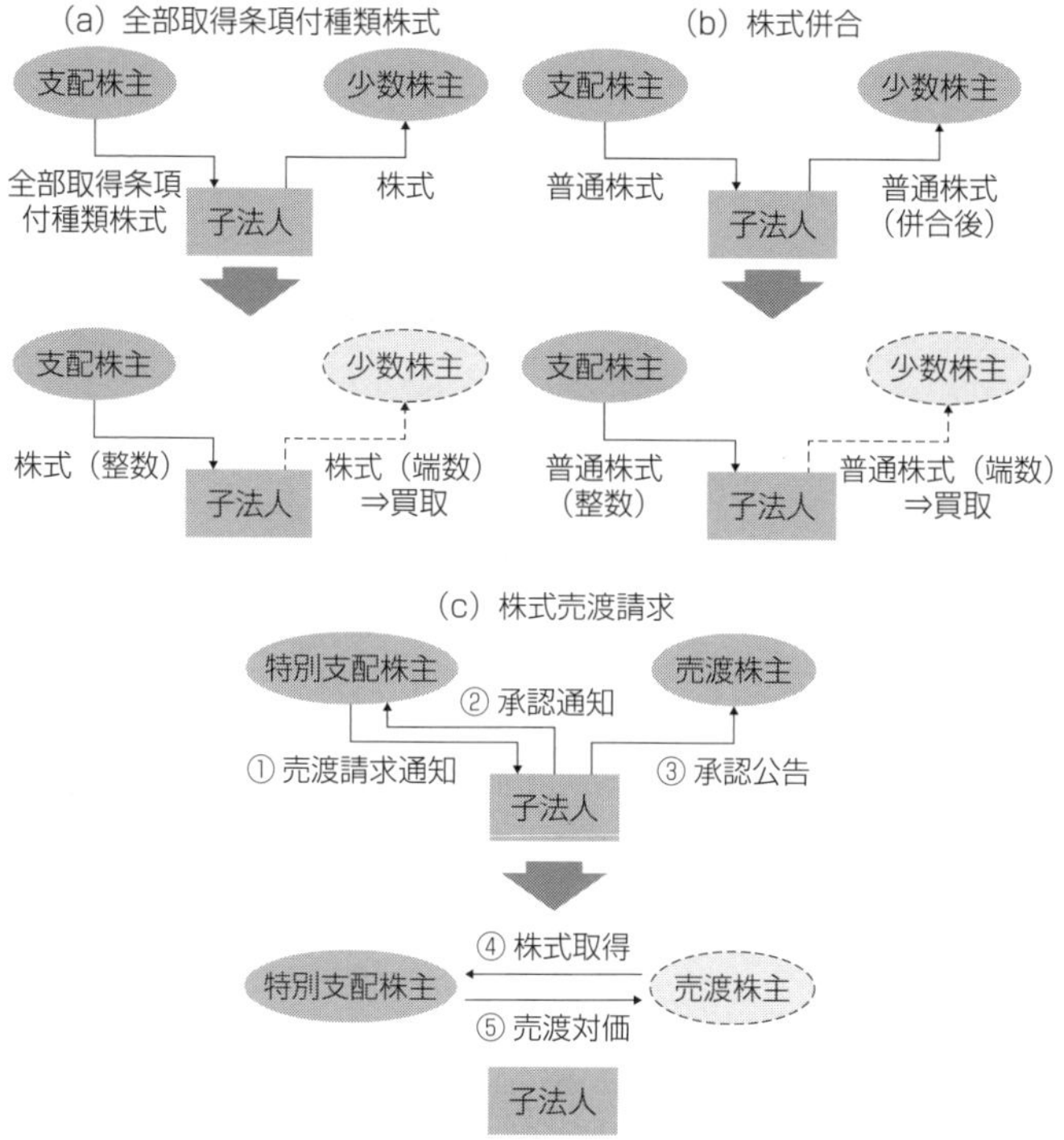

出所：清宮（2017）、11頁を加筆修正。

（2）株式併合と特別支配株主の株式等売渡請求

次いで、2014年の会社法改正では、キャッシュ・アウトに特化した法制度が整備された。第1に、株式併合によって端数になる株主に対しても、自己の有する株式を公正な価格で買い取ることを請求する権利が認められた（会社法182条の4）。2014年改正前は、こうした権利が備えられていなかったため、株式併合を用いたキャッシュ・アウトは実務上控えられていたが、改正によって株主の保護が拡充されたことによって、株式併合によるキャッシュ・アウトが増加した。なお、株式併合も、全部取得条項付種類株式と同様に、残存株主が保有する株式を1株未満の端数にして金銭処理をする。株式併合によるキャッシュ・アウトは、対象会社の株主総会の特別決議で株式併合を承認すればよいことから、より簡素な手続きとなっている（前掲図12－4（b））。

また、2014年会社法改正では、特別支配株主の株式等売渡請求の制度が新設された。この制度によって、対象会社の総株主の議決権の9割（これを上回る割合を定款で定めることも可能となる）以上を有する者は、特別支配株主として、対象会社の他の株主全員に対して、保有する株式全部の売渡を請求できるようになった（会社法179条1項）。特別支配株主の株式等売渡請求を利用すると、対象会社の株主総会決議を経ずにキャッシュ・アウトが実行できることから、株主総会の招集手続きなどに費やされる時間が短縮される効果が見込まれている（前掲図12－4（c））。

5　MBOの動機[*8]

MBO実施の決定要因に関しては、これまで、①アンダーバリュエーションの解消、②負債の節税効果（tax shield）、③フリーキャッシュフローの削減、④インセンティブ・リアライメント、⑤

ブロックホルダーによるコントロールの強化、⑥上場維持コストの削減（＝情報の非対称性の緩和）、⑦リストラクチャリングの実施、⑧従業員からの富の移転、等の観点から検証がなされてきた（各仮説の詳細な内容については、表12－5参照）。以下では、日本におけるＭＢＯの動機について、その実施確率と買収プレミアムの分析から紹介したい。[*9]

（1）アンダーバリュエーションの解消

まず、先の仮説のうち、日本のＭＢＯの分析に共通する結果として挙げられるのが、アンダーバリュエーションの解消である。たとえば、Kawanishi et al.（2014）、河西ほか（２０１５）では、ＭＢＯ公表前のトービンのqや株式収益率が低い企業ほど、ＭＢＯの実施確率と買収プレミアムが上昇することを明らかにしている。経営陣が自社株式を過小評価されていると認知している企業ほど、（将来的な潜在的な価値の引き出しをねらって）非公開化を選択していると解釈できる。このアンダーバリュエーションが与える効果は、国内外の研究においてロバストで共通する結果である。[*10]

（2）エージェンシーコストの削減

次いで、概ね支持されているのがエージェンシーコストの削減仮説である。松田（２０１６）では、業種と資産規模でマッチさせたコントロール企業に比べて、ＭＢＯ実施企業はキャッシュフロ

表12－5　非公開化の動機に関する仮説

仮説	内容	先行研究	代理変数	符号条件
① アンダーバリュエーションの解消	株価が低迷していると、インサイダーにとっては安価に当該企業が買収できる。	Amihud（1989）	PBR（＝株価/１株あたり純資産）	（－）
② 負債の節税効果（tax shield）	買収がLBOのスキームを取る場合、利払いは損金算入となるので、節税を狙って買収を行う。	Kaplan（1989b）	総資産負債比率、売上高利息率	（－）
③ フリーキャッシュフローの削減	買収コストを手元流動性で賄うことで、将来的な浪費が抑制でき、企業価値が維持できる。	Lehn and Poulsen（1989）	手元流動性比率（＝（現預金＋有価証券＋投資有価証券）/総資産）、フリーキャッシュフロー比率（トービンのqが１未満の手元流動性比率）	（＋）
④ インセンティブ・リアライメント	バイアウトに経営陣が参加することで、彼らのインセンティブ向上につながり、企業価値向上が期待できる。	Kaplan（1989a）	役員持株比率	（－）
⑤ コントロール	対象企業にブロックホルダーが存在しない場合、バイアウト後に登場する支配株主のモニタリングによって、経営効率が上昇する。	Renneboog et al.（2007）	外国人持株比率、安定株主持株比率	（－）
⑥ 上場維持コストの削減、情報の非対称性の緩和	株主総会開催費用、IR、四半期決算、内部統制など上場時に必要となるコストを節約できる。また、小規模企業はマーケットとの情報の非対称性が大きく、資本コストが高くなる。	Thomsen and Vinten（2014）	時価総額対数値、総資産対数値	（－）
⑦ リストラクチャリング	非公開化することで、短期的なマーケットの動向を気にせず、抜本的な事業再構築が行える。	Slovin and Sushka（1998）	業種平均調整済みROA（各企業のROA－業種平均ROA）	（－）
⑧ 従業員からの富の移転	買収前の労働生産性が低いほど、買収後の「信頼の破壊」によって、買収者が得る利得が大きくなる。	Shleifer and Summers（1988）	従業員１人あたり売上高	（－）

ー総資産比率、売上高現預金比率が高い傾向にあることを明らかにしている。また、川本（2022a）でも同様に、2000年代後半以降、低成長企業の高い手元流動性比率がMBO実施を促すことを確認している。MBOを実施することで買収資金調達のために負債依存度が上昇し、利払いも増加するが、それは当該企業のフリーキャッシュフローの削減につながる。フリーキャッシュフローは企業価値を棄損するような投資に費やされやすいから、それが削減されることで企業価値が維持される。こうした経路で、フリーキャッシュフローの削減は、MBOの動機や買収プレミアムの源泉になっているものと考えられる。[*11]

（3）経営陣の toehold の効果

見方が分かれるのが、役員持株比率の効果に関してである。松田（2016）、Kawanishi et al.（2014）では、役員持株比率が低い企業ほど、MBOを実施する確率や買収プレミアムが高まることを報告している。バイアウトに経営陣が参加することで彼らのインセンティブが増強され、経営者・株主間のエージェンシー問題が緩和される。それによる将来の価値創造の一部分が、少数株主の買収プレミアムに回されていると理解できる。[*12]

これに対して川本（2022a）では、期間分割した検証を行い、2000年代後半以降の局面においては、バイアウトをしなかったその他上場企業に比べて、役員持株比率が高い企業ほどMB

Oを実施する傾向にあることを明らかにしている。すなわち、今日ではファミリーによるMBOがトレンドになっていると主張している。この理由として同研究では、toehold（事前保有比率）が高く、ディールの成功確率が高い企業ほど、MBOに踏み切りやすいためと説明している。

そのほか、日本企業を対象とした多くの研究において、買収前の負債比率の水準や利払い費率が実施確率やプレミアムの水準に与える影響は観察されず、負債の節税効果はMBOの実施動機やプレミアムの源泉にはなっていないようである。

(4) 少数株主は報われているのか

ところで、MBOによってスクイーズアウトされる少数株主は、十分な対価を買収者から受け取っているのであろうか。買収プレミアムの水準は、MBO案件全体で初期の研究を除き50％台以上と報告されている（表12－6）。それは欧米の先行研究で報告された水準を概ね上回り、アメリカの非公開化案件を検証したDeAngelo et al.（1984）の56・3％に匹敵する水準である。プレミアムの水準で判断する限り、日本のMBOにおいて少数株主の富が棄損されているとはいえない。

ただし、注意を要するのが、MBO実施のタイミングの問題である。川本（2022a）では、MBOと支配株主による完全子会社化案件（以下、完全子会社化案件）とでは、プレミアムの水準は変わらないものの、MBO案件は株価の下落局面で実施される確率が高いことを明らかにしてい

表12－6　MBO案件の買収プレミアムに関する先行研究の結果（日本）

出所	分析期間	基準株価	N	プレミアムの平均値（%）
前澤（2008）	1998～2007	20日前	24	31.5
吉村（2010）	2006～2009	1カ月平均	52	64.2
井上ほか（2010）	2000～2010	1カ月平均	71	57.0
Kawanishi et al.（2014）	2000～2011	20日前	101	57.6
森田（2016）	2006～2013	1カ月平均	99	59.3
中村（2019）	2005～2019	1カ月平均	137	52.5
川本（2022a）	2000～2019	20日前	143	51.8

注：「基準株価」は、TOB価格と比較する非公開化前の株価をとった時点を示す。

る。まさに「ＭＢＯは個人投資家など少数株主の利益がもっとも損なわれやすいタイミングで実施されがち」[*13]なのである。

なお、バイアウト・ファンドが関与するケースでは、バイアウトを経営陣の出資のみで行う純粋ＭＢＯ案件に比べ、株価が下落するタイミングで行われやすく、かつ十分なプレミアムが付与されていない状況が観察されている（吉村２０１０）。同様に、Kawanishi et al.（2014）でも、ファンド関与案件のプレミアムは相対的に低いことを確認している。ファンドはファイナンシャルバイヤーであり、買収コストを節約し将来の負担を軽減しようとしているため、特にこれら案件で少数株主の富の棄損は顕著になっているおそれがある。

6　ＭＢＯ実施前の利益調整行動

前述のレックス・ホールディングスやサンスターのＭＢＯに代表されるように、２０００年代後半において、株式の買取価格をめぐり、買収者側と少数株主との間で係争案件が続発した。そして、いくつかの案件では裁判所において少数株主側の申し立てが認められ、買取価格の引き上げの決定がなされた。これら案件の発生を受け、買収者側が買取価格の引き下げをねらって、事前の株価を引き下げる行動に出ているのではないかとの懸念が提示され、それをチェックする検証がいくつかなされた。

(1) 裁量的発生高

その検証方法の1つとして採用されているのが、ＴＯＢの基準株価を低下させるために、ＭＢＯ公表前の会計上の利益額が押し下げられているか否かをチェックするものである。具体的には、会計上の利益は、営業活動によるキャッシュフローと会計発生高の和によって求められる。さらに会計発生高は、経営者が裁量でコントロールできる部分（裁量的発生高）と、それができない部分（非裁量的発生高）に分けられるが、前者は会計発生高の実現値から営業キャッシュフロー等より求めた非裁量の期待値を差し引くことで間接的に求められる。ポイントは、この裁量的発生高が、非ＭＢＯ実施企業に比べて低くなっているかどうかである。

その先駆的な研究として、北川（２００８）がある。同研究では、ＭＢＯ公表2期前から1期前にかけて裁量的発生高が小さくなり、利益圧縮の会計行動がとられる傾向にあることを示している。同様に、月岡（２０１３）でも、リーマンショック前においては、業種と利益率でマッチしたコントロール企業に比べて、裁量的発生高が低くなる傾向にあることを確かめている。[*14]

それに対し、川本（２０２２ａ）では、傾向スコア・マッチング法でＭＢＯ企業と属性近似したコントロール企業とを比較し、ＭＢＯ企業が裁量的発生高を小さくして、利益圧縮型の行動を行っているとはいえないとしている。もっとも、ファミリーが主導するＭＢＯ案件においては、コントロール企業に比べて裁量的発生高が低くなる傾向があるという。つまり、利益を計上しないことで、「利益の圧縮→株価の上昇を回避→買収コストの節約」を図っている可能性を指摘している。さらに、利益圧縮を行っている企業は、株価の下落を実現するとともに、買収プレミアムは他のＭＢＯ案件並みにとどまっている。これについて、川本（２０２２ａ）では、買収者は、ＴＯＢ価格の基準株価を押し上げつつ、表面上のプレミアムは維持し、買収コストの節約と円滑な買収の実行の両立を目指しているのではないかと推察している。

(2) 業績予想の下方修正

河西・川本(2019)では、ダイレクトにMBO公表前の業績予想の下方修正の有無について検証している。それによると、完全子会社化案件と業績予想の下方修正の割合に差異はないことが明らかにされている。ただし、業績予想の下方修正があった案件では、公表前株価は下落している。もっとも、買収プレミアムは業種・規模とマッチさせたコントロール企業と同水準であることから、川本(2022a)と同様、買収の円滑な実施と買収コストの節約を同時に図っているのではないかと主張している。

総じて、MBO指針の公表や判例が蓄積され、スクイーズアウトされる株主の富を棄損するような会計行動が露骨に採用されるおそれは後退しているが、会計操作を実施している案件では、株価の下落に基づくTOB価格の引き下げを実現している。今後、公正なMBO遂行の実務においては、一律の会計上の規制ではなく、利益圧縮行動を採用する企業に対する個別具体的な対策が必要となってくるであろう。

7 公正性担保措置が少数株主の富に与える影響

MBOに関連する公正性担保措置は、少数株主の富にいかなる影響を与えているのであろうか。

中村（2019）では、特別委員会の設置、マジョリティ・オブ・マイノリティ（MoM）の設定、フェアネス・オピニオンの取得などの公正性担保措置の影響を体系的に検証し、MBO案件においては、それらは全体として、プレミアムに対して有意な影響を与えていないことを確かめている。また、井上ほか（2010）では、特別委員会を設置した案件ほど、買収プレミアムは低下する傾向にあることを明らかにしている。あるいは、川本（2022a）でも、特別委員会における社外取締役選任がプレミアムに対して有意に負の効果を持つことを報告している。

なぜ、このように公正性担保措置とプレミアムは負の関係性を持つのであろうか。その理由として、2つのシナリオが考えられる。その1つは、もともとガバナンスが優れている企業が公正性担保も充実させているという点である。つまり、それら企業はそもそも企業価値が高いため、MBO実施による価値創造の余地も少なく、プレミアムの提示も低くなるということである。2つ目としては、買収者が公正性担保措置を充実させるコストとプレミアムの上乗せコストを勘案し、前者のコスト負担の方が安上がりだと判断している可能性である。すなわち、プレミアが公正性担保措置に影響を与える「逆の因果」が存在し、それら措置を充実させることでプレミアムを節約しているおそれがある。後者のケースの場合、高いプレミアムを提示できないエクスキューズとして、それら措置が充実しているおそれがある。

8　MBOとパフォーマンス改善

(1) 事後パフォーマンス

非公開化後は財務情報の利用が制限されるものの、わずかながらそれらを扱った検証も存在する。[*15]たとえば、川本（2022a）では、帝国データバンクから得られたMBO案件53社と傾向スコア・マッチング法で抽出されたコントロール企業とを比較し、全体としてROAの改善は観察されなかったとしている。ただし、バイアウトを経営陣の出資のみで行う「純粋MBO」案件と、MBOによって負債比率が上昇した案件では、経営陣のインセンティブ強化、および負債による経営規律が働き、総資産回転率の上昇が観察されたとしている。また、ファミリーによるMBOでは、ROAが改善傾向にあるが、それはインサイダーであるファミリーが当該企業に関する私的情報(inside information)を保有しており、収益改善に関する見込みがあったためではないかと述べている。

同様に、Kawanishi (2021) は、企業活動基本調査のデータを利用し、製造業、情報・通信業に属するMBO実施企業39件と、coarsened exact matching 法によって属性を似させたコントロール企業とを比較し、非公開化後のイノベーション、リストラクチャリング、パフォーマンスについて検証している。その分析結果によると、特許取得件数や研究開発費には変化はみられず、それらが削減されているともイノベーションを活発化させているともいえないとしている。また、従業員数は削減傾向にあることを確認しているが、それはMBO実施にあたって負債を利用したことで倒産リスクが高まったため、従業員集団の交渉力が低下したためではないかと推察している。

(2) ファンドによるバリューアップ

バイアウト・ファンドの関与の効果については定かではない。MBO案件ではないが、飯岡（2020）では帝国データバンクから取得した財務情報を利用し、ファンドが買収した60件のデータと業種・規模でマッチしたコントロール企業とを比較している。その結果、ファンドが関与した案件は、経営支援のノウハウやそれまでのディールで構築したネットワークを活用し、パフォーマンス改善に寄与したとしている。特に、親会社の培ったネットワークが活用できる企業系・外資系ファンドが関与するケースでバリューアップの程度が大きくなるという。これに対し、川本（2022a）、Kawanishi（2021）では、ファンド関与案件でのパフォーマンス改善に関する証拠を見出していない。

このように、ファンドのバリューアップに関しては、一致した検証結果が得られていない。今後、サンプルの拡充を待って、ファンドのより精緻な類型化、そして成功事例とそれに該当しない事例とのファンド関与の差異の比較を通じ、ファンドの経済的機能がより発揮される状況の特定がなされる必要性があろう。

9　おわりに：これからのＭＢＯの調査に向けて

以上、日本企業を対象としたＭＢＯ研究の経過を振り返ってきた。筆者の印象では、その動機、株主の富に与える影響、公正性担保措置の有効性、事後パフォーマンスの推移など、アカデミック、あるいは実務の分野で求められる基本的なトピックについては、概ね検証がなされたように理解している。ただし、世界水準の研究を視野に入れた場合、多角的、かつ深化させる形での研究の蓄積がさらに必要となってくる。今後、ＭＢＯ研究に関して、どのようなテーマの着手が求められているのであろうか。そらについて、筆者が必要だと思われる論点を挙げると、次のようになる。

- 近年、ＭＢＯ公表後にアクティビストが株式取得し、ＴＯＢ価格の引き上げを求める案件が相次いでいる。なかにはＭＢＯが失敗に終わるケースもある。どのような案件がこのようなアクティビストの介入のターゲットになっているのか。また、彼らの要求は妥当なのか。
- ＭＢＯによって、少数株主には十分な富が提供されていると理解してよいのか。日本のＭＢＯ

では、TOB価格で測ったPBR（＝TOB価格／1株あたり純資産）が1倍割れの案件が過半を占めるが（川本 2023a）、こうした案件のMBO実施は正当化できるのか。

- 非公開化後、再上場や株式売却などでエグジットを実現する企業はどのような特徴を持っているのか。また、エグジット後のパフォーマンスはいかなる推移をたどっているのか。
- オーナー企業の事業承継のツールとして、MBOはいかなるポテンシャルを有しているのか。過去、MBOを用いて事情承継を行ったものにはどのような案件があったのか、等々。

このようにMBOをめぐる研究テーマには枚挙にいとまがない。日本のMBO研究はまさにブルーオーシャンである。さまざまな論者により、多角的な角度からMBOの機能と成果についての研究がさらに蓄積され、その経済的役割に関する理解が深まることを期待している。

注

＊1　非公開化型以外のMBOの類型化とその状況については、川本（2022a、第1章）を参照のこと。
＊2　日本におけるMBOの略史については、川本（2022a、序章）でも述べる機会があった。
＊3　「トーカロが再上場」『日本経済新聞社』2003年11月18日。
＊4　以降のレックス・ホールディングスとサンスターの事例は、川本（2023a）に依拠している。
＊5　「レックスのMBO 高裁、少数株主の保護重視」『日本経済新聞』2008年10月27日。

＊6　両指針の概要については、川本（２０２２a）、家田・川本（２０２２）でも整理する機会があった。

＊7　もっとも、アメリカ企業のＭＢＯを対象としたEasterwood et al.（1994）では、オークションになることで少数株主が受け取るリターンも高まることが明らかにされている。

＊8　本節は、川本（２０２３b）の内容を加筆修正したものである。

＊9　ＭＢＯの実施確率とプレミアムに与える要因については、同一の方向性をとるため、ここではこれらを特に区別せず検討する。

＊10　なお、ＭＢＯ案件と親会社による完全子会社化を比較した川本（２０２２a）では、低いＰＢＲがＭＢＯ実施確率に対してのみ影響を与えていることから、アンダーバリュエーションの解消がＭＢＯ案件固有の要因であることを指摘している。

＊11　なお、アンダーバリュエーションの解消とフリーキャッシュフローの削減に関しては、非上場化案件全体を検証した野瀬（２０２２）でも同様の結果が報告されている。

＊12　このほか、川本（２０２２a）では、ファンドと共同してＭＢＯを行う案件は、役員持株比率が低い一方で、外国人持株比率が低いことから、ファンドは株式の流動性の高い企業をターゲットして、経営陣と組んでＭＢＯを行っていることを明らかにしている。

＊13　早稲田大学大学院経営管理研究科の鈴木一功教授のコメント。「しくじりＭＢＯ、関門はＰＢＲ」『日経ヴェリタス』２０２２年2月13日号。

＊14　なお、リーマンショック後にそれが観察されなくなった理由として、そもそも株価の下落局面であり、利益圧縮行動を行わなくとも、株価の下落が実現できたためだとしている。

＊15　再上場したＭＢＯ案件を対象に、非公開化前と再上場後の株主価値を比較し、株主リターンを計測した研究として、伊藤・メイズ（２０１６）がある。

コラム8　親子上場のコスト・ベネフィット

アベノミクス下において、コーポレート・ガバナンスの強化が成長戦略の1つとして位置づけられて以来、親会社と子会社がともに上場する「親子上場」に厳しい視線が向けられている。上場子会社数（非金融業）の推移をみてみると、2006年に482社を記録した後減少し、2018年度以降は300社を割っている（コラム図8－1）。もっとも、業界再編のなかで地域小売業を獲得していったイオンや、子会社を続々とIPO（Initial Public Offering：新規株式公開）しているGMOインターネット、M&Aによって上場企業を傘下におさめるRIZAPグループなど、複数の上場子会社を保有する企業も根強く存在する。

こうした状況を受けて、親子上場の是非に関する議論も活発化している。たとえば、持続的成長や事業再編を促すグループ経営のあり方のガイドラインを示す目的で、経済産業省（2019）が公表されるとともに、2020年からは子会社株主の利益保護を目的として、東京証券取引所では議論が始まっている（東京証券取引所 2020）。また、2022年4月の東京証券取引所の上場区分の見直しを受け、プライム市場への上場を希望する上場子会社を中心に、流通株式時価総額100億円、流通株式比率30%というハードルをクリアーするため、親会社との関係を見直す子会社も相次いでいる。

そもそも、子会社を上場させるコストは何なのであろうか。その最たるものとして、親会社と子会社少数株主との利益相反の問題が挙げられる。この点に関して、経済産業省（2019）では、①直接取引（親会社による子会社預金の安価な利子での利用）、②事業譲渡・事業調整（親会社による子会

コラム図8－1　上場子会社数の推移

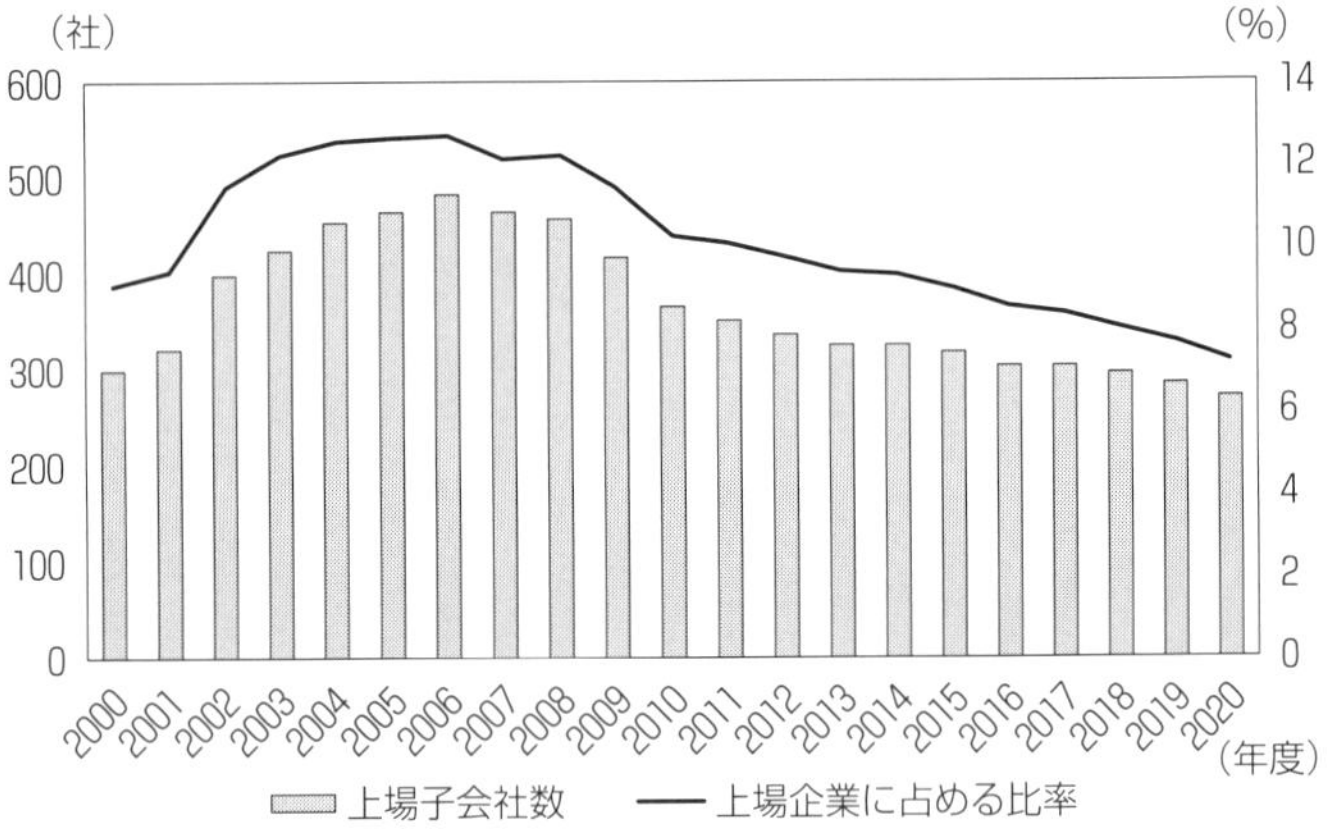

注1：対象は金融業を除く、全上場企業。

注2：決算基準は日本基準で算出した。

出所：日経メディアマーケティング「NEEDS-FinancialQUEST」より作成。

社資産の安い価格での譲渡）、③支配株主による完全子会社（安価な株式取得価格での子会社のバイアウト）の3つのパターンを想定している。いずれも子会社の利益獲得の機会逸失につながり、ひいては子会社少数株主の利益を棄損するおそれがある。また、2021年6月に改訂されたコーポレート・ガバナンス・コードでは、少数株主の利益を保護するために、上場子会社においては独立社外取締役を3分の1以上にして、ガバナンスの強化を求めている。さらに、国内外の機関投資家も議決権行使基準を設け、上場子会社の社外取締役の選任を促している状況である。

もっとも、親子上場にはベネフィットがあることも指摘されている。それは子会社の自立性を保証しつつ、ブロックホルダーとマーケットによる「二重のモニタリング」が発揮されること、従業員のモチベーション維持や人材獲得などで有利に働くこと、親会社による保証効果が作用しブランドの維持向上、円滑な資金調達が図られることなどである（宍戸ほか 2010；吉村 2010；岡村 2020）。実際、宮島ほか（2011）では独立系企業と比較し、他の要因をコントロールしたうえで、上場子会社はROA（財務パフォーマンス）、トービンのq（株価パフォーナンス）に優れていることを明らかにしている。

「親子上場＝コスト」という単線的な理解ではなく、それが日本型企業システムの特徴であることを前提として、親会社・子会社側にはその合理性をエクスプレイン（説明）する努力、株主側にはそれを聞いて吟味する姿勢が求められているのではなかろうか。

終章　M&Aと日本経済

1　はじめに：M&Aは何をもたらしたのか

本書では、明治期から今日までの150年間のスパンから、M&Aの経済的機能について検証をしてきた。本章では、その総括として、①M&Aはいかに発生したのか、②M&Aは株主利害に沿うものであったのか、③M&Aは従業員の富を棄損することはなかったのか、④対等合併は是か非か、⑤M&Aはパフォーマンスを改善させたのか、といった本書冒頭で設定したいくつかの課題について、可能な限り解を与えてみたい。

2　M&Aはどのように発生したのか

表終－1は、これまで扱ったトピックのテーマと、M&Aの発生理由・動機を整理したものである。まずここから指摘できることは、日本でのM&A発生のキーとなってきたのは、負の経済ショックと規模の経済性の追求であったという点である。戦前期に関しては、リーディングインダストリーの紡績業で、日清戦争後の企業勃興後に企業が乱立した状況下において、企業集中による過剰生産能力の解消、高生産効率企業から低生産効率企業へノウハウの移転が図られた。1920年代

表終－1　M&Aの発生理由と動機

章	トピック	時代	発生理由/動機
2	紡績大合同	1900年前後から1910年代	過剰設備の集約、規模の経済性
3	財閥の成長とM&A	1870年代から1930年代	規模拡大、多角化
4	金融恐慌と電力戦	1920年代	負の経済ショックと規制（銀行法）による不採算企業の淘汰、技術革新への対応
5	独占とグループ再編	1930年代	負の経済ショック、資源配分、金融緩和（株高）
6	戦時経済とM&A	1940年代	規制（戦時企業整理）
7	財閥解体	1940年代から1950年代	規制と政治改革（大企業解体）
8	資本自由化と大型合併、系列化	1960年代から1980年代	規制（独占禁止法）、国際競争力の強化、解体企業の再結集
9	持株会社	1990年代以降	過剰生産能力の解消
10	会社支配権市場	2000年代以降	経営規律（潜在的・顕在的）
11	クロスボーダーM&A	2000年代以降	多角化（市場の拡張）
12	ゴーイングプライベート	2000年代以降	企業リストラクチャリング、上場維持コスト削減

と1930年代、そしてバブル崩壊後には、不況による需要減退による負の経済ショックを受け、M＆Aを通した産業内・産業間の資源配分効率の向上が実現された。特に1990年代の大企業の統合には、1997年の持株会社の解禁という規制緩和が作用していた。

また、市場の多様化や規模拡大のためにもM＆Aは利用された。戦前の財閥は、設備投資による内部成長を志向するとともに、M＆Aによる多角化を果敢に追求した。2000年代半ば以降には、クロスボーダーM＆Aが興隆したが、縮小する国内市場を補完するため、北米、欧州、そしてアジア諸国の海外市場へ進出が目指された。

同様に、規制もM＆Aの発生を規定するファクターであった。戦時期には経済統制の下、企業整理が強制され、企業も資源確保のためM＆Aを行った。終戦後には、財閥解体による企業分割がなされ、高度経済成長期には独占禁止法の厳格な運用の下、大企業の統合は抑制された。この局面における大企業のM&Aは、戦後改革時の解体企業の再結集にとどまった。その一方で（その代わりに）、資本参加、出資拡大による系列化が盛んに実施された。

以上に加え、金融的要因と経営者の役割も、発生分野はマイナーにとどまったものの、M&Aを促す看過できない要因であった。戦前期に日産財閥総帥・鮎川義介は、1930年代の株高を背景に、「株式交換→他企業の買収→それら企業群のリストラクチャリングと再建→株式公開→キャピタルゲインの獲得→他企業への再投資」を繰り返し、コンツェルンを一挙に形成した。また、2000年代以降には、ソフトバンクグループの孫正義が、金融緩和の局面においてLBOの手法を通じ、携帯電話事業分野の買収と、それら事業の通信精度の向上、マーケティングの強化、追加買収を実施し、グループ強化に着手した。

一方で、市場集中度が高まる局面もあったが、独占の弊害が生じることはなかった。1930年代の製紙、製鉄、紡績の大合同では、国策の下にそれらが実施され、強い国家管理の下、公共の利益のため販売価格に配慮がなされた。戦後の日本製鉄の再結集でも、厳格な独占禁止法の運用の下、合併は承認されたものの、保有設備の他企業への譲渡（remedy ＝問題解消措置）が採用され、独占の弊害（市場集中度の上昇→市場価格の上昇）が抑制される措置がなされた。また、製紙分野の合同・再結集は、製鉄合同との兼ね合いで実現をみることはなかった。

3　M&Aは株主利害に沿うものであったのか

この問いに関しては、基本、売り手側の株主は報われてきたと答えてもよいであろう。戦前期においては、直接金融優位と強い株主主権という組み合わせの下で、合併当事者（特に買い手企業）はシビアな価格づけを提示する一方で、売り手株主からは株主価値に見合った合併比率を求めるネゴシエーションがなされ、一定の配慮をすることが求められた。なぜなら、そうした譲歩がなされない限り、売り手側株主が同意することはまずなかったからである（第3章など）。それ故に、戦前の経済誌では、つねに合併比率がいくらで、それが買い手・売り手側株主にとっていかに有利（あるいは不利）であるかという点が評価されていた。

それが戦後の合併になると、合併比率、そして株主利害という観点はほとんど忘れ去られるようになった。極端なケースになると、合併の合意だけがアナウンスされ、合併比率はその時点では未定（後から交渉で設定）という案件も散見されるようになった。[*1] 筆者の理解によると、こうした状況が発生したのは、高度経済成長期の「大型合併」からである。かつて戦後改革で解体された大企業が再結集するケースが多発したが、それはそもそも合併当事者の組み合わせが決まっていた「再結集」ありきで、戦略性には乏しいものであった。端から株主利害は検討の外にあり、最初から「1対1」の対等合併が既定路線であったからである。両社の経営陣のみが合併当事者であり、株主の存在は忘れ去られていたのである。その背景には、そもそも高度経済成長期局面には株価パフォーマンスが良好であったこと、そして何よりも安定株主の存在が盤石であり、少数株主が合併条件の是非について意見する機会もモチベーションもなかったことが背景にあった。

それが2000年代に入り、不良債権問題、「2つのコード」制定に伴う持ち合いの解消、そして、外国人投資家の台頭というシチュエーションの下で、再び株主利害に配慮したM&Aの遂行が強く意識されるようになってきている。いったい、M&A当事者である経営陣が交渉する相手は誰なのか。戦前期のシビアな合併比率設定のプロセスは、今日のM&A遂行の本質が何であるかについて、興味深いインプリケーションを示していると考えられる。

4　M&Aは従業員利害を棄損することはなかったのか

この問いについては、基本「M&Aによって従業員利害は棄損されることはなかった」と解答してもよかろう。冒頭の章でも論じたように（第1章）、敵対的買収者は、それまでの既存経営陣が従業員と交わしていた「暗黙の契約」は破棄（雇用削減、賃金カット）することを通じて、短期的な利害を獲得することができる。いわゆる「信頼の破壊」である。ただし、これまでの150年間のM&Aの検証のなかで、そうした「契約の破棄」がM&Aの交渉時で話題にあがることはなかったし、実際、信頼の破壊が発生しているという証拠も得られなかった（第8章、第10章、第12章）。「信頼の破壊」が発生しなかった理由は何なのであろうか。戦後に限っていえば、長期雇用の下で、独自の雇用慣行・組織文化が個々の企業で形成され強固になるにつれ、「暗黙の契約」の破棄を明言することは、強い交渉力を有する従業員集団の反発を受け、そもそもM&Aが破談になるリスクが高かったためであろう。[*2]

また、王子製紙による北越製紙の敵対的買収のケースなど、買収側があえて雇用の維持を条件としてオファーするケースすらある。当分の間、合併を円滑に進めるために、「雇用維持」を謳い、「信頼の破壊」が避けられる傾向に変わりはないであろう。

ただ、長期雇用の傾向が弱くなり、従業員集団のプレゼンスが後退している今、「雇用維持」が合併当初のみの「トークン」となり、買収後に環境変化などの条件変化を理由としたうえで、それが破棄されるというシチュエーションは十分に予想される。M&A交渉時に設定された「雇用維持」というお題目が、実際に事後的に保証されているかを、我々はつねに注視していかねばならない。

5　対等合併は是か非か

この問いに関しては、そもそも論になってしまうが、「対等合併であるか否か」は事後的なM&Aのパフォーマンスに直接的な影響を及ぼさないであろう。戦前期のM&Aのケースからは、企業規模が近似し、あるいは合併比率で売り手側株主に譲歩する事例でも、統合後の経営陣はほぼ買い手側によって構成され、徹底的に売り手側経営陣はボードから排除されていた。それは、M&Aを遂行するにはプレミアムを支払い、「マイナスからのスタート」であることを買い手が理解しており、それを挽回するには買い手主導のPMIを徹底する必要があるということを、買収側経営陣が強く意識していたからであろう。一方、戦後のM&Aは基本、企業規模が近似している場合は、いわゆる「たすき掛け人事」が行われ、買収側・被買収側経営陣の取締役会構成比はイーブンであった。ただ、それで統合後のPMIがうまくいかなかったケースもあれば、組織文化の融合に成功したケースもあった。

すなわち、「対等合併」(=人事を合併当事者間でイーブンにする)というのが根本的な問題ではなく、いかに新会社で旧会社間の人事交流・異動を図り、個々に培われた組織文化の癖をほぐしていくかが重要なのである(牛島 2022)。この点については、たとえば、NKKと川崎製鉄の経営統合のケースでは、統合後、事業はシャッフルされ新会社になり、プラント間の管理者も買収相手側会社へ積極的に移動が断行され、統合当事者間が保有するノウハウの移転、組織文化の融合に注意が払われた（第9章）。

すなわち、「対等合併」、「たすき掛け人事」という慣行は表面的なものに過ぎず、その表面を担保するだけでは、M&Aの果実を得ることは当然できないということである。適材適所の人事配置とまではいかなくとも、いかに人事交流を進め、組織の癖をほぐしていくかの青写真を作成することが、M&A当事者間の管理者には求められているのであろう。

6　結局、M&Aはパフォーマンスを引き上げるのか

最後に、この難問に対する私見を述べて、本書の筆を置きたい。身も蓋もない結論になるが、これまで本書で紹介してきたように、実証分析の結果は研究者によってまちまちであり、M&Aがパフォーマンスを引き上げたとも、低下させたともいえない（筆者自身は、どちらかといえば、後者の傾向が強いイメージを持っているが）。M&Aが単線的に当該企業のパフォーマンスを引き上げるわけではない。

ただ、1ついえることは、クロスボーダーM&Aの第11章でも解説したように、M&Aの売り物

となる対象は、収益力が低下して事業の再構築が必要な企業や、利益が他部に流れ投資が枯れてしまい、いわば「テコ入れ」が不可欠な企業が多いことから、被買収企業には追加的な投資がなされる必要があるという点である。その意味で、同章ではマルチプルや買収プレミアムをみることで、世間でいわれるほど日本企業が「高値掴み」をしていないことを指摘したが、追加投資の余力を残していくという意味合いで、日本企業のM&Aには、成功させる確率について希望を持つことができるのではなかろうか。

また、第11章では、クロスボーダーM&Aの先行企業は、PMIについて、組み合わせの戦略を採用していることを述べた。たとえば、ディールチームとPMIチームの早期からの案件への関与・コミュニケーション、取得企業のローカルでの競争力を強化するための追加投資、本社のグリップ強化と現地マネジメントのモチベーション維持のバランスを図った「集権と分権」への強い意識、などである。もっとも、こうしたさまざまなPMIに関するパーツのうちで、この組み合わせが成功パターンであるかは、はっきりしていない。これからのM&Aに携わる実務家、研究者は、この組み合わせと事後的なパフォーマンスの因果関係に関する模索を行っていくことになるのであろう。

注

＊1　牧野（2007）では、いかにこれが不自然な状況であるかについて、2000年代以降の経営統合等を取り上げて指摘している。

＊2　実際、久保（2010）では、従業員からの反対運動が起こり、経営者間で締結した合併契約が破棄されることが発生したケースがいくつか紹介されている。

住友金属工業（1957）『住友金属鉱業六十年小史』。
第一勧業銀行資料展示室（1973）『第一銀行小史：九十八年の歩み』。
第一銀行八十年史編纂室（1958）『第一銀行史（下巻）』。
東京芝浦電気（1977）『東芝百年史』。
東京製綱（1957）『東京製綱株式會社七十年史』。
東京電灯（1936）『東京電燈株式會社開業五十年史』。
東洋紡（1986）『百年史：東洋紡（上）』。
日本製鉄（1959）『日本製鉄株式会社史：1934-1950』。
日本製粉（1968）『日本製粉株式会社七十年史』。
日本製鋼所（2008）『日本製鋼所百年史：鋼と機械とともに』。
日本電気（1972）『日本電気株式会社七十年史：明治32年－昭和44年』。
三井銀行（1976）『三井銀行：100年のあゆみ』。
三菱化成工業（1981）『三菱化成社史』。
三菱重工業（1956）『三菱重工業株式会社史』。
三菱地所（1993）『丸の内百年のあゆみ：三菱地所社史』。
持株会社整理委員会（1973）『日本財閥とその解体』原書房。
ユニチカ（1991）『ユニチカ百年史』。

Sirower, M. L.（1997）*The Synergy Trap: How Companies Lose the Acquisition Game,* Free Press（宮腰秀一（訳）『シナジー・トラップ：なぜM&Aゲームに勝てないのか』プレスティスホール出版、1998年).

Slovin, M. B. and M. E. Sushka（1998）"The Economics of Parent-Subsidiary Mergers: An Empirical Analysis," *Journal of Financial Economics,* 49(2), pp.255-279.

Smith, A.（1990）"Corporate Ownership Structure and Performance: The Case of Management Buyouts," *Journal of Financial Economics,* 27(1), pp.143-164.

Thomsen, S. and F. Vinten（2014）"Delistings and the Costs of Governance: A Study of European Stock Exchanges 1996-2004," *Journal of Management & Governance,* 18(3), pp.793-833.

Wasserstein, B.（1998）*Big Deal: The Battle for Control of America's Leading Corporations,* Grand Central Pub（山岡洋一（訳）『ビッグディール（上）（下）』日経BP、1999年).

Yeh, T.（2014）"Large Shareholders, Shareholder Proposals, and Firm Performance: Evidence from Japan," *Corporate Governance: An International Review,* 22(4), pp.312-329.

Yeh, T. and Y. Hoshino（2002）"Productivity and Operating Performance of Japanese Merging Firms: Keiretsu-related and Independent Mergers," *Japan and the World Economy,* 14(3), pp.347-366.

〔社史・年鑑等〕

旭硝子（1967）『社史』。

王子製紙（2001）『王子製紙社史：1873-2000(本編)』。

鐘紡（1988）『鐘紡百年史』。

倉敷紡績（1988）『倉敷紡績百年史』。

現代日本産業発達史研究会（1964）『現代日本産業発達史Ⅲ 電力』交詢社出版局。

公正取引委員会『年次報告』各年版。

公正取引委員会（1968）『独占禁止政策二十年史』大蔵省印刷局。

公正取引委員会事務局（1977）『独占禁止政策三十年史』大蔵省印刷局。

公正取引委員会事務総局（1997）『独占禁止政策五十年史（上巻・下巻)』。

新日本製鉄（1981）『炎とともに：新日本製鐵株式会社十年史』。

住友銀行（1955）『住友銀行史』。

Journal of Financial Research, 39(1), pp.63-85.
Manne, H. G. (1965) "Mergers and the Market for Corporate Control," *Journal of Political Economy,* 73(2), pp.110-120.
McConnell, J. J. and H. Servaes (1990) "Additional Evidence on Equity Ownership and Corporate Value," *Journal of Financial Economics,* 27(2), pp.595-612.
Moeller, S. B. and F. P. Schlingemann (2005) "Global Diversification and Bidder Gains: A Comparison between Cross-border and Domestic Acquisitions," *Journal of Banking & Finance,* 29(3), pp.533-564.
Nelson, R. L. (1959) *Merger Movements in American Industry: 1895-1956,* Princeton University Press.
Odagiri, H. and T. Hase (1989) "Are Mergers and Acquisitions Going to be Poplar in Japan too? : An Empirical Study," *International Journal of Industrial Organization,* 7 (1), pp.49-72.
Okazaki, T., M. Sawada, and K. Yokoyama (2005) "Measuring the Extent and Implications of Director Interlocking in the Prewar Japanese Banking Industry," *Journal of Economic History,* 65(4), pp.1082-1115.
Powell, R. G. and A. W. Stark (2005) "Does Operating Performance Increase Post-takeover for UK Takeovers?: A Comparison of Performance Measures and Benchmarks," *Journal of Corporate Finance,* 11(1-2), pp.293-317.
Renneboog, L., T. Simons and M. Wright (2007) "Why do Public Firms Go Private in the UK? The Impact of Private Equity Investors, Incentive Realignment and Undervaluation," *Journal of Corporate Finance,* 13(4), pp.591-628.
Roll, R. (1986) "The Hubris Hypothesis of Corporate Takeovers," *Journal of Business,* 59(2), pp.197-216.
Shahrur, H. (2005) "Industry Structure and Horizontal Takeovers: Analysis of Wealth Effects on Rivals, Suppliers and Corporate Customers," *Journal of Financial Economics,* 76(1), pp.61-98.
Shleifer, A. and L. Summers (1988) "Breach of Trust in Hostile Takeovers," in A. J. Auerbach (ed.), *Corporate Takeovers: Causes and Consequences,* University of Cicago Press.
Shleifer, A. and R. W. Vishny (2003) "Stock Market Driven Acquisitions," *Journal of Financial Economics,* 70(3), pp.295-311.

Hoshi, T. and A. Kashyap (2001) *Corporate Financing and Governance in Japan: The Road to the Future, MIT Press* (鯉渕賢 (訳)『日本金融システム進化論』日本経済新聞社、2006年).

Jensen, M. C. (1993) "The Modern Industrial Revolution: Exit and the Failure of Internal Control System," *Journal of Finance,* 48(3), pp.831-880.

Kaplan, S. (1989a) "The Effects of Management Buyouts on Operating Performance and Value," *Journal of Financial Economics,* 24(2), pp.217-254.

Kaplan, S. (1989b) "Management Buyouts: Evidence on Taxes as a Source of Value," *Journal of Finance,* 44(3), pp.611-632.

Karpoff, J. M., P. H. Malatesta, and P. A. Walkling (1996) "Corporate Governance and Shareholder Initiatives: Empirical Evidence," *Journal of Financial Economics,* 42(3), pp.365-395.

Kawanishi, T. (2021) "Going-Private Transactions and Ex-Post Firm Behaviors: Evidence from Japanese Management Buyouts," RIETI Discussion Paper Series, 21-E-067.

Kawanishi, T., T. Saito, and S. Kawamoto (2014) "An Empirical Study on the Sources of Acquisition Premiums: The Case of Management Buyouts in Japan," Meiji Gakuin University Discussion Paper, 13-05.

Kruse, T. A., H. Y. Park, K. Park, and K. Suzuki (2007) "Long-term Performance Following Mergers of Japanese Companie: The Effect of Diviersification and Affiliation," *Pacific-Basin Finance Journal,* 15(2), pp.154-172.

La Porta, R., F. Lopez-de-Silanes, A. Shleifer, and R. Vishny (1998) "Law and Finance," *Journal of Political Economy,* 106(6), pp.1113-1155.

Lawrence, P. R. and J. W. Lorsch (1967) *Organization and Environment: Managing Differentiation and Integration,* Harvard University (吉田博(訳)『組織の条件適応理論:コンティンジェンシー・セオリー』産業能率短期大学出版部、1977年).

Lehn, K. and A. Poulsen (1989) "Free Cash Flow and Stockholder Gains in Going Private Transactions," *Journal of Finance,* 44(3), pp.771-787.

Leibenstein, H. (1966) "Allocative Efficiency vs. 'X-Efficiency'," *American Economic Review,* 56(3), pp.392-415.

Liu, B. (2016) "The Disciplinary Role of Failed Takeover Attempts,"

Financial Economics, 74(3), pp.423-460.

Frankl, J. L. (1999) "An Analysis of Japanese Corporate Structure, 1915-1937," *Journal of Economic History*, 59(4), pp.997-1015.

Franks, J., C. Mayer, and H. Miyajima (2014) "The Ownership of Japanese Corporation in the 20th Century," *Review of Financial Studies*, 27(9), pp.2580-2625.

Goergen, M., N. O'Sullivan, and G. Wood (2011) "Private Equity Takeovers and Employment in the UK: Some Empirical Evidence," *Corporate Governance: An International Review*, 19(3), pp.259-275.

Goergen, M. and L. Renneboog (2004) "Shareholder Wealth Effects of European Domestic and Cross-border Takeover Bids," *European Financial Management*, 10(1), pp.9-45.

Gokhale, J., E. Groshen, and D. Neumark (1995) "Do Hostile Takeovers Reduce Extramarginal Wage Payments?" *Review of Economic and Statistics*, 77(3), pp.470-485.

Golbe, D. L. and L. J. White (1988) "A Time-Series Analysis of Mergers and Acquisitions in the U.S. Economy," in A. J. Auerbach (ed.), *Corporate Takeovers: Causes and Consequences*, University of Cicago Press.

Greenwood, R. and M. Schor (2009) "Investor Activism and Takeovers," *Journal of Financial Economics*, 92(3), pp.362-375.

Gugler, K. and B. Yurtoglu (2004) "The Effects of Mergers on Company Employment in the US and Europe," *International Journal of Industrial Organization*, 22(4), pp.481-502.

Hadley, E. M. (1970) *Antitrust in Japan*, Princeton University Press (小原敬士・有賀美智子（監訳）『日本の財閥の解体と再編成』東洋経済新報社、1973年).

Harford, J. (2005) "What Drives Merger Waves," *Journal of Financial Economics*, 77(3), pp.529-560.

Higgins, H. N. and J. Beckman (2006) "Abnormal Return of Japanese Acquisition Bidders: Impact of Pro-M&A Legislation in the 1990s," *Pacific-Basin Finance Journal*, 14(3), pp.250-268.

Holderness, C. G. and D. P. Sheehan (1985) "Raiders or Saviors? The Evidence on Six Controversial Investors," *Journal of Financial Economics*, 14(4), pp.555-579.

Mergers," *Journal of Financial Economics*, 126(1), pp.54–73.

Bradley, M., A. Desai, and E. H. Kim (1988) "Synergistic Gain from Corporate Acquisitions and Their Division between the Stockholders of Target and Acquiring Firms," *Journal of Financial Economics*, 21(1), pp.3–40.

Brav, A., W. Jiang, F. Partnoy, and R. Thomas (2008) "Hedge Fund Activism, Corporate Governance, and Firm Performance," *Journal of Finance*, 63(4), pp.1729–1775.

Canyon, M., S. Girma, S. Thompson, and P. Wright (2002) "The Impact of Mergers and Acquisitions on Company Employment in the United Kingdom," *European Economic Review*, 46(1), pp.31–49.

Chandler, Jr. A. (1977) *The Visible Hand: The Managerial Revolution in American Business*, Harvard University Press（鳥羽欽一郎・小林袈裟治（訳）『経営者の時代：アメリカ産業における近代企業の成立（上・下)』東洋経済新報社、1979年).

Chatterjee, S., J. S. Harrison, and D. D. Bergh (2003) "Failed Takeover Attempts, Corporate Governance and Refocusing," *Strategic Management Journal*, 24, pp.87–96.

DeAngelo, H., L. DeAngelo, and E. M. Rice (1984) "Going Private: Minority Freezeouts and Stockholders Wealth," *Journal of Law and Economics*, 27(2), pp.367–401.

Denis, D. J., D. K. Denis, and A. Sarin (1997) "Ownership Structure and Top Executive Turnover," *Journal of Financial Economics*, 45(2), pp.193–221.

Denis, D. J. and J. M. Serrano (1996) "Active Investor and Management Turnover Following Unsuccessful Control Contests," *Journal of Financial Economics*, 40(2), pp.239–266.

DePamphilis, D. (2021) *Mergers, Acquisitions, and Other Restructuring Activities: An Integrated Approach to Process, Tools, Cases, and Solutions*, 11th Edition, Academic Press.

Easterwood, J. C., R. F. Singer, A. Seth, and D. F. Lang (1994) "Controlling the Conflict of Interest in Management Buyouts," *Review of Economics and Statistics*, 76(3), pp.512–522.

Fee, C. E. and S. Thomas (2004) "Sources of Gains in Horizontal Mergers: Evidence from Customer, Supplier and Rival Firms," *Journal of*

Mergers," *Journal of Corporate Finance*, 10(1), pp.1–36.

Aoki, M. (1994) "Monitoring Characteristics of the Main Bank System: An Anlalytical and Development View," in M. Aoki and H. Patric (eds.), *The Japanese Main Bank System: Its Relecancy for Developing and Transforming Economies*, Oxford University Press, pp.109–141(「メインバンク・システムのモニタリング機能としての特徴」白鳥正喜（監訳）『日本のメインバンク・システム』東洋経済新報社、1996年).

Asquith, P. (1983) "Merger Bids, Uncertainty, and Stock Returns," *Journal of Financial Economics*, 11(1–4), pp.51–83.

Bates, T. W., M. L. Lemmon, and J. S. Linck (2006) "Shareholder Wealth Effects and Bid Negotiation in Freeze-out Deals: Are Minority Shareholders Left Out in the Cold," *Journal of Financial Economics*, 81(3), pp.681–708.

Beckman, T. and W. Forbes (2004) "An Examination of Takeovers, Job Loss and the Wage Decline within UK Industry," *European Financial Management*, 10(1), pp.141–165.

Berger, A. N., R. S. Demsetz, and P. E. Strahan (1999) "The Consolidation of the Financial Services Industry: Causes, Consequences, and Implications for the Future," *Journal of Banking & Finance*, 23(2–4), pp.135–194.

Berkovitch, E. and M. P. Narayanan (1993) "Motives for Takeovers: An Empirical Investigation," *Journal of Financial Quantitative Analysis*, 28(3), pp.347–362.

Bertrand, M., P. Mehta, and S. Mullainathan (2002) "Ferreting Out Tunneling: An Application to Indian Business Groups," *Quarterly Journal of Economics*, 117(1), pp.121–148.

Bethel, J. E, J. P. Liebeskind, and T. Opler (1998) "Block Share Purchases and Corporate Performance," *Journal of Finance*, 53(2), pp.605–634.

Bhagat, S., A. Shleifer, and R. W. Vishny (1990) "Hostile Takeovers in the 1980s: The Return to Corporate Specialization," Brooking Papers on Economic Activity: Microeconomics, pp.1–84.

Bharath, S. T., A. K. Dittmar, and J. Sivadasan (2014) "Do Going-private Transactions Affect Plane Efficiency and Investment?" *Review of Financial Studies*, 27(7), pp.1929–1976.

Boyson, N. M., N. Gantchev, and A. Shivdasani (2017) "Activism

安岡重明（編）（1982）『日本財閥経営史 三井財閥』日本経済新聞社。

山口和雄（1970）「紡績金融の展開」山口和雄（編著）『日本産業金融史研究 紡績金融篇』東京大学出版会、3-158頁。

家森信善・播磨谷浩三・小林毅（2007）「メガバンクの誕生：市場はいかに評価し、効率性はどう変化したのか」宮島英昭（編著）『日本のM&A：企業統治・組織効率・企業価値へのインパクト』東洋経済新報社、109-138頁。

由井常彦（編）（1986）『日本財閥経営史 安田財閥』日本経済新聞社。

結城武延（2014）「複数単位企業の生産組織」中林真幸・石黒真吾（編）『企業の経済学：構造と成長』有斐閣、149-188頁。

横山和輝（2005）「1927年昭和金融恐慌下の銀行休業要因」『日本経済研究』第51号、96-116頁。

横山和輝（2021）『日本金融百年史』筑摩書房。

吉川満・金本悠希（2006）「平成18年株主総会シーズンまでに導入されたポイズンピルの動向」『企業会計』第58巻第10号、27-39頁。

吉村一男（2010）「MBO と少数株主利益：MBO における少数株主は十分に補償されているか」『企業会計』第62巻第10号、83-94頁。

吉村典久（2010）「日本企業の会社統治のもう１つの姿：プレイヤーとしての従業員、親会社」加護野忠男・砂川伸幸・吉村典久『コーポレート・ガバナンスの経営学：会社統治の新しいパラダイム』有斐閣、251-282頁。

若杉明（1989）「合併・買収と企業評価」『會計』第136巻第４号、465-479頁。

和田日出吉（1937）『日産コンツェルン讀本』春秋社。

渡辺純子（2010）『産業発展・衰退の経済史：「10大紡」の形成と産業調整』有斐閣。

〔英文〕

Amihud, Y. (1989) “Leveraged Management Buyouts and Shareholders’ Wealth,” in Y. Amihud (ed.), *Leveraged Management Buyouts: Causes and Consequences,* Irwin Professional Pub.
Andrade, G., M. Mitchell, and E. Stafford (2001) “New Evidence and Perspectives on Mergers,” *Journal of Economic Perspectives,* 15(2), pp.103-120.
Andrade, G. and E. Stafford (2004) “Investigation the Economic Role of

晴人（編）『日本産業発展のダイナミズム』東京大学出版会、279-324頁。

宮島英昭（1995b）「専門経営者の制覇：日本型経営者企業の成立」山崎広明・橘川武郎（編集）『「日本的」経営の連続と断絶』岩波書店、75-124頁。

宮島英昭（1996）「財界追放と経営者の選抜：状態依存型ガヴァナンス・ストラクチュアの形成」橋本寿朗（編）『日本企業システムの戦後史』東京大学出版会、43-108頁。

宮島英昭（2002）「日本的企業経営・企業行動」貝塚啓明・財務省財務総合政策研究所（編）『再訪 日本型経済システム』有斐閣、9-54頁。

宮島英昭（2004）『産業政策と企業統治の経済史：日本経済発展のミクロ分析』有斐閣。

宮島英昭（2007）「増加するM&Aをいかに読み解くか：分析視角と歴史的パースペクティブ」宮島英昭（編著）『日本のM&A：企業統治・組織効率・企業価値へのインパクト』東洋経済新報社、1-41頁。

宮島英昭（2018）「M&Aと日本企業の成長：クロスボーダーM&Aを中心にして」『証券アナリストジャーナル』第56巻第6号、16-29頁。

宮島英昭（2020）「“歴史”からみる日本のM&A」『法律のひろば』第73巻第8号、13-21頁。

宮島英昭・尾身裕介・川本真哉・齊藤直（2008）「20世紀日本企業のパフォーマンスと所有構造」宮島英昭（編）『企業統治分析のフロンティア』日本評論社、281-313頁。

三和良一（2012）『概説日本経済史：近現代（第3版）』東京大学出版会。

三和良一・原朗（編）（2010）『近現代日本経済史要覧（補訂版）』東京大学出版会。

村松司叙（1987）『合併・買収と企業評価』同文舘出版。

森川哲郎（1973）『会社乗取り史：巨大化した企業の内幕』久保書店。

森川英正（1978）『日本財閥史』ニュートンプレス。

森川英正（1980）『財閥の経営史的研究』東洋経済新報社。

森田果（2016）「公開買付けの当事者・価格その他の公開買付けの条件」田中亘・森＝濱田法律事務所（編）『日本の公開買付け：制度と実証』有斐閣、273-304頁。

安岡重明（1976）「4大財閥：三井・三菱・住友・安田」安岡重明（編）『日本の財閥』日本経済新聞社、41-73頁。

安岡重明（1982）「三井合名会社の設立」安岡重明（編）『日本財閥経営史 三井財閥』日本経済新聞社、183-207頁。

長谷部宏一（1988）「19101年代の株式会社日本製鋼所」『経営史学』第22巻第4号、31-51頁。

畠山秀樹（1982）「住友財閥の確立：鉱業財閥として」作道洋太郎（編）『日本財閥経営史 住友財閥』日本経済新聞社、207-263頁。

平山賢一（2019）『戦前・戦時期の金融市場：1940年代化する国債・株式マーケット』日本経済新聞出版社。

平山賢一（2022）「株主利益抑制下のコーポレートファイナンス：戦前・戦時期の資本コストと資本利益率」証券経済学会第94回全国大会資料。

福田充（1996）「買占めの実証分析」橘木俊詔・筒井義郎『日本の資本市場』日本評論社、269-285頁。

星野靖雄（1981）『企業合併の計量分析』白桃書房。

前澤博一（2008）「MBOと利益相反問題」日本経済研究センター『M&A時代のファンドと株主利益：効率的で公平な資本市場を求めて』115-140頁。

牧野洋（2007）『不思議の国のM&A：世界の常識、日本の非常識』日本経済新聞出版社。

増田知子・佐野智也（2018）「近代日本の『人事興信録』（人事興信所）の研究（4）」『名古屋大学法政論集』第280号、203-259頁。

松田千恵子（2016）「非上場化を伴うMBO対象企業の特性分析」『産業経理』第75巻第4号、16-34頁。

松本茂（2014）『海外企業買収　失敗の本質：戦略的アプローチ』東洋経済新報社。

三島康雄（1987）「化学工業部門の急展開」三島康雄ほか（著）『第二次大戦と三菱財閥』日本経済新聞社、191-234頁。

三島康雄（編）（1981）『日本財閥経営史 三菱財閥』日本経済新聞社。

御園生等（1987）『日本の独占禁止政策と産業組織』河出書房新社。

三苫裕・遠藤努・鈴木健人（2015）「持株会社体制への移行の実証的分析（上）」『金融・商事判例』第1463号、2-13頁。

宮崎義一（1966）『戦後日本の経済機構』新評論。

宮崎正康・富永憲生・伊藤修・荒井功・宮島英昭（1982）「占領期の企業再編成」近代日本研究会（編）『太平洋戦争：開戦から講和まで』山川出版社、303-372頁。

宮島英昭（1992）「財閥解体」法政大学産業情報センター・橋本寿朗・武田晴人（編）『日本経済の発展と企業集団』東京大学出版会、203-254頁。

宮島英昭（1995a）「企業集団・メインバンクの形成と設備投資競争」武田

寺西重郎（2003）『日本の経済システム』岩波書店。

デロイトトーマツ（2018）「日本企業の海外M&Aに関する意識・実態調査結果レポート」。

東京証券取引所（2020）「支配株主及び実質的な支配力を持つ株主を有する上場会社における少数株主保護の在り方等に関する中間整理」。

栂井義雄（1976）「財閥解体：その完了から再編成まで」安岡重明（編集）『日本経営史講座3 日本の財閥』日本経済新聞社、255-290頁。

長岡貞男（2005）「合併・買収は企業成長を促すか？：管理権の移転対その共有」『一橋ビジネスレビュー』第53巻第2号、32-44頁。

長沢康昭（1981）「三菱財閥の経営組織」三島康雄（編）『日本財閥経営史 三菱財閥』日本経済新聞社、59-113頁。

長島修（1987）『戦前日本鉄鋼業の構造分析』ミネルヴァ書房。

中村謙太（2019）「MBO等の構造的利益相反取引において、利益相反の程度・強度及び公正性担保措置等が買収プレミアムに与える影響等についての考察」慶應義塾大学修士論文。

奈倉文二（1984）『日本鉄鋼業史の研究：1910年代代から1930年代前半の構造的特徴』近藤出版社。

南波礼吉（1930）『日本買占史』春陽堂。

野口悠紀雄（2010）『1940年体制：さらば戦時経済（増補版）』東洋経済出版社。

野口祐（1964）『日本の企業合同：合同・合併の経営問題』ダイヤモンド社。

野瀬義明（2022）『日本のバイアウト・ファンド』中央経済社。

野田正穂（1980）『日本証券市場成立史：明治期の鉄道と株式会社金融』有斐閣。

野地もも・葛西洋平・三和裕美子（2018）「わが国における戦前の株式分割払込制度の実態について」『明大商学論集』第100巻第3号、99-113頁。

橋口勝利（2022）『近代日本の工業化と企業合併：渋沢栄一と綿紡績業』京都大学学術出版会。

橋本寿朗（1984）『大恐慌期の日本資本主義』東京大学出版会。

橋本寿朗（1992）「財閥のコンツェルン化」法政大学産業情報センター・橋本寿朗・武田晴人（編）『日本経済の発展と企業集団』東京大学出版会、91-148頁。

橋本寿朗・長谷川信・宮島英昭・齊藤直（2019）『現代日本経済（第4版）』有斐閣。

（編著）『日本のM&A：企業統治・組織効率・企業価値へのインパクト』東洋経済新報社、197-221頁。

胥鵬（2011）「日本における経営権市場の形成：バイアウトを中心として」宮島英昭編『日本の企業統治：その再設計と競争力の回復に向けて』東洋経済新報社、151-177頁。

新貝康司（2015）『JTのM&A：日本企業が世界企業に飛躍する教科書』日経BP。

鈴木一功（2007）「敵対的買収者と企業経営」新井富雄・日本経済研究センター（編）『検証 日本の敵対的買収：M&A市場の歪みを問う』日本経済新聞社、135-156頁。

鈴木一功（2018）『企業価値評価（入門編）』ダイヤモンド社。

鈴木一功・田中亘（編著）（2021）『バリュエーションの理論と実務』日本経済新聞出版。

醍醐聰（1990）『日本の企業会計』東京大学出版会。

高橋亀吉（1930a）『日本財閥の解剖』中央公論社。

高橋亀吉（1930b）『株式會社亡國論』萬里閣書房。

高橋亀吉・森垣淑（1993）『昭和金融恐慌史』講談社。

高村直助（1971）『日本紡績業史序説（下巻）』塙書房。

高村直助（1996）『会社の誕生』吉川弘文館。

滝澤美帆・鶴光太郎・細野薫（2010）「どのような企業が買収防衛策を導入するのか」『金融経済研究』第30号、1-20頁。

滝澤美帆・鶴光太郎・細野薫（2012）「企業のパフォーマンスは合併によって向上するか：非上場企業を含む企業活動基本調査を使った分析」『経済研究』第63巻第1号、28-41頁。

武田晴人（1995a）『財閥の時代：日本型企業の源流をさぐる』新曜社。

武田晴人（1995b）「大企業の構造と財閥」由井常彦・大東英祐（編集）『日本経営史3 大企業時代の到来』岩波新書、79-115頁。

武田晴人（2019）『日本経済史』有斐閣。

武田晴人（2020a）『日本経済の発展と財閥本社：持株会社と内部資本市場』東京大学出版会。

武田晴人（2020b）『財閥の時代』KADOKAWA。

竹森俊平（2002）『経済論戦は甦る』東洋経済新報社。

月岡靖智（2013）「MBOにおける利益調整と株価下落タイミングの利用」『経営財務研究』第33巻第1・2合併号、2-16頁。

寺西重郎（1982）『日本の経済発展と金融』岩波書店。

鯉渕賢・後藤瑞貴（2019）「日本企業の海外企業買収と事業パフォーマンス」『経済分析』第200号、101-134頁。

公正取引委員会調査部（編）（1951）『日本における経済力集中の実態：戦前戦後の経済力集中度調査』実業之日本社。

後藤新一（1968）『本邦銀行合同史』金融財政事情研究会。

後藤新一（1991）『銀行合同の実証的研究』日本経済評論社。

小林和子（2007）「証券市場から見た買占めの歴史：戦前と戦後の違い」『企業家研究』第 4 号、74-83頁。

齋藤隆志・川本真哉（2020）「持株会社と経営統合：決定要因とパフォーマンス」下谷政弘・川本真哉編『日本の持株会社：解禁20年後の景色』有斐閣、100-124頁。

齋藤卓爾（2008）「日本のファミリー企業」宮島英昭（編）『企業統治分析のフロンティア』日本評論社、142-164頁。

齊藤直（2004）「戦前期企業財務データベースの構築をめぐって：財務諸表の形式における裁量性を中心に」『企業と法創造』第 1 巻第 3 号、94-103頁。

齊藤直（2016）「戦前日本における株式分割払込制度：先行研究の批判的検討と新たな分析視」『国際交流研究』第18号、81-102頁。

齊藤直（2018）「戦前期企業統治の再現か？：株主アクティビズムの歴史的位置づけ」『企業会計』第70巻第 5 号、25-32頁。

作道洋太郎（編）（1982）『日本財閥経営史 住友財閥』日本経済新聞社。

佐藤朝泰（2005）『会社乗取り：株を買占められた会社 / 防衛に成功した会社』日新報道。

沢井実（1992）「戦時経済と財閥」法政大学産業情報センター・橋本寿朗・武田晴人（編）『日本経済の発展と企業集団』東京大学出版会、149-202頁。

宍戸善一・新田敬佑・宮島英昭（2010）「親子上場をめぐる議論に対する問題提起（中）：法と経済学の観点から」『旬刊商事法務』第1899号、4-9頁。

志村嘉一（1969）『日本資本市場分析』東京大学出版会。

下谷政弘（1993）『日本の系列と企業グループ：その歴史と理論』有斐閣。

下谷政弘（2009）『持株会社と日本経済』岩波書店。

下谷政弘・川本真哉（2020）「日本の持株会社：歴史と現状」下谷政弘・川本真哉（編）『日本の持株会社：解禁20年後の景色』有斐閣、2-24頁。

胥鵬（2007）「どの企業が敵対的買収のターゲットになるのか」宮島英昭

のフロンティア』日本評論社、314-339頁。

川本真哉・宮島英昭（2021）「戦前日本における会社支配権市場：ターゲット企業の特徴と事後パフォーマンス」『経営史学』第56巻第1号、3-25頁。

菊地正俊（2020）『アクティビストの衝撃：変革を迫る投資家の影響力』中央経済社。

北川教央（2008）「企業再編における経営者の利益調整行動に関する実証研究」神戸大学博士論文。

北澤満（2003）「北海道炭礦汽船株式会社の三井財閥傘下への編入」『経済科学』第50巻第4号、155-168頁。

橘川武郎（1992）「戦後型企業集団の形成」法政大学産業情報センター・橋本寿朗・武田晴人（編）『日本経済の発展と企業集団』東京大学出版会、255-304頁。

橘川武郎（1996a）「高度成長期の三菱地所と三井不動産」日本住宅総合センター（編）『不動産業に関する史的研究3』日本住宅総合センター、119-138頁。

橘川武郎（1996b）『日本の企業集団：財閥との連続と断絶』有斐閣。

橘川武郎（2005）「東京電灯の『放漫経営』とその帰結」宇田川勝・佐々木聡・四宮正親（編）『失敗と再生の経営史』有斐閣、58-84頁。

橘川武郎（2016）『財閥と企業グループ』日本経営史研究所。

木村宏（2013）「M&Aは買収後のシナジー形成に成功してこそ実がある」『一橋ビジネスレビュー』第60巻第4号、119-124頁。

清宮陽二（2017）「スクイーズアウト関連税制の創設に伴う組織再編税制の改正」『PwC's View』第8号、10-13頁。

久保克行（2010）『コーポレート・ガバナンス：経営者の交代と報酬はどうあるべきか』日本経済新聞出版社。

経営史学会（編）（2004）『日本経営史の基礎知識』有斐閣。

経済産業省（2007）「企業価値の向上及び公正な手続確保のための経営者による企業買収（MBO）に関する指針」。

経済産業省（2019）「公正なM&Aの在り方に関する指針：企業価値の向上と株主利益の確保に向けて」。

経済産業省（2023）「企業買収における行動指針：企業価値の向上と株主利益の確保に向けて」。

KPMG FAS（2011）『図解でわかる企業価値評価のすべて』日本実業出版社。

片岡豊（2006）『鉄道企業と証券市場』日本経済評論社。

加藤健太（2005）「戦間期日本電力業の企業買収：株式取得を中心に」『社会経済史学』第71巻第3号、271-293号。

加藤健太（2006）「東京電灯の企業合併と広域電気供給網の形成」『経営史学』第41巻第1号、3-27頁。

加藤健太（2007）「旭硝子の合併戦略：戦時期の分析」『三菱史料館論集』第8号、189-238頁。

加藤健太（2008）「昭和恐慌と綿糸紡績業の合併：東洋紡績と大阪合同紡績のケース」『高崎経済大学論集』第51巻第2号、15-28頁。

川北英隆（1995）『日本型株式市場の構造変化：金融システムの再編成とガバナンス』東洋経済新報社。

川本真哉（2007）「日本企業における敵対的買収防衛策の導入要因」『証券経済研究』第59号、123-143頁。

川本真哉（2009）「20世紀日本における内部昇進型経営者：その概観と登用要因」『企業研究』第15号、5-21頁。

川本真哉（2021）「持株会社とグループ経営：類型・動機・パフォーマンス」『運輸と経済』第81巻第6号、32-40頁。

川本真哉（2022a）『日本のマネジメント・バイアウト：機能と成果の実証分析』有斐閣。

川本真哉（2022b）「上場子会社の実証分析：上場子会社の上場維持の動機」『証券アナリストジャーナル』第60巻第6号、69-79号。

川本真哉（2022c）『データ分析で読み解く日本のコーポレート・ガバナンス史』中央経済社。

川本真哉（2023a）「MBO 対応における特別委員会の役割」『月刊監査役』第749号、92-108頁。

川本真哉（2023b）「MBO は何をもたらしたのか：動機、株主の富、事後パフォーマンスに関するサーベイ研究」『証券レビュー』第63巻第6号、60-75頁。

川本真哉（2023c）「敵対的 TOB の動機と成果に関する実証分析」『南山経済研究』第38巻第1号、27-46頁。

川本真哉・河西卓弥・齋藤隆志（2020）「持株会社による地域銀行の経営統合」下谷政弘・川本真哉（編）『日本の持株会社：解禁20年後の景色』有斐閣、125-150頁。

川本真哉・宮島英昭（2008）「戦前期日本における企業統治の有効性：経営者交代メカニズムからのアプローチ」宮島英昭（編）『企業統治分析

的パースペクティブ」『金融研究』第13巻第3号、59-95頁。

岡崎哲二（1996）「歴史制度分析：経済史の新しい流れ」『経済セミナー』第494号、13-17頁。

岡崎哲二（1999）『持株会社の歴史：財閥と企業統治』筑摩書房。

岡崎哲二（2002）『経済史の教訓：危機克服のカギは歴史の中にあり』ダイヤモンド社。

岡崎哲二（2004）「戦前日本における専門経営者雇用の決定要因と効果：綿紡績会社を中心として」『一橋ビジネスレビュー』第52巻第2号、50-63頁。

岡崎哲二・澤田充（2003）「銀行統合と金融システムの安定性：戦前期日本のケース」『社会経済史学』第69巻第3号、275-296頁。

岡崎哲二・浜尾泰・星岳雄（2005）「戦前日本における資本市場の生成と発展：東京株式取引所への株式上場を中心として」『経済研究』第56巻第1号、15-29頁。

岡村秀夫（2020）「親子上場をめぐる議論について」『証券レビュー』第60巻第3号、52-65頁。

奥村宏（1989）『買占め・乗取り・TOB：株式取得の経済学』社会思想社。

奥村宏（1990）『企業買収：M&Aの時代』岩波書店。

奥村宏（2005）『最新版 法人資本主義の構造』岩波書店。

尾関純・小本恵照（編著）（2006）『M&A戦略策定ガイドブック（新版）』中央経済社。

小田切宏之（1992）『日本の企業戦略と組織：成長と競争のメカニズム』東洋経済新報社。

小幡績（2003）「東アジアにおける企業グループ・財務危機・投資家保護」花崎正晴・寺西重郎（編）『コーポレート・ガバナンスの経済分析：変革期の日本と金融危機後の東アジア』東京大学出版会、293-312頁。

河西卓弥・川本真哉（2019）「日本企業のMBOにおける買収プレミアムの分析：業績予想の修正と少数株主利益」細江守紀（編著）『企業統治と会社法の経済学』勁草書房、263-291頁。

河西卓弥・川本真哉（2020）「なぜ持株会社化を捨てるのか：持株会社体制廃止の決定要因」下谷政弘・川本真哉（編）『日本の持株会社：解禁20年後の景色』有斐閣、172-195頁。

河西卓弥・川本真哉・齋藤隆志（2015）「非公開化型MBOの決定要因」明治学院大学経済学部ディスカッションペーパー、No.14-02。

ナリストジャーナル』第46巻第2号、56-66頁。

井上光太郎・加藤英明（2006）『M&A と株価』東洋経済新報社。

井上光太郎・加藤英明（2007）「アクティビストファンドの功罪」『経済研究』第58巻第3号、203-216頁。

井上光太郎・中山龍太郎・増井陽子（2010）「レックス・ホールディングス事件は何をもたらしたか：実証分析からの示唆」『旬刊商事法務』第1918号、4-17頁。

井上光太郎・奈良沙織・山崎尚志（2013）「検証：日本企業はクロスボーダー M&A が本当に不得意なのか」『一橋ビジネスレビュー』第60巻第4号、100-116頁。

井原久光（2008）『テキスト経営学（第3版）：基礎から最新の理論まで』ミネルヴァ書房。

今城徹・宮島英昭（2008）「戦前期日本における M&A の動向と特徴：20世紀企業 M&A データベースを用いた検討」宮島英昭（編）『企業統治分析のフロンティア』日本評論社、340-359頁。

伊牟田敏充（2002）『昭和金融恐慌の構造』経済産業調査会。

植田浩史（1987）「戦時経済統制と下請制の展開」近代日本研究会（編）『戦時経済』山川出版社、199-229頁。

植田浩史（2004a）『戦時日本の下請工業：中小企業と「下請－協力工業政策」』ミネルヴァ書房。

植田浩史（2004b）『現代日本の中小企業』岩波書店。

牛島辰男（2022）『企業戦略論：構造をデザインする』有斐閣。

宇田川勝（1984）『新興財閥』日本経済新聞社。

大阪市立大学経済研究所（編）（1967）『産業再編成と企業合併』日本評論社。

太田洋（2023）『敵対的買収とアクティビズム』岩波書店。

大坪稔（2020）「持株会社は企業をどう変化させたのか」下谷政弘・川本真哉（編）『日本の持株会社：解禁20年後の景色』有斐閣、75-97頁。

大野健一（2005）『途上国ニッポンの歩み：江戸から平成までの経済発展』有斐閣。

岡崎哲二（1993a）『日本の工業化と鉄鋼業：経済発展の比較制度分析』東京大学出版会。

岡崎哲二（1993b）「企業システム」岡崎哲二・奥野正寛（編）『現代日本経済システムの源流』日本経済新聞社、97-14頁。

岡崎哲二（1994）「日本におけるコーポレート・ガバナンスの発展：歴史

参考文献

〔邦文〕

青地正史（2005）「戦時期における日本企業のゴーイング・コンサーン化：非財閥系企業を中心に」『富大経済論集』第50巻第3号、269-296頁。

青地正史（2006）「戦前日本企業と『未払込株金』」『富大経済論集』第51巻第2号、173-206頁。

青地正史（2010）「明治後期のM&A戦略：『日本産業金融史研究 紡績金融篇』所収の紡績会社を中心に」『富大経済論集』第55巻第3号、415-435頁。

朝岡大輔（2012）『企業成長と制度進化：戦前電力産業の形成』NTT出版。

麻島昭一（1983）『戦間期住友財閥経営史』東京大学出版会。

麻島昭一（1987）「総括と展望」麻島昭一（編著）『財閥金融構造の比較研究』御茶の水書房、403-429頁。

淺羽茂（2020）「なぜ企業は持株会社に移行するのか」下谷政弘・川本真哉（編）『日本の持株会社：解禁20年後の景色』有斐閣、44-74頁。

阿部武司（2002）「産業構造の変化と独占」石井寛治・原朗・武田晴人（編）『日本経済史3 両大戦間期』東京大学出版会、53-125頁。

阿部武司（2022）『日本綿業史：徳川期から日中開戦まで』名古屋大学出版会。

蟻川靖浩・宮島英昭（2007）「M&Aはなぜ増加したのか」宮島英昭（編著）『日本のM&A：企業統治・組織効率・企業価値へのインパクト』東洋経済新報社、45-79頁。

飯岡靖武（2020）「プライベートエクイティファンドの価値創造機能に関する実証分析」『証券アナリストジャーナル』第58巻第10号、83-92頁。

飯野佳亮（2022）「クロスボーダーM&Aの多様性とパフォーマンス：タイプと実施目的に注目した実証分析」『商学研究科紀要』第94号、75-94頁。

家田崇・川本真哉（2022）「キャッシュ・アウト法制の実証分析(4)キャッシュ・アウトにおける公正性担保措置の意義」『旬刊商事法務』第2310号、55-61頁。

石井寛治（2019）『日本経済史（第2版）』東京大学出版会。

伊藤晴祥・メイズ、E.（2016）「非公開化を伴うMBOにおける投資家へのリターン」『証券アナリストジャーナル』第54巻第3号、35-42頁。

井上光太郎（2008）「アクティビストファンドの効果：日米比較」『証券ア

ヤ　行

ラ　行

ワ　行

マ　行

ハ　行

ナ　行

タ 行

サ　行

カ　行

索　引

英　字

川本真哉（かわもと・しんや）

南山大学経済学部教授。2007年、京都大学大学院経済学研究科博士後期課程単位取得退学。2008年、京都大学博士（経済学）。早稲田大学高等研究所助教、新潟産業大学経済学部専任講師、福井県立大学経済学部准教授、南山大学経済学部准教授を経て、2021年より現職。専門はコーポレート・ガバナンス、数量経済史。

著　書

『データ分析で読み解く日本のコーポレート・ガバナンス史』中央経済社、2022年

『日本のマネジメント・バイアウト：機能と成果の実証分析』有斐閣、2022年（2021年度日本応用経済学会著作賞、令和４年度証券経済学会賞〔図書部門〕、第16回 M&A フォーラム賞正賞〔RECOF 賞〕受賞）

日本《にっぽん》のM & A《えむあんどえー》150年史《ねんし》

日本企業《にっぽんきぎょう》はどう成長《せいちょう》してきたか

●———2024年1月30日　第1版第1刷発行

著　者——川本真哉《かわもとしんや》
発行所——株式会社　日本評論社
〒170-8474　東京都豊島区南大塚3-12-4　振替：00100-3-16
電話：03-3987-8621（販売）　03-3987-8595（編集）
https://www.nippyo.co.jp/
印刷所——精文堂印刷株式会社
製本所——井上製本所
装　幀——山崎　登・蔦見初枝
検印省略
Printed in Japan
ISBN 978-4-535-54057-6